LE DEUXIÈME TRAITÉ DU GRAND SETH

BIBLIOTHÈQUE COPTE DE NAG HAMMADI

Collection éditée
par
JACQUES-É. MÉNARD — PAUL-HUBERT POIRIER
MICHEL ROBERGE

En collaboration avec
BERNARD BARC — PAUL CLAUDE
JEAN-PIERRE MAHÉ — LOUIS PAINCHAUD
ANNE PASQUIER

Section «Textes»

1. – *La Lettre de Pierre à Philippe*
Jacques É. MÉNARD (1977)

2. – *L'Authentikos Logos*
Jacques É. MÉNARD (1977)

3. – *Hermès en Haute-Égypte* (t. 1)
Jean-Pierre MAHÉ (1978)

4. – *La Prôtennoia Trimorphe*
Yvonne JANSSENS (1978)

5. – *L'Hypostase des Archontes*
Bernard BARC
Noréa
Michel ROBERGE (1980)

6. – *Le Deuxième Traité du Grand Seth*
Louis PAINCHAUD (1982)

Section «Études»

1. – *Colloque international sur les Textes de Nag Hammadi*
Bernard BARC éditeur (1981)

BIBLIOTHÈQUE COPTE DE NAG HAMMADI

SECTION «TEXTES»

— 6 —

LE DEUXIÈME TRAITÉ DU GRAND SETH

(NH VII, 2)

TEXTE ÉTABLI ET PRÉSENTÉ

PAR

Louis PAINCHAUD

LES PRESSES
DE L'UNIVERSITÉ LAVAL
QUÉBEC, CANADA
1982

à France et à Geneviève

Cet ouvrage a été publié grâce à une subvention de la Fédération canadienne des études humaines, dont les fonds proviennent du Conseil de recherches en sciences humaines du Canada. Une subvention pour la publication de cet ouvrage a également été accordée par l'Université Laval dans le cadre de son programme d'aide aux publications savantes.

Imprimé en Belgique

Dépôt légal (Québec), 1e trimestre 1982

ISBN 2-7637-6952-7

AVANT-PROPOS

En présentant les résultats de mes travaux sur le *Deuxième Traité du Grand Seth* (GrSeth), je ne prétends pas en avoir résolu toutes les difficultés. Toutefois, je crois pouvoir soumettre au lecteur un texte qui ne présente plus de problème d'interprétation majeur.

Ce traité se présente comme un discours de révélation et il emprunte son cadre de composition aux traités hellénistiques de l'âme. Il s'agit d'un traité gnostique chrétien dont l'orientation est fortement polémique. Il est très certainement le reflet d'un conflit réel qui, en son temps, opposa deux conceptions du christianisme. Les points d'affrontement majeurs dont ce traité porte la trace sont liés à la doctrine de l'incarnation et à la discipline ecclésiale.

De toute évidence, il s'agit d'un écrit de circonstance qui porte la marque d'une situation historique déterminée. On ne peut en dire autant de tous les textes de Nag Hammadi. Une étude attentive, qui chercherait à situer le GrSeth dans son contexte historique serait sans doute d'une grande utilité. Pour ma part, j'ai risqué ce qui ne doit être considéré que comme une hypothèse quant au lieu et au temps.

Il m'a paru préférable, dans un premier temps, de chercher à comprendre le traité pour lui-même, d'en faire ressortir l'unité et la cohérence. L'approche que j'ai adoptée est donc essentiellement synchronique.

Toutefois, pour mettre en lumière la cohérence du traité, il m'a fallu chercher le principe d'unité qui rendrait intelligibles et son discours christologique et son discours ecclésiologique. A partir des nombreuses allusions à des motifs protogoniques dont le texte est émaillé, il m'a été possible de pressentir le complexe mythologique qui le soustend et qui lui donne son unité.

L'entreprise m'a conduit aux écrits mythologiques du codex II qui présentent avec ce traité-ci de nombreuses et profondes similitudes. Il s'agit de toute autre chose que de rapprochements ponctuels ou de surface. Il y a là une parenté doctrinale certaine qui pose une fois de plus la «question séthienne». Pour ma part, je qualifie de «séthien» ce complexe mythologique dont s'inspire le GrSeth. Malgré les dangers qu'il présente, ce terme me semble encore une désignation commode pour ce groupe de traités. Ceci dit, il est clair que la question de l'existence historique d'une gnose séthienne ou de gnostiques séthiens reste entière.

Je suis redevable des quelques résultats que j'ai obtenus à M. le Professeur J.É. Ménard. Qu'il en soit vivement remercié. La critique attentive et les conseils de M.B. Barc me furent également d'une aide précieuse, de même que les nombreuses remarques des collègues québécois et européens qui œuvrent au sein du projet d'édition et de traduction française de la Bibliothèque copte de Nag Hammadi. Que tous et chacun trouvent ici la part de remerciement qui leur est due.

BIBLIOGRAPHIE

ARCHAMBAULT (G.), *Justin, Dialogue avec Tryphon*, Paris, 1909.

BARC (B.), *L'Hypostase des Archontes* (*BCNH*, section «Textes», 5), Québec-Louvain, 1980.

BARNS (J. W. B.), «Greek and Coptic Papyri from the Covers of the Nag Hammadi Codices», in *Essays on the Nag Hammadi Texts in Honour of* Pahor LABIB, éd. M. Krause (*NHS*, 6), Leiden, 1975, p. 9-18.

BAUER (W.), *Das Johannes Evangelium* (*HNT*, 6), Tübingen, 1933.

—, *Orthodoxy and Heresy in Earliest Christianity*, Philadelphie, 1971.

BERLINER ARBEITSKREIS FÜR KOPTISCH-GNOSTISCHE SCHRIFTEN, «Die Bedeutung der Texte von Nag Hammadi für die moderne Gnosisforschung», in *Gnosis und Neues Testament*, éd. K.W. Tröger, Berlin, 1973, p. 3-76.

BERTRAND (D.A.), *Le baptême de Jésus, Histoire de l'exégèse aux deux premiers siècles* (*Beiträge zur Geschichte der biblischen Exegese*, 14), Tübingen, 1973.

—, «Paraphrase de Sem et Paraphrase de Seth», in *Les Textes de Nag Hammadi* (Colloque du Centre de Recherches d'Histoire des religions, Strasbourg, 23-25 octobre 1974), éd. J.É. Ménard (*NHS*, 8), Leiden, 1975, p. 146-157.

BETHGE (H.G.), «*Zweiter Logos des Grossen Seth.* Die zweite Schrift aus Nag-Hammadi-Codex VII, Eingeleitet und übersetzt vom Berliner Arbeitskreis für Koptisch-gnostische Schriften», *TLZ* 100 (1975) 97-110.

—, *Anthropologie und Soteriologie im 2 Log Seth (NHC VII, 2).* Diskussionsbeitrag auf der IV. Koptologischen Arbeitskonferenz «Das Menschenbild in Gnosis und Manichäismus» im November 1976 in Halle/Saale, manuscrit, 1976.

BIANCHI (U.), «Docetism, a Peculiar Theory about the Ambivalence of the Presence of the Divine», in *Myths and Symbols. Studies in Honour of* Mircea ELIADE, Chicago, 1969, p. 265-273.

BLACKMAN (E.C.), *Marcion and his Influence*, Londres, 1948.

BLANC (C.), *Origène, Commentaire sur saint Jean* II (*SC*, 157), Paris, 1970.

BÖHLIG (A.), WISSE (F.), *The Gospel of the Egyptians* (*NHS*, 4), Leiden, 1975.

BRAUN (F.M.), *Jean le Théologien* III, 1, *Le mystère de Jésus-Christ*, Paris, 1966.

BULLARD (R.A.), GIBBONS (J.A.), WISSE (F.), «The Second Treatise of the Great Seth» in *The Nag Hammadi Library*, éd. J.M. Robinson, San Francisco, 1977, p. 329-338.

CAMELOT (Th.), *Ignace d'Antioche, Lettres* (*SC*, 10), Paris, 1969.

DORESSE (J.), *Les livres secrets des gnostiques d'Égypte*, Paris, 1958.

DUBOIS (J.D.), *L'Apocalypse de Pierre*, traduction manuscrite, 1976.

ENGNELL (I.), *A Rigid Scrutiny : Critical Essays on the Old Testament*, Nashville, 1969.

FALLON (F.F.), *The Enthronement of Sabaoth* (*NHS*, 10), Leiden, 1978.

FESTUGIÈRE (A.J.), *La révélation d'Hermès Trismégiste* I, *L'Astrologie et les sciences occultes* (*EB*), Paris, 1944.

—, *La révélation d'Hermès Trismégiste* III, *Les doctrines de l'âme* (*EB*), Paris, 1953.

FISCHER (K.M.), «Der johanneische Christus und der gnostische Erlöser», in *Gnosis und Neues Testament*, éd. K.W. Tröger, Berlin, 1973, p. 245-266.

FOERSTER (W.), *Von Valentin zur Herakleon* (*BZNTW*, 7), Berlin, 1928.

GIBBONS (J.A.), *A Commentary on the Second Logos of the Great Seth*, Dissertation, Yale, 1972.

GIVERSEN (S.), *Apocryphon Johannis* (*Acta Theologica Danica*, V), Copenhague, 1963.

—, «Solomon und die Dämonen», in *Essays on the Nag Hammadi Texts in honour of* Alexander BÖHLIG, éd. M. Krause (*NHS*, 3), Leiden, 1972, p. 16-21.

HARRIS (J.R.), *The Odes and Psalms of Solomon*, Cambridge, 1911.

HARTMAN (L.), «Taufe, Geist und Sohnschaft», in *Jesus in der Verkündigung der Kirche*, éd. A. Fuchs (*Studien zum Neuen Testament und seiner Umwelt*, Ser A, B.1), Linz, 1976, 89-109.

HOLL (K.), *Epiphanius, Anchoratus und Panarion*, I (*GCS*, 25), Leipzig 1915; II (*GCS*, 31), Leipzig, 1922.

JANSSENS (Y.), *La Prôtennoia Trimorphe* (*BCNH*, section «Textes», 4), Québec, 1978.

JAUBERT (A.), *Clément de Rome, Épître aux Corinthiens* (*SC*, 167), Paris, 1971.

JONAS (H.), *The Gnostic Religion*, 2e éd., Boston, 1963.

KASSER (R.), «Fragments du livre biblique de la Genèse cachés dans la reliure d'un codex gnostique», *Muséon* 85 (1972) 65-89.

KASSER (R.), MALININE (M.), PUECH (H.-Ch.), QUISPEL (G.), ZANDEE (J.), *Tractatus Tripartitus*, 2 vol., Berne, 1973.

KOSCHORKE (K.), «'Suchen und Finden' in der Auseinandersetzung zwischen gnostischem und kirchlichem Christentum», *Wort und Dienst* N.F. 14 (1977) 51-65.

—, *Die Polemik der Gnostiker gegen das kirchliche Christentum. Unter besonderer Berücksichtigung der Nag-Hammadi-Traktate «Apokalypse des Petrus» (NHC VII, 3) und «Testimonium Veritatis» (NHC IX, 3)* (*NHS*, 12), Leiden, 1978.

KRAUSE (M.), «Der zweite Logos der Grossen Seth», in *Christentum am Roten Meer* II, «Neue Texte», éd. F. Altheim, R. Stiehl, Berlin, 1973, p. 106-151.

KRAUSE (M.), LABIB (P.), *Die drei Versionen des Apokryphon des Johannes*, Wiesbaden, 1962.

—, *Gnostische und hermetische Schriften aus Codex II und Codex VI* (*ADAIK*, Koptische Reihe, 2), Glückstadt, 1971.

LEFORT (L.T.), «La règle de S. Pachôme», *Muséon* 40 (1927) 42-64.

MACRAE (G.W.), «A Nag Hammadi Tractate on the Soul», in *Ex Orbe Religionum* I (Mélanges G. Widengren : *Supplements to Numen*, 21), éd. J. Bergman, K. Drynjeff, H. Ringgren, Leiden, 1972, p. 471-479.

MAHÉ (J.P.), *Tertullien, La chair du Christ* (*SC*, 216-217), Paris, 1975.

—, *Hermès en Haute-Égypte* I (*BCNH*, section «Textes», 3), Québec, 1978.

MALININE (M.), PUECH (H.-C.), QUISPEL (G.), TILL (W.C.), KASSER (R.), *Epistula Jacobi Apocrypha*, Zurich, 1968.

MARA (M.G.), *L'Évangile de Pierre* (*SC*, 201), Paris, 1973.

MÉNARD (J.É.), *L'Évangile selon Philippe*, Introduction, texte, traduction, commentaire, Paris, 1967.

—, *L'Évangile de Vérité* (*NHS*, 2), Leiden, 1972.

—, *L'Évangile selon Thomas* (*NHS*, 5), Leiden, 1975.

—, *La Lettre de Pierre à Philippe* (*BCNH*, section «Textes», 1), Québec, 1977.

—, *L'Authentikos Logos* (*BCNH*, section «Textes», 2), Québec, 1977.
MIGNE (J.P.), *Irenaeus, Adversus Haereses* (*PG*, 7, II), Paris, 1857.
NOCK (A.D.), FESTUGIÈRE (A.J.), *Corpus Hermeticum*, I-IV (*Collection des Universités de France*), Paris, 1954-1960.
ORBE (A.), *Estudios Valentinianos* II, *En los albores de la exegis Iohannea* (Ioh. 1,3) (*Analecta Gregoriana*, LXV), Rome, 1955.
PAGELS (E.H.), «'The Demiurge and his Archons' – A Gnostic View of the Bishop and Presbyters?», *HTR* 69 (1976) 301-324.
PAINCHAUD (L.), «Le cadre scolaire des traités de l'âme et le *Deuxième Traité du Grand Seth*», in *The Rediscovery of Gnosticism* II, *Sethian Gnosticism* (*Studies in the History of Religions*, 41), éd. B. Layton, Leiden, 1980, p. 779-787.
PEARSON (B.A.), GIVERSON (S.), «The Testimony of Truth», in *The Nag Hammadi Library*, éd. J.M. Robinson, San Francisco, 1977, p. 406-416.
PEEL (M.L.), ZANDEE (J.), WISSE (F.), «The Teachings of Silvanus», in *The Nag Hammadi Library*, éd. J.M. Robinson, San Francisco, 1977, p. 346-361.
PERLER (O.), *Méliton de Sardes, Sur la Pâque* (*SC*, 123), Paris, 1966.
POLOTSKY (H.J.), *Collected Papers*, Jérusalem, 1971.
PUECH (H.-Ch.), *En quête de la gnose* I, *La gnose et le temps*, Paris, 1978.
—, «Les nouveaux écrits gnostiques découverts en Haute-Égypte», in *Coptic Studies in Honour of* W.E. CRUM, Boston, 1950, p. 91-154.
ROBERGE (M.), *Noréa* (*BCNH*, Section «Textes», 5), Québec-Louvain, 1980.
ROBINSON (J.M.), «The Coptic Gnostic Library Today», *NTS* 4 (1968) 356-401.
SAGNARD (F.M.M.), *Clément d'Alexandrie, Extraits de Théodote* (*SC*, 23), Paris, 1970.
—, *La gnose valentinienne et le témoignage de saint Irénée* (*Études de philosophie-médiévale*, 36), Paris, 1947.
SCHENKE (H.M.), *Die gnostischen Schriften des koptischen Papyrus Berolinensis* 8502 (*TU*, 60), Berlin, 1972.
—, «Das sethianische System nach Nag-Hammadi-Handschriften», in *Studia Coptica*, éd. P. Nagel, Berlin, 1974, p. 165-172.
SEVRIN (J.M.), «A propos de la Paraphrase de Sem», *Muséon* 88 (1975) 69-96.
STAHLIN (O.), *Clemens Alexandrinus*, I (*GCS*, 12), Berlin, 1972; II (*GCS*, 52), Berlin, 1960; III (*GCS*, 17), Berlin, 1970.
TARDIEU (M.), *Trois mythes gnostiques, Adam, Éros et les animaux d'Égypte dans un écrit de Nag Hammadi* (II, 5) (*Études Augustiniennes*), Paris, 1974.
—, «Les livres mis sous le nom de Seth et les séthiens de l'hérésiologie», in *Gnosis and Gnosticism*, éd. M. Krause (*NHS*, 8), Leiden, 1978, p. 204-210.
—, «Le Congrès de Yale sur le Gnosticisme (28-31 mars 1978)», *REA* 24 (1978) 188-209.
TISSERANT (E.), *L'Ascension d'Isaie*, Paris, 1909.
TRÖGER (K.W.), «Der Zweite Logos des Grossen Seth. Gedanken zur Christologie in der zweiten Schrift des Codex VII (pp. 49,10-70,12)», in *Essays on the Nag Hammadi Texts in Honour of* Pahor LABIB, éd. M. Krause (*NHS*, 6), Leiden, 1975, p. 268-276.
—, «Doketistische Christologie in Nag-Hammadi-Texten. Ein beitrag zum Doketismus in frühchristlicher Zeit», *Kairos* 19 (Salzbourg, 1977), 45-52.
—, *Die Passion Jesu Christi in der Gnosis nach den Schriften von Nag Hammadi*, Dissertation, Berlin, 1978.

WENDLAND (P.), *Hippolytus, Elenchos* (GCS, 26), 1916.

WILLIAM (F. E.), WISSE (F.), PARROT (D. M.), «The Concept of our Great Power», in *The Nag Hammadi Library*, éd. J.M. Robinson, San Francisco, 1977, p. 284-289.

WISSE (F.), «The Redeemer Figure in the Paraphrase of Shem», *Novum Test* 12 (1970) 130-140.

—, «The Nag Hammadi Library and the Heresiologists», *VigChrist* 25 (1971) 201-223.

—, «The 'Opponents' in the New Testament in Light of the Nag Hammadi Writings», in *Colloque International sur les Textes de Nag Hammadi* (Québec, 22-25 août 1978), éd. B. Barc (*BCNH*, section «Études», 1), Québec, 1981, p. 99-120.

LISTE DES ABRÉVIATIONS

ADAIK = Abhandlungen des Deutschen Archäologischen Instituts Kairo
BCNH = Bibliothèque Copte de Nag Hammadi
BZNTW = Beihefte zur Zeitschrift für die Neutestamentliche Wissenschaft
CSCO = Corpus Scriptorum Christianorum Orientalium
EB = Études bibliques
GCS = Griechische Christliche Schriftsteller
HNT = Handbuch zum Neuen Testament
HTR = Harvard Theological Review
Muséon = Le Muséon
NHS = Nag Hammadi Studies
Novum Test = Novum Testamentum
NTS = New Testament Studies
REA = Revue des Études Augustiniennes
SC = Sources chrétiennes
TLZ = Theologische Literaturzeitung
TU = Texte und Untersuchungen
Vig Christ = Vigiliae Christianae

Les abréviations des titres des différents traités de Nag Hammadi sont celles de la *BCNH*.

INTRODUCTION

A. Présentation du Traité

1. *Identification du traité*

Le *Deuxième Traité du Grand Seth*[1] (GrSeth) est le deuxième traité du codex VII de la Bibliothèque de Nag Hammadi, p. 49,10-70,12. Ses vingt-deux pages comptent en moyenne trente-cinq lignes chacune et sont en parfait état de conservation[2]. L'écriture du scribe est claire, facile à lire et elle serait, d'après H.-Ch. Puech, antérieure au milieu du IVe siècle[3], datation confirmée pour le codex VII par R. Kasser[4] et J.W. Barns[5] et, pour l'ensemble de la collection, par J.M. Robinson[6].

S'il ne fait plus aucun doute aujourd'hui que le GrSeth et *La Paraphrase de Sem* (ParaSem) qui le précède immédiatement constituent

[1] Le texte est accessible en édition photographique dans *The Facsimile Edition of the Nag Hammadi Codices*: Codex VII, published under the Auspices of the Department of Antiquities of the Arab Republic of Egypt in Conjunction with the UNESCO, Leiden, 1972. Une première traduction allemande accompagnée du texte copte a été donnée par M. Krause, *Der zweite Logos des Grossen Seth*, in *Christentum am Roten Meer*, «Neue Texte», II, éd. F. Altheim, R. Stiehl, Berlin, 1973, p. 106-151 (abrégé «*Der Zweite*»). Une seconde traduction allemande a été faite par H.G. Bethge, «*Zweiter Logos des Grossen Seth*, Die Zweite Schrift aus Nag-Hammadi-Codex VII». Eingeleitet und übersetzt vom Berliner Arbeitskreis für Koptisch-gnostische Schriften, *TLZ* 100 (1975) 97-110 (abrégé «*Zweiter*»). Cette traduction est accompagnée de nombrauses notes de traduction. Une traduction anglaise de R.A. Bullard («*The Second Treatise of the Great Seth* [VII,2]», introduced by J.A. Gibbons, translated by R.A. Bullard, edited by F. Wisse) est parue dans *The Nag Hammadi Library*, éd. J.M. Robinson, San Francisco, 1977, p. 329-340 (abrégé «*The Second*»). Une introduction et un commentaire encore inédits de la traduction de R.A. Bullard ont été faits par J.A. Gibbons, *A Commentary on the Second Logos of the Great Seth*, Yale University, Ph.D. Dissertation, 1972 (abrégé «*A Commentary*»).

[2] La description papyrologique du Codex VII a été faite par M. Krause et Pahor Labib, *Gnostische und Hermetische Schriften aus Codex II und Codex VI* (*ADAIK*, Koptische Reihe, 2), Glückstadt, 1971, p. 2-4 et 236.

[3] H.-Ch. Puech, «Les nouveaux écrits gnostiques découverts en Haute-Égypte», in *Coptic Studies in Honour of* W.E. Crum, Byzantine Institute of America, Boston, 1950, p. 105.

[4] R. Kasser, «Fragments du livre biblique de la Genèse cachés dans la reliure d'un codex gnostique», *Muséon* 85 (1972) 76.

[5] J.W.B. Barns, «Greek and Coptic Papyri from the Covers of the Nag Hammadi Codices», in *Essays on the Nag Hammadi Texts*, éd. M. Krause (*NHS*, 6), Leiden, 1975, p. 12.

[6] J.M. Robinson, «The Coptic Gnostic Library Today», *NTS* 14 (1968) 370-372.

deux traités différents[7], il n'en fut pas toujours ainsi. H.-Ch. Puech et à sa suite J. Doresse, dans les descriptions qu'ils donnèrent du codex VII, ont considéré les pages 1 à 70 comme un seul et même traité. Pour eux, en effet, l'*incipit* «*La Paraphrase de Sem*» (ⲧⲡⲁⲣⲁⲫⲣⲁⲥⲓⲥ ⲛⲥⲏⲉⲙ, p. 1,1) et le *colophon* conservé en grec à la p. 70,11-12, «*Deuxième Traité du Grand Seth*» (ⲇⲉⲩⲧⲉⲣⲟⲥ ⲗⲟⲅⲟⲥ ⲧⲟⲩ ⲙⲉⲅⲁⲗⲟⲩ ⲥⲏⲑ), désignaient un seul traité, qu'ils identifiaient à la «Paraphrase de Seth» dont fait mention Hippolyte dans sa notice sur les séthiens (*Ref.*, V. 19.23)[8].

La possibilité de voir dans la ParaSem un «Premier Traité du Grand Seth» auquel ferait suite le *Deuxième Traité du Grand Seth* doit également être écartée. En effet, les rapports qui existent entre ParaSem et la «Paraphrase de Seth» d'Hippolyte demeurent obscurs comme en témoignent les solutions contradictoires avancées sur ce point[9]. On ne peut davantage tirer argument de la mention par Épiphane de sept livres mis sous le nom de Seth (*Pan.*, 39, 5,1) pour prouver l'existence d'un «Premier Traité du Grand Seth». Comme le suggère Tardieu, cette mention pourrait en effet ne pas se rapporter à une série de traités différents, mais à un intitulé unique faisant allusion à la puissance salvifique de Seth manifestée en ses sept fils, les Allogènes[10]. L'existence d'un «Premier Traité du Grand Seth» demeure donc hypothétique.

Quant à savoir si l'un ou l'autre des hérésiologues a eu une connaissance directe ou indirecte du GrSeth, la chose paraît probable pour Épiphane qui, dans sa notice sur les basilidiens, fait allusion en *Pan.*, 24, 3,2-5 à un «δεύτερος μιμολόγος» dont l'enseignement à propos de la passion de Jésus concorde dans ses grandes lignes avec celui qu'on trouve exprimé dans le GrSeth à la p. 56,4-13[11].

[7] Cf. à ce sujet J.M. ROBINSON, *ibid.*, 399s.

[8] Cf. H.-Ch. PUECH, «Les nouveaux écrits gnostiques découverts en Haute-Égypte», p. 123 et J. DORESSE, *Les livres secrets des gnostiques d'Égypte*, Paris, 1958, p. 170-178.

[9] Ainsi, pour F. WISSE, ParaSem serait à la source de la «Paraphrase de Seth», cf. «The Redeemer Figure in the Paraphrase of Shem», *Novum Test* 12 (1970) 130-140, alors que pour D.A. BERTRAND, ParaSem et la Paraphrase de Seth pourraient remonter tous deux à un ancêtre commun, ParaSem représentant un état plus archaïque que ParaSeth, cf. «Paraphrase de Sem et Paraphrase de Seth», in *Les textes de Nag Hammadi*, éd. J.É. Ménard (*NHS*, 7), Leiden, 1975, p. 146-157. Par contre, J.M. SEVRIN, «À propos de la Paraphrase de Sem», *Muséon* 88 (1975) 69-96 et M. TARDIEU, «Les livres mis sous le nom de Seth et les séthiens de l'hérésiologie», in *Gnosis and Gnosticism*, éd. M. Krause (*NHS*, 8), Leiden, 1978, p. 204-210 insistent sur le caractère tardif de ParaSem.

[10] Tel est du moins l'avis de M. TARDIEU, *art. cit.*, p. 206.

[11] «δραματουργεῖ δὲ ἡμῖν ἄλλην δραματουργίαν ὁ δεύτερος μιμολόγος ἐν τῷ περὶ

2. *La langue du traité*

Le GrSeth, comme la plupart des traités de Nag Hammadi, est la traduction copte d'un original grec. Le *colophon*, conservé en grec, «ⲇⲉⲩⲧⲉⲣⲟⲥ ⲗⲟⲅⲟⲥ ⲧⲟⲩ ⲙⲉⲅⲁⲗⲟⲩ ⲥⲏⲑ» (p. 70,11-12), de même que la présence d'un accusatif pluriel à la p. 51,1 (cf. comm. *ad loc.*) en sont les témoignages les plus évidents. D'autres traces du substrat grec persistent dans la langue du traducteur : un καί adverbial est traduit par ⲁⲩⲱ (p. 52,4) et, dans certains cas (par ex. p. 54,14-18), les pronoms coptes sont accordés d'après le genre de leur antécédent grec. Certains passages, obscurs en copte, ne peuvent être compris que par un retour au grec, (par ex. p. 52,17-21, cf. comm. *ad loc.* et note de trad.). Enfin, le traducteur emploie régulièrement ⲛⲑⲉ avec le parfait I pour traduire une proposition finale introduite par ὡς avec l'aoriste du subjonctif (p. 50,5 ; 57,7 ; 61,21 ; cf. note de trad. à la p. 50,5).

Le dialecte copte utilisé est sahidique mais il se distingue en plusieurs points du sahidique classique. Mise à part une syntaxe assez originale qui demanderait à elle seule une étude détaillée, retenons l'usage fréquent de ⲡⲓ, ⲧⲓ (ϯ), ⲛⲓ avec la valeur de ⲡ, ⲧ, ⲛ[12] ; l'emploi anarchique de ⲛ et de ⲛⲧⲉ[13] ; l'emploi de ⲛϭⲓ avec le complément d'objet ou

σταυροῦ λόγῳ Χριστοῦ, οὐχὶ Ἰησοῦν φάσκων πεπονθέναι, ἀλλὰ Σίμωνα τὸν Κυρηναῖον». (Épiphane, *Pan.*, 24,3,2). Le δεύτερος μιμολόγος pourrait bien être une allusion ironique d'Épiphane au «ⲇⲉⲩⲧⲉⲣⲟⲥ ⲗⲟⲅⲟⲥ» d'autant plus que l'interprétation de la passion qu'il prête à ce «δεύτερος μιμολόγος» coïncide dans ses grandes lignes avec GrSeth p. 56,4-13. J.A. Gibbons fait un examen détaillé de cette question (*A Commentary*, p. 207-211) et conclut : «In all probability Epiphanius only heard of a gnostic tractate with the name : The Second Treatise of the Great Seth, and that it contained the crucifixion-of-Simon teaching reported to be from Basilides. His report of the teaching itself was copied and expanded from Irenaeus» (Id., *ibid.*, p. 211). On peut vraisemblablement admettre que l'auteur du *Panarion* a eu une connaissance indirecte du GrSeth et que sur la foi des informations qu'il aura reçues, quant à son interprétation de la passion, il l'aura rattaché à la secte des basilidiens.

[12] Selon W.C. Till (*Koptische Grammatik*, Leipzig, 1966, §87) l'article défini n'est que la forme faible de l'article démonstratif. Au §202, il indique que les différentes formes de l'article démonstratif, peuvent à des degrés divers être employées aussi comme article défini. L. Stern avant lui, avait vu dans la forme faible ⲡ, ⲧ, ⲛ une forme générique de l'article comme, en français, dans «de l'eau», et dans la forme forte ⲡⲓ, ⲧⲓ, ⲛⲓ, l'article démonstratif ou «individuel» (cf. L. Stern, *Koptische Grammatik*, Osnabrück, 1971, §226). H.J. Polotsky (*Collected Papers*, Jérusalem, 1971, p. 229), dans sa critique de la grammaire de Till, énumère un certain nombre de cas ou ⲡⲓ s'emploie de préférence à ⲡⲉ, ⲡ, principalement dans les expressions chronologiques ou topologiques et il note le caractère souvent emphatique de la forme ⲡⲓ, ϯ, ⲛⲓ. Dans le GrSeth, il ne semble pas que le traducteur fasse la moindre différence entre ⲡ et ⲡⲓ, employant plus volontiers cette dernière forme.

[13] Le génitif se construit normalement avec ⲛ- lorsque le régissant est précédé

l'attribut[14]. Enfin, le traducteur a une préférence marquée pour certaines formes verbales dialectales[15].

En outre, le traducteur manifeste certains penchants qui ont probablement une origine phonétique : suppression de l'article indéfini ⲟⲩ devant un substantif commençant par la même syllabe (p. 50,26; 61,6; 66,10; 68,8), redoublement du ⲛ devant un attribut formé avec le ⲁⲧ privatif (p. 49,24-27; 56,32) et dans le radical d'un verbe à l'état pronominal (p. 57,10). Dans tous ces cas, nous avons corrigé le manuscrit bien que le caractère fautif de ces graphies ne soit pas évident.

3. *Le milieu du GrSeth*

Un des intérêts majeurs de l'étude de textes anciens comme ceux de la Bibliothèque copte de Nag Hammadi est de nous mettre en contact avec les croyances d'hommes qui y ont exprimé leur vision du monde et de la société dans lesquels ils vivaient. Quelle que soit la difficulté de l'entreprise dans l'état actuel de nos connaissances, il importe donc, au risque de nous tromper, de mettre en lumière les groupes et les hommes dont l'existence, les espérances et les inquiétudes ne nous sont plus accessibles que par ces traces que constituent nos documents. Et c'est à partir des textes qu'ils nous ont légués que nous devons amorcer cette quête.

Dans le cas du GrSeth, ce qui ressort avec le plus de force, c'est son caractère chrétien et un ton polémique dont la vigueur et la constance ne sauraient être simple artifice littéraire. De toute évidence, ce traité

de l'article défini (W.C. Till, *op. cit.*, §111) et avec ⲛⲧⲉ lorsque le régissant est précédé de l'article indéfini ou du démonstratif ou lorsque le régissant et le régi sont séparés (W.C. Till, *op. cit.*, §113). Le traducteur du GrSeth n'est cependant pas toujours fidèle à cette règle : par ex. ⲡⲏⲓ ⲧⲏⲣϥ ⲙⲡⲓⲱⲧ ⲛⲧⲉ ϯⲙⲉ (p. 50,11-12) ou ϯⲙⲛⲧⲛⲟϭ ⲛⲧⲉ ϯⲉⲕⲕⲗⲏⲥⲓⲁ (p. 50,32-33). L'emploi préférentiel de ⲛⲧⲉ peut être dû à une influence dialectale (cf. W.C. Till, *Koptische Dialektgrammatik*, Munich, 1961, §77).

[14] ⲛϭⲓ s'emploie normalement devant le sujet nominal lorsque celui-ci est placé après le verbe (W.C. Till, *Koptische Grammatik*, §391). L. Stern souligne que ⲛϭⲓ peut aussi introduire un substantif ayant pour fonction d'expliciter un sujet. Il souligne aussi son emploi pour introduire un accusatif (L. Stern, *op. cit.*, §482). Le traducteur emploie cinq fois ⲛϭⲓ de façon abusive, à la p. 49,24; 54,13; 58,18; 61,16 et 62,37.

[15] Le traducteur emploie régulièrement des formes dialectales pour le futur négatif : on trouve les formes achmimiques (A) ou subachmimiques (A^2) ⲛⲉϥ- (p. 53,25; 55,6) et ⲛⲟⲩ- (53,17; 55,29) pour le futur III négatif (W.C. Till, *Koptische Dialektgrammatik*, §254) et la forme ⲛⲛⲟⲩ- (p. 62,7) que Till identifie comme fayoumique ou bohairique (Id., *ibid.*); la forme A^2 ⲥⲁ- pour le futur I (Id., §183); les formes A^2 ⲉⲩⲁ- (p. 68,4) et ⲉⲛⲁ- (69-31) pour le futur II (Id., §252); enfin, la forme AA^2 ⲙⲁϥ (p. 57,16.22) pour le présent d'habitude négatif (Id., §250).

est le reflet de tensions vécues à l'intérieur d'un milieu chrétien où des tendances doctrinales et disciplinaires opposées s'affrontent, chacune revendiquant pour elle-même la pleine et exclusive intelligence de la révélation de Jésus-Christ[16].

Le révélateur, identifié par le traité à Jésus-Christ, apporte à ses compagnons et ses frères la révélation de sa véritable nature ainsi que des liens qui l'unissent aux siens en même temps qu'il stigmatise le groupe adverse qui «se croit riche du nom du Christ» (p. 59,22-30).

La doctrine de ces adversaires, dans la mesure où le traité nous permet de la retracer, correspond assez bien à celle du christianisme orthodoxe (ou qui deviendra tel) : le Christ mort sur la croix est le fils du Dieu de l'Ancien Testament, dont les prophètes ont annoncé la venue; le baptême associe le fidèle à la mort du Sauveur sur la croix. Quant à l'auteur du traité, il s'appuie, pour présenter sa christologie et son ecclésiologie, sur le Nouveau Testament qu'il interprète à partir d'éléments mythologiques qui s'apparentent aux systèmes de *L'Apocryphon de Jean* (ApocrJn), de *L'Écrit sans Titre* (Ecr sT) ou de *L'Hypostase des Archontes* (HypArch). Sa christologie est dualiste; son ecclésiologie conçoit les chrétiens comme des entités célestes consubstantielles au Sauveur et emprisonnées dans le monde matériel. Il interprète le baptême comme le signe de l'unité qui prévaut entre le chrétien et le monde supra-céleste. Enfin, à travers son exposé doctrinal, l'auteur du traité fait allusion aux manœuvres déployées par la faction qu'il dénonce pour imposer à tous une doctrine et une discipline qu'il juge condamnables. Ces quelques éléments permettent de croire que le GrSeth illustre le point de vue d'une tendance chrétienne gnostique sur les tensions qui ont traversé le christianisme au cours du processus d'organisation qu'il connut aux IIe et IIIe siècles.

Certes, une telle situation a pu prévaloir en différents foyers de christianisme au cours de ces deux siècles et le traité ne nous fournit pas de critères décisifs qui nous permettent de le dater et d'en localiser l'origine de façon certaine. Toutefois, nous suggérons à titre d'hypothèse

[16] La plupart de ceux qui se sont penchés sur le traité ont noté son caractère fortement polémique sans toutefois approfondir cet aspect de l'écrit. Cf. J.A. GIBBONS, *A Commentary*, p. 41-42; K.W. TRÖGER, «Der Zweite Logos des Grossen Seth, Gedanken zur Christologie in der zweiten Schrift des Codex VII (p. 49,10-70,12)», in *Essays on the Nag Hammadi Texts*, éd. M. Krause (*NHS*, 6), Leiden, 1975, p. 276 et «Doketistische Christologie in Nag-Hammadi-Texten. Ein Beitrag zum Doketismus in frühchristlicher Zeit», *Kairos* 19 (Salzbourg, 1977) 50; K. KOSCHORKE, *Die Polemik der Gnostiker gegen das kirchliche Christentum. Unter besonderer Berücksichtigung der Nag-Hammadi-Traktate «Apokalypse des Petrus»* (NHC VII, 3) und «*Testimonium Veritatis*» (*NHC* IX, 3), (*NHS*, 12), Leiden, 1978, p. 47-48.

qu'il a pu être composé à Alexandrie au début du IIIe siècle. Voici quels sont les indices sur lesquels nous croyons pouvoir fonder cette hypothèse. Au plan doctrinal, on sait l'importance qu'ont eue dans la chrétienté alexandrine la gnose, et même le gnosticisme, et il ne semble pas qu'on ait connu à Alexandrie au IIe siècle de frontière bien définie entre orthodoxie et hérésie[17]. Cette situation embrouillée aurait même duré jusqu'au IVe siècle si l'on en croit Épiphane[18].

Par ailleurs, la doctrine du traité est profondément inspirée, comme nous l'avons souligné, par une mythologie très proche de celle de l'ApocrJn ou de l'HypArch et que nous désignons comme «séthienne». Or cette mythologie comporte de nombreux éléments qui la rattachent au judaïsme hétérodoxe d'Alexandrie (cf. par ex. *infra*, p. 119). Enfin, sans donner plus d'importance qu'il n'en faut a cette information, on peut néanmoins mentionner à titre indicatif que c'est en Égypte qu'Épiphane croit avoir rencontré des «séthiens»[19].

Si nous pouvons raisonnablement postuler qu'Alexandrie fut le milieu de production du GrSeth, nous devons nous en tenir pour sa datation à une fourchette très large. Un *terminus ad quem* absolu est fourni par la date de sa copie, soit la fin de la seconde moitié du IVe siècle. Quant au *terminus a quo*, il ne saurait être antérieur au début du IIIe siècle si l'on tient compte de la virulence de la polémique que mène le traité. Elle est en effet dirigée contre une forme de christianisme qui deviendra l'orthodoxie et il ne semble pas que cette forme du christianisme ait cherché à s'imposer à Alexandrie avant les épiscopats de Démétrius (189-231) et de son successeur Héracléas. Il faut donc nous en tenir à cette fourchette : le GrSeth a pu être rédigé entre 200 et la première moitié du IVe siècle. Rien cependant n'interdit de le considérer comme un texte assez ancien qui pourrait remonter au début du IIIe siècle. Au plan du contenu en effet, rien n'oblige à repousser plus tard sa rédaction. Sa forme littéraire, empruntée aux

[17] Se basant en particulier sur les silences d'Eusèbe dans son *Histoire Ecclésiastique*, W. Bauer conclut ainsi le chapitre qu'il consacre à l'Égypte : «Thus even into the third century, no separation between orthodoxy and heresy was accomplished in Egypt and the two types of Christianity were not yet at all clearly differentiated from each other. Moreover, until late in the second century, Christianity in this area is decidedly unorthodox... The idea that orthodoxy had been present in Egypt from the very first can as little be proven by the church legend of Mark as the founder and first occupant of the Alexandrian episcopal see as can the corresponding proposition for Edessa by the Abgar legend». Cf. W. Bauer, *Orthodoxy and Heresy in Earliest Christianity*, Philadelphie, 1971, p. 59-60.

[18] Cf. *Pan.*, 26,17,4-9.

[19] Cf. *Pan.*, 39,1,2.

traités scolaires de l'âme (cf. *infra*, p. 8-9) est elle aussi compatible avec cette datation : elle fut utilisée par l'auteur du *Poimandrès* (IIe siècle), par Tertullien pour son *De Anima* (210-213), par Jamblique à Alexandrie à la fin du IIIe siècle[20], et Origène paraît y faire allusion dans son commentaire sur Jean (*in Joannem*, VI, 4,85)[21].

Il nous semble donc raisonnable d'admettre que le GrSeth a été rédigé à Alexandrie dans la première moitié du IIIe siècle et qu'il reflète l'état du christianisme alexandrin d'alors, au sein duquel différentes communautés et doctrines se côtoient et parfois se confondent et où apparaissent, avec l'évêque Démétrius, les premières tentatives pour instaurer un christianisme de type ecclésiastique.

B. Rédaction du Traité

1. *L'intention de l'auteur*

L'intention de l'auteur du GrSeth est double : il exhorte ses destinataires à vivre dans *l'unité* en même temps qu'il les incite à se *séparer* de la tendance adverse et à rejeter sa doctrine. D'une part, en effet, il cherche à raffermir une *unité* qui n'est pas acquise si l'on en juge par l'insistance qu'il met à exhorter ses destinataires à vivre dans l'harmonie et la concorde et à se garder de la division (p. 60,3-12; 62,1-26). D'autre part, il indique clairement que la voie du salut est dans la *séparation* d'avec «jalousie» et «colère» (p. 60,3-12), attributs habituels de l'Archonte (cf. par ex. Ecr sT, p. 106,19-24) qui caractérisent aussi les opposants en tant qu'ils sont créatures des archontes (p. 68,32-69,19).

Au-delà de ce que notre auteur perçoit comme une tentative des opposants de réduire ses frères à l'esclavage (p. 61,18-24), la pierre de touche du débat sera l'opposition de deux tendances quant à l'interprétation de la nature du Christ et de son rôle salvifique. En définitive, l'intention de l'auteur est d'amener ses destinataires à faire un choix entre deux Christs et deux interprétations de l'Église, l'une étant à l'image de l'Église céleste, l'autre, une contrefaçon modelée par les archontes, la première proclamant un Christ vivant, Pensée incorruptible et imma-

[20] Cf. A.J. Festugière, *La révélation d'Hermès Trismégiste* III, *Les doctrines de l'âme* (*EB*), Paris, 1953, p. 2.

[21] «Mais c'est ailleurs qu'il faudra étudier en elle-même et avec plus d'attention et approfondir davantage la question de l'essence de l'âme, de l'origine de son existence, de son entrée dans ce pays terrestre, des éléments de la vie de chacune, de sa délivrance d'ici-bas...», cf. C. Blanc, *Origène, Commentaire sur Saint Jean* II (*SC*, 157), Paris, 1970, p. 190-191.

culée du Père (p. 49,27-28), la seconde annonçant un sauveur mort sur la croix (p. 69,7-14).

2. *Le genre littéraire du traité*

Le plan du GrSeth, à première lecture, est déroutant. De nombreuses ruptures syntaxiques, dont la plus évidente est la reprise quasi littérale à la p. 54,14 des premières lignes de l'introduction, ont amené la plupart de ceux qui s'y sont penchés à considérer le traité comme une compilation[22] et à insister sur son hétérogénéité. En fait, ces ruptures, répétitions, doublets et changements de pronoms correspondent dans le GrSeth aux divisions thématiques des traités de l'âme telles qu'elles ont été mises en lumière par l'étude de A.J. Festugière[23].

A partir des nombreuses correspondances que l'on peut observer entre le plan du GrSeth et celui des traités de l'âme, dont la plus importante est certes le résumé inséré entre les deuxième et troisième parties, il ne fait aucun doute que notre auteur, tout comme celui de l'*Authentikos Logos* (AuthLog) du codex VI[24], a utilisé ce cadre littéraire, largement répandu à l'époque, pour y mouler le discours de révélation qu'il met dans la bouche du Sauveur[25]. Ces correspondances ne sont toutefois pas seulement formelles. En effet, le «choix de vie» était un des thèmes principaux de ces traités de l'âme[26], thème qui correspond bien à l'intention de notre auteur qui, en définitive, propose à ses lecteurs un choix à faire entre deux interprétations du Christ et de l'Église.

Le plan des traités de l'âme, tel que le dégage A.J. Festugière[27], comporte quatre parties :

[22] Cf. par ex. F. WISSE «The Nag Hammadi Library and the Heresiologists», *VigChrist* 25 (1971) 219-220; BERLINER ARBEITSKREIS FÜR KOPTISCH-GNOSTISCHE SCHRIFTEN, «Die Bedeutung der Texte von Nag Hammadi für die moderne Gnosisforschung», in *Gnosis und Neues Testament*, éd. K.W. TRÖGER, Berlin, 1973, p. 60; H.G. BETHGE, «*Zweiter*», 97.

[23] Cf. A.J. FESTUGIÈRE, *La révélation d'Hermès Trismégiste* III, p. 1-26.

[24] Cf. G.W. MACRAE, «A Nag Hammadi Tractate on the Soul», in *Ex Orbe Religionum* I (*Mélanges* G. Widengren : *Supplements to Numen*, 21), éd. J. Bergman, K. Drynjeff, H. Ringgren, Leiden, 1972, p. 471-479.

[25] Pour une étude détaillée des rapprochements entre le *Poimandrès*, le *De Anima*, l'AuthLog et le GrSeth, cf. L. PAINCHAUD, «Le cadre scolaire des traités de l'âme et le *Deuxième Traité du Grand Seth*», in *The Rediscovery of Gnosticism*, II, *Sethian Gnosticism* (*Studies in the History of Religions*, 41), éd. B. Layton, Leiden, 1980, p. 779-787.

[26] A ce sujet, cf. A.J. FESTUGIÈRE, *La révélation d'Hermès Trismégiste* III, p. 13-18 et 107-118.

[27] ID., *ibid.*, p. 3-26.

I Nature de l'âme
II Origine, temps et mode de l'incarnation de l'âme
III Sort de l'âme incarnée
IV Eschatologie

À ces quatre parties correspondent dans le GrSeth quatre divisions qui portent à la fois sur le Sauveur et les sauvés, donnant par là un relief particulier à l'idée chère aux doctrines gnostiques de l'identité du Sauveur et des sauvés[28]. Le traité expose en effet à l'intérieur de chacune de ces parties et en des termes très voisins le sort des sauvés et celui du Sauveur, établissant entre eux un parallèle tantôt explicite, tantôt seulement implicite mais toujours constant.

Voici le plan du GrSeth.

Prologue (p. 49,10-51,1)

I Nature et origine du sauveur et des sauvés (p. 50,1-24)

II Origine et mode de l'incarnation du Sauveur et des sauvés (p. 50, 25-54,14)

1. *Origine et mode de l'incarnation des sauvés* (p. 50,25-51,20)
2. *Origine et mode de l'incarnation du Sauveur* (p. 51,20-54,14)

Résumé : Nature et origine du vrai Sauveur (p. 54,14-55,8)

III Sort du Sauveur et des âmes incarnées (p. 55,9-65,33)

1. *Le Sauveur* (p. 55,9-59,9)
   La passion du Sauveur manifesté (p. 55,9-56,19)
   La descente victorieuse du Sauveur céleste (p. 56,20-57,27)
   ... modèle de la remontée de l'âme (p. 57,27-58,13)
   La crucifixion (p. 58,13-59,9)
2. *Les sauvés* (p. 59,9-65,33)
   Origine plérômatique des sauvés (p. 59,9-18)
   Persécution par les adversaires (p. 59,19-60,12)
   Les adversaires fondent leur doctrine sur l'Ancien Testament (p. 60,13-61,10)
   L'Église adverse est esclavage (p. 61,11-28)
   Les véritables chrétiens sont libres (p. 61,28-62,26)
   Critique de l'Ancien Testament (p. 62,27-65,18)
   Conclusion (p. 65,18-33)

IV Eschatologie (p. 65,33-69,19)

Le mariage céleste primordial (p. 65,33-67,11)
La «réunion» dans la communauté gnostique (p. 67,12-19)

[28] Ce n'est pas seulement par son organisation littéraire que le traité rend compte de cette idée, mais par sa doctrine même, cf. par ex. p. 59,9-19 et comm. *ad loc.*

Réunion finale de l'Église d'en bas avec le Plérôme (p. 67,19-68,24)
L'Église adverse est une contrefaçon (p. 68,25-69,20)
Épilogue (p. 69,20-70,10)
Colophon (p. 70,11-12)

3. *Critique des sources*

Pour J.A. Gibbons, de larges sections du traité ont connu une existence indépendante antérieurement à sa rédaction; à elles seules, elles constitueraient plus de la moitié du texte[29]. Cette thèse cherche à rendre compte des nombreuses ruptures et répétitions qui marquent le déroulement du traité. Le fait toutefois que ces particularités trouvent leur explication pour une large part dans le cadre de composition utilisé par l'auteur nous amène à aborder la question des sources rédactionnelles dans une perspective différente.

Certes, il est évident que l'auteur a puisé aux sources orales ou écrites qui constituaient le patrimoine traditionnel de sa communauté. On reconnaît facilement dans le traité des motifs qui l'apparentent à la tradition mythologique commune à l'ApocrJn, l'HypArch et l'Ecr sT (cf. *infra*, p. 14s.) aussi bien que de nombreuses allusions à l'Ancien et surtout au Nouveau Testament[30]. L'ensemble de ce patrimoine

[29] Nous ne pouvons reprendre ici l'analyse des sources que fait J.A. Gibbons (*A Commentary*, p. 29-38). Voici les passages qui, selon lui, auraient été repris à des documents antérieurs : les deux versions (?) d'un mythe de descente du Sauveur (p. 49, 10-54,14 et 54,14-55,15; 56,13-57,13; 57,27-58,17); les passages concernant la passion (p. 55,15-56,4; 56,4-13; 58,17-59,9); la «contre-litanie» (p. 62,27-64,1); et deux passages portant sur le mariage céleste (p. 57,13-27; 65,33-67,19).

[30] L'auteur du GrSeth se réfère aux synoptiques, de même qu'à Jean et à Paul. Il admet les récits de la passion de Matthieu et de Marc, qu'il interprète à la lumière de sa conception de la nature du Sauveur. Toutefois, c'est plus particulièrement chez Jean qu'il trouve les thèmes sur lesquels il fonde sa christologie : unité du Père et du Fils, méconnaissance de la véritable identité de Jésus par les Juifs, accomplissement de la volonté du Père par le Fils. A la p. 58,13-15, l'auteur fait allusion à la crucifixion comme à une «élévation» (ϣⲉ ⲉⲡϫⲓⲥⲉ), reprenant une terminologie propre à Jean (cf. comm. *ad loc.*). Malgré ces rapprochements, la christologie de notre auteur s'écarte de celle de Jean sur un point essentiel. Pour lui en effet, la crucifixion ne concerne pas le Sauveur véritable mais seulement la dépouille charnelle qu'il avait revêtue. Pour le rédacteur du quatrième évangile, au contraire, ce sont les souffrances et la mort de Jésus qui sont sources de salut et c'est par elles qu'il transmet son esprit. C'est du moins le sens que l'exégèse moderne reconnaît au «παρέδωκεν τὸ πνεῦμα» (*Jn*, 19,30), cf. F.M. Braun, *Jean le théologien* III, 1, *Le mystère de Jésus-Christ*, Paris, 1966, p. 150. Cette valeur salvifique de la passion du Sauveur est un des points qui distinguent le plus nettement la christologie johannique de la sotériologie gnostique, cf. K.M. Fisher, «Der johaneische Christus und der gnostische Erlöser, Überlegung auf

constitue un vaste corpus dont l'auteur se sert tantôt pour fonder sa doctrine, tantôt pour contester celle de ses adversaires. Il tire du Nouveau Testament des éléments qu'il interprète à partir de sa mythologie et dont il se sert pour appuyer son argumentation (cf. p. 51,20-54,14 et comm. *ad loc.*). Toutefois, il intègre ces éléments dans son exposé, le plus souvent en leur donnant une nouvelle formulation, ce qui donne une grande cohérence à son traité.

Néanmoins, dans quelques cas, la citation de documents antérieurs doit être admise. La plus évidente est certainement celle de l'«anti-litanie» dirigée contre des figures de l'A.T. (p. 62,27-63,25, cf. comm. *ad loc.*). Un des passages concernant la passion (p. 56,4-13, cf. comm. *ad loc.*), qui a beaucoup attiré l'attention depuis Épiphane ou ses informateurs[31] jusqu'aux chercheurs actuels, pourrait bien lui aussi être une citation d'un document antérieur. Ces deux passages ont en commun un style qui tranche nettement sur le reste du traité. Enfin, la formule à la p. 49,32-50,1 (cf. comm. *ad loc.*) pourrait bien, elle aussi, être empruntée à un document antérieur. Sa frappe, le contexte dans lequel elle apparaît et surtout la façon dont elle est introduite sont autant d'indications qui militent en faveur de cette hypothèse.

C. La doctrine du Traité

On ne rencontre pas dans le GrSeth un exposé systématique de mythologie. Cependant, des allusions multiples au Plérôme et à l'histoire des origines permettent de saisir l'univers religieux à l'intérieur duquel s'élabore la doctrine de l'auteur.

1. *Le monde céleste*

Le monde céleste est généralement désigné comme la hauteur (p. 56,15; 57,10.28; 61,2), il est un monde de lumière (p. 49,11; 68,8) et de vérité (p. 49,13; 67,29), de repos (p. 49,10; 54,14-16). Il n'est évoqué que dans la mesure où il intervient dans la sotériologie. Il est composé d'une triade formée du Père, de la Mère et du Fils. Le Père

Grund von Joh. 10», in *Gnosis und Neues Testament*, éd. K.W. Tröger, Berlin, 1973, p. 262. Pour l'auteur du GrSeth, le Sauveur-révélateur, en tant que représentant du monde de la lumière, ne saurait être atteint par les puissances des ténèbres, cf. K.W. Tröger, «Der zweite Logos des Grossen Seth. Gedanken zur Christologie in der zweiten Schrift des Codex VII», p. 269.

[31] Cf. *supra*, note 11.

(ou la Paternité) reçoit diverses appellations tout au long du traité : il est la Grandeur, l'Homme, l'Esprit, l'Un. Plusieurs passages insistent sur sa présence à l'intérieur de chaque gnostique[32]. Sous le nom d'Esprit, il apparaît comme le principe qui unit les gnostiques entre eux et avec le Sauveur (cf. p. 49,17-20 et comm. *ad loc.*) de même que le principe de l'unité plérômatique (p. 50,13-17).

Auprès du Père se trouve la Mère de tous les éons (p. 49,10-14), également appelée la Maternité (p. 66,30; 67,3.29). On en parle peu dans le traité mais elle est étroitement associée à la figure de Sophia. Celle-ci, en effet, joue dans la sotériologie du traité le même rôle que la coressemblance de la Mère qui, dans *L'Apocryphon de Jean* (ApocrJn), est envoyée pour préparer la venue du Sauveur (cf. p. 50,25-51,15 et comm. *ad loc.*). Cette Sophia est double, en tant que première révélatrice du monde céleste dans le monde inférieur, elle est appelée « Espérance » (p. 52,17-25; 55,7-8). D'après la p. 68,28-31, ce n'est pas elle-même qui, dans le temps protogonique, intervient auprès de l'Archonte, mais elle lui envoie sa sœur, la Pensée. Elle est à l'origine de la création des corps (cf. p. 50,25-51,15), première étape dans la réalisation du salut. Enfin, bien que le traité soit discret sur ce point, on peut penser qu'elle est également à l'origine de la création de l'Archonte.

Le Fils enfin, est identifié au Christ, le Fils de l'Homme. Il est la Pensée et la Parole du Père, et en tant que tel, il a une fonction de révélateur (cf. p. 49,10-25 et comm. *ad loc.*). Il est également le Sauveur envoyé par le Plérôme dans le monde inférieur pour réunir et séparer les ennoias qui y sont dispersées (cf. p. 50,1-24 et comm. *ad loc.*). En tant que Sauveur toutefois, il est double, comme Sophia, à la fois présent dans le monde inférieur et dans le monde céleste (cf. p. 55,9-56,19 et comm. *ad loc.*). Pour désigner sa manifestation dans le monde inférieur, les titres de Fils de la Lumière (p. 50,25-51,3) et de Fils de la Grandeur (p. 57,7-27) lui sont appliqués.

Il s'agit en somme d'une triade classique, comparable à celle qui est décrite par l'ApocrJn[33].

[32] Cf. p. 60,10-12; 61,32-62,1; 62,19-26; 68,16-24.

[33] Bien que le GrSeth, contrairement à l'ApocrJn, ne précise pas les relations qui prévalent entre les entités du monde céleste, les deux triades, celle du GrSeth et celle de l'ApocrJn partagent les mêmes caractéristiques. Il s'agit d'une triade formée du Père, de la Mère et du Fils (ApocrJn II, p. 2,13-14; 9,9-11, cf. S. GIVERSEN, *Apocryphon Johannis*, Copenhague, 1963, p. 156). Le Père est désigné dans l'ApocrJn comme dans le GrSeth comme le « Père du Tout » et « l'Esprit » (ApocrJn II, p. 2,28-30), il est la Grandeur (ApocrJn II, p. 4,1-12). La seconde entité est Barbelo (ApocrJn II, p. 4,36,

Le Plérôme joue un rôle central dans la sotériologie du traité. Outre qu'il est le modèle du rassemblement des gnostiques sur terre (cf. p. 65, 33-67,19 et comm. *ad loc.*), c'est de lui que sont sorties à l'origine les ennoias pour descendre dans le monde inférieur (p. 50,13-17). C'est également de lui qu'est issu le Sauveur (p. 50,1-24)[34], de même que les éons qui descendent en chaque âme pour réaliser le salut individuel (p. 59,9-19). C'est enfin en lui que se réalisera le salut définitif, c'est-à-dire la réunion des gnostiques, rassemblés dans le monde en une seule communauté fraternelle, avec les éons qui sont restés dans le monde céleste (p. 67,19-27). Et c'est à travers l'image du mariage céleste, à la fois préfiguration et réalisation du salut final, que le rôle sotériologique du Plérôme est décrit (p. 65,33-68,24)[35].

L'importance du Plérôme dans le GrSeth illustre une caractéristique essentielle de sa doctrine : les réalités célestes sont le type des réalités du monde inférieur, type qui est contrefait par les archontes et auquel les gnostiques sont appelés à se conformer (cf. p. 68,5-12 et comm. *ad loc.*).

2. *Le monde inférieur*

Bien que rien ne soit dit sur l'origine du monde inférieur, le traité suppose une cosmogonie gnostique classique avec un Archonte démiurge. Celui-ci y reçoit en effet le titre de Cosmocrator (p. 52,27). Il suppose également un principe céleste à sauver, enfermé dans le monde depuis les origines (p. 50,13-17). Muet aussi à propos de l'origine des archontes,

cf. GrSeth p. 50,30-51,3 et comm. *ad loc.*), la Mère de tous les éons (ApocrJn II, p. 5,5-6,10; GrSeth p. 49,10-14). La troisième entité enfin est le Fils unique (ApocrJn II, p. 6,10-18). Dans l'ApocrJn II, p. 7,30-8,28, les quatre luminaires associés à l'accomplissement du salut sont issus de ce Fils. Dans le GrSeth par contre, le Fils lui-même est le Sauveur.

[34] Bien que ce trait de doctrine ne soit pas développé dans le traité, le Sauveur, tout en étant identifié au Fils de la Grandeur, apparaît aussi comme le fruit de l'unité plérômatique. Il est à la fois Pensée du Père et, semble-t-il, la pensée unique du Plérôme (cf. p. 54,18-22 et comm. *ad loc.*). Le GrSeth rejoint donc partiellement la doctrine valentinienne de l'émission du Sauveur par le Plérôme, comme un «fruit», cf. F.M.M. SAGNARD, *La gnose valentinienne et le témoignage de saint Irénée*, Paris, 1947, p. 432-436.

[35] On ne retrouve cependant pas dans le GrSeth la doctrine valentinienne de la réunion de la semence pneumatique et de son ange, du moins pas en ces termes; à ce propos, cf. J.É. MÉNARD, *L'Évangile selon Philippe*, Paris, 1967, p. 10-11. La conception du salut du GrSeth serait plus près de celle de *Noréa* (p. 29,1-5) où le salut consiste en la prise de conscience de l'unité du Noûs et de la Noèsis, d'Adamas et de Noréa, à l'intérieur de chacun, cf. M. ROBERGE, *Noréa* (*BCNH*, section «Textes», 5), Québec-Louvain, 1980, p. 155.

le GrSeth est cependant plus prolixe sur l'organisation du monde archontique : il est constitué d'archontes et d'anges. Les archontes qui, dans certains passages (cf. p. 69,26-29 et comm. *ad loc.*), sont assimilés aux puissances planétaires, sont divisés en deux groupes : ceux d'Adonaios et ceux de Ialdabaoth (cf. p. 52,17-25). Les anges, dont la fonction paraît être de rendre gloire aux archontes sont également divisés en deux groupes antagonistes (p. 53,20-24; 54,32-35) qui sont identifiés aux Chérubins et aux Séraphins. Bien qu'il soit discret sur l'origine, la nature et les conséquences de cette division du monde archontique, le traité la met en relation avec une intervention de Sophia dans le monde inférieur (p. 52,17-25). Tout ceci rapproche évidemment le GrSeth des systèmes développés dans *L'Hypostase des Archontes* (HypArch) et l'*Écrit sans Titre* (Ecr sT) et plus particulièrement de l'épisode de l'élévation de Sabaoth et de la précipitation de Ialdabaoth au fond du chaos (cf. HypArch p. 95,13-96,3; Ecr sT p. 103,32-106,18).

Le traité fait de cette division le type de la division de l'humanité en trois «races» lors de l'apparition du Sauveur. Outre les parfaits, qui reconnaissent le Sauveur, les Juifs manifestent deux attitudes devant lui. Les uns, identifiés à la race d'Adonaios, fuient devant lui alors que les autres, identifiés au Cosmocrator (= Ialdabaoth), s'acharnent contre lui. Au-delà de cette application «sociologique», la division entre Adonaios et Ialdabaoth reçoit aussi une application ecclésiologique. Elle devient le type de la division entre les Juifs et cette catégorie de chrétiens qui se réclament des apôtres et ne veulent pas se détacher complètement de l'Ancien Testament. Ces derniers, ayant une connaissance partielle du Sauveur sont associés à Adonaios alors que les premiers, qui sont dans l'ignorance à son égard, sont identifiés à Ialdabaoth (cf. p. 52,14-29 et comm. *ad loc.*).

3. *L'origine de l'homme*

De façon plus évidente encore que sa théogonie, l'anthropogonie du traité le rapproche des systèmes de l'ApocrJn, de l'Ecr sT et de l'HypArch. Bien que le GrSeth ne raconte pas de façon systématique les origines de l'homme, les nombreuses allusions qu'il y fait permettent de constater qu'il s'inspire d'un modèle en tous points comparable au schéma anthropogonique[36] des traités mythologiques du codex II. Voici un résumé du récit anthropogonique de l'HypArch (p. 87,12-89,31).

[36] A propos de ces schémas, cf. B. BARC, *L'Hypostase des Archontes* (*BCNH*, section «Textes», 5), Québec-Louvain, 1980, p. 5ss.

Ce récit suppose d'abord la captivité d'une parcelle de la puissance céleste aux mains de l'Archonte, captivité dont la théogonie fournit la raison. Le récit de l'anthropogonie s'ouvre donc sur une manifestation du monde céleste dans le monde inférieur, manifestation dont le but est salvifique (p. 87,12-23). À la suite de cette manifestation, les archontes créent l'homme charnel comme une contrefaçon du modèle céleste qui leur a été manifesté (p. 87,23-88,3). Puis, l'Archonte insuffle dans cette créature la parcelle de puissance céleste qu'il détenait et l'Esprit vient habiter dans l'homme (p. 88,3-89,11). Ces trois moments du récit anthropogonique constituent en quelque sorte les étapes préparatoires au salut de l'âme qui s'identifie à partir de ce moment avec le salut d'Adam. C'est alors que la femme spirituelle vient vers lui (p. 89,11-12), elle lui enjoint de se lever et Adam reconnaît son origine (p. 89,12-17). Le récit se déplace alors du personnage d'Adam à celui de la femme spirituelle, sa «co-ressemblance». Les archontes l'apercevant, la désirent et veulent la souiller. Celle-ci se sépare de son «ombre», qui est en fait son enveloppe charnelle (p. 89,18-26) et les archontes «souillent abominablement» cette dernière, de sorte qu'ils se condamnent eux-mêmes dans leur créature (p. 89,26-31). On peut schématiser ce récit en regroupant les différents épisodes sous trois étapes :

situation originelle
1) existence d'une entité céleste dans le monde;

préparation du salut
2) manifestation d'un modèle céleste;
3) contrefaçon de ce modèle par les archontes;
4) entrée de l'entité céleste dans la contrefaçon;

réalisation du salut
5) descente d'une seconde entité céleste;
6) réunion de la première et de la seconde entité céleste;
7) rejet de la contrefaçon;
8) destruction de la contrefaçon.

Ainsi présenté, le récit de la création de l'homme charnel apparaît bien comme le récit du salut de l'âme qui est d'abord soustraite à l'Archonte pour être insufflée dans l'homme charnel, après quoi un Sauveur lui est envoyé, qui en se dépouillant de l'enveloppe charnelle qu'il avait revêtue, indique que le salut passe par le rejet de la chair façonnée par les archontes. Enfin, ceux-ci détruisent leur propre créature.

Cette valeur sotériologique du récit anthropogonique justifie que l'auteur du GrSeth l'ait repris pour raconter l'histoire de l'*âme individuelle*, celle du *Sauveur-révélateur* et celle de l'*Église*. Il établit en effet constamment des équivalences entre le discours protogonique d'une part et les discours christologique (cf. p. 51,20-54,14 et comm. *ad loc.*) et ecclésiologique (cf. p. 68,28-69,6 et comm. *ad loc.*) d'autre part. Cet arrière-plan mythologique est donc indispensable pour comprendre à la fois la cohérence du traité et la signification de sa doctrine du salut individuel, de sa christologie et de son ecclésiologie.

4. *Le salut individuel*

Le GrSeth ne fait pas un récit suivi du salut de l'âme individuelle. À partir des différents passages disséminés tout au long du traité, il est cependant possible de reconstituer un récit de salut de l'âme individuelle qui correspond exactement au modèle dégagé du mythe anthropogonique de l'HypArch. Voici donc, présenté de façon schématique, le récit du salut de l'âme individuelle dans le GrSeth.

situation originelle

1) sortie hors du Plérôme et descente des ennoias dans le monde inférieur (p. 50,13-17);

préparation du salut

2) intervention de Sophia dans le monde inférieur pour préparer le salut (p. 50,25-51,3);
3) fabrication des corps charnels par les archontes (p. 51,3-10);
4) entrée des ennoias dans ces corps (p. 51,10-20);

réalisation du salut

5) manifestation du Sauveur dans le monde inférieur (p. 51,20-58,30);
6) rejet du corps par les ennoias (p. 58,31-59,3);
7) réunion des ennoias avec l'Homme nouveau, le Sauveur (p. 59,4-8);
8) remontée dans la hauteur (p. 57,27-58,13).

L'application du modèle sotériologique de l'HypArch au GrSeth permet d'intégrer tous les éléments du récit du salut de l'âme individuelle et d'en dégager la cohérence. De plus, il met en évidence le rôle préparatoire attribué à Sophia dans la réalisation du salut (cf. p. 50,25-51,20 et comm. *ad loc.*), de même que la complémentarité des interventions de Sophia et du Sauveur dans l'histoire, la première dans le temps des origines, le second, dans le temps final. Ce n'est cependant pas la description du salut individuel qui passe au premier plan dans le traité. Son auteur veut d'abord démontrer par son enseignement christologique et ecclésiologique, l'erreur d'adversaires qui annoncent un Sauveur mort sur la croix, héritier des promesses de l'Ancien Testament, et qui cherchent à imposer à leurs fidèles une autorité et une discipline incompatibles avec la liberté et l'égalité qui doivent régner parmi les parfaits.

5. *La venue du Sauveur-révélateur*

L'exposé christologique du GrSeth, condensé sous forme de récit, obéit lui aussi au même modèle sotériologique. Il n'en reproduit cependant pas les premières étapes puisqu'il se situe dans le temps de la réalisation du salut. Ce récit utilise comme donnée de base différents épisodes de la vie de Jésus empruntés à Jean, Marc et Matthieu, qu'il interprète à la lumière de l'anthropogonie et de la théogonie «séthiennes» (cf. p. 51,20-59,9 et comm. *ad loc.*). Voici ce récit présenté de façon schématique :

préparation du salut

4) entrée du Sauveur (= le Fils de la Grandeur) dans une maison corporelle (p. 51,20-56,13);

réalisation du salut

5) descente du Sauveur céleste demeuré dans la hauteur (p. 56,14-57,7);
6) rejet de l'enveloppe charnelle revêtue par le Fils de la Grandeur (implicite);
7) remontée du Sauveur céleste avec le Fils de la Grandeur (p. 57, 7-27);
8) crucifixion de la dépouille charnelle abandonnée par le Fils de la Grandeur (p. 58,17-30).

L'application de notre modèle sotériologique au récit de la venue du Sauveur permet d'en éclairer des éléments à première vue contradictoires. Ce récit, en effet, raconte deux descentes successives du Sauveur dans le monde. Sa première descente, son «incarnation», qui provoquera le trouble des archontes (p. 51,20-52,1) et la division de l'humanité (p. 52,

1-29) correspond à l'entrée des ennoias dans des corps, dernier épisode de l'étape préparatoire dans le récit du salut individuel. Il s'agit donc d'une répétition de la protogonie, d'où les équivalences que notre auteur établit sans cesse entre le passage du Sauveur sur terre et les récits protogoniques. Cette première étape du séjour du Sauveur dans le monde reflète bien le sort de l'âme sur terre. Comme elle, il est, dans le corps, en butte aux persécutions d'adversaires qui cherchent à le saisir (p. 52,30-54,14) et qui lui infligent toutes sortes de tourments (p. 55,9-56,13). Comme elle aussi, il devra dépouiller cette chair qu'il a revêtue et il aura besoin de l'intervention de son double céleste, demeuré dans la hauteur (p. 56,14-57,7) pour le ramener dans le monde céleste (p. 57,7-27).

Le rejet de l'enveloppe charnelle par le Sauveur n'est pas mentionné explicitement dans le traité. Le fait cependant que le récit de la crucifixion soit fait non plus à la première personne du singulier mais à la troisième, suppose ce rejet. Le passage du Sauveur sur terre est donc le type de celui de l'âme individuelle et son «salut» reproduit les mêmes étapes que celui de l'âme.

Cette christologie n'est pas docète au sens strict[37]. Le Sauveur revêt une chair bien réelle qui souffre et meurt. Lui-même cependant n'est pas atteint par ces souffrances ni par cette mort car il est étranger au monde de la chair. Il vaudrait donc mieux parler de dualisme christologique. Toutefois, dans un sens plus large, on peut parler de docétisme dans la mesure où le passage du Sauveur sur terre est marqué par l'ambiguïté des relations qui prévalent entre le monde céleste et le monde terrestre[38]. Quoi qu'il en soit, le GrSeth est en désaccord

[37] Nous considérons comme docètes au sens strict l'ensemble des doctrines christologiques selon lesquelles le Christ dans sa chair, ne pouvait pas être assujetti à la souffrance. Cette conception a revêtu des expressions mitigées comme par exemple, dans l'*Évangile selon Pierre*, 10, cf. M.G. MARA, *L'Évangile de Pierre* (SC, 201), Paris, 1973, p. 105-111) ou les *Odes de Solomon*, XXXI, 8 (cf. J.R. HARRIS, *The Odes and Psalms of Solomon*, Cambridge, 1911, p. 131). Elle a reçu son expression extrême dans les doctrines christologiques selon lesquelles le corps du Christ était une chair spirituelle d'origine céleste, comme par exemple chez les valentiniens de l'école italique pour qui ce corps est «psychique» et chez ceux de l'école orientale pour qui il est «pneumatique», cf. HIPPOLYTE, *Ref.*, VI, 35,5-7.

[38] U. Bianchi a élaboré une définition plus large du docétisme: «a very specific kind of union, and at the same time a separation, between the two worlds; it is a kind of union well-fitted to correspond to the dualistic-monistic presuppositions of the gnostic cosmology and metaphysics. According to gnosticism, everything endowed with form, with life, and with order originates in the heavenly world; this presupposes a clear and at the same time complex formulation of the relationship between the two worlds. To give such a formulation was the aim of docetism», cf. U. BIANCHI, «Docetism,

complet avec la doctrine selon laquelle le Sauveur véritable serait mort sur la croix. Et par voie de conséquence, il rejette également la doctrine selon laquelle le baptême associe le chrétien à la mort du Sauveur[39]. Ce sacrement consacre au contraire l'unité spirituelle du Sauveur vivant, Pensée incorruptible du Père, et des siens (cf. p. 49,25-50,1 et comm. *ad loc.*)[40].

6. *L'Église*

Le discours ecclésiologique du GrSeth ne suit pas le modèle sotériologique quant à l'ordre des épisodes car il ne se présente pas comme un récit, contrairement à l'exposé christologique. Une chose est claire cependant, il admet trois Églises ou plutôt trois modalités de l'Église : l'Église céleste, identifiée au Plérôme, une Église idéale, à l'intérieur de laquelle les parfaits sont appelés à se rassembler et enfin, l'Église fabriquée par les archontes comme une contrefaçon du modèle céleste (cf. p. 60, 13-25 et comm. *ad loc.*). Dans la réalité toutefois, il est difficile de savoir si au moment où le traité fut écrit, il existait une autre Église que celle qui est dénoncée par l'auteur. Le traité apparaît en effet plus comme un appel à former cette Église idéale que comme une invitation à y entrer. À partir de notre modèle sotériologique on peut toutefois reconstituer un récit ecclésiologique qui intègre les différents passages du traité ayant trait à ces trois Églises :

situation originelle

1) sortie des ennoias de l'Église céleste pour descendre dans le monde inférieur (p. 50,13-17);

A Peculiar Theory about the Ambivalence of the Presence of the Divine», in *Myths and Symbols. Studies in honor of* Mircea ELIADE, Chicago, 1969, p. 266-267.

[39] Cette critique de la conception baptismale de *Rm.*, 6,1-11 que notre auteur prête à ses adversaires se rapproche de la doctrine de Basilide. D'après Irénée en effet, celui-ci aurait enseigné que quiconque confesse le crucifié est un esclave au pouvoir de ceux qui ont créé le monde des corps (IRÉNÉE, *Adv. Haer.*, I,24,4).

[40] Paul, en *Gal.*, 4,6-7, associe les thèmes du baptême, de la filiation et de la réception de l'Esprit : «Fils, vous l'êtes bien : Dieu a envoyé dans nos cœurs l'Esprit de son Fils qui crie : Abba, Père! Tu n'es donc plus esclave, mais fils; et comme fils, tu es aussi héritier : c'est l'œuvre de Dieu» (cf. aussi *Rm.*, 8,14-16). C'est autour de cette thématique qu'est construit le récit du baptême de Jésus dans les évangiles et c'est dans cette perspective que l'auteur du GrSeth interprète le baptême. A propos de cette thématique baptismale, cf. L. HARTMAN, «Taufe, Geist und Sohnschaft», in *Jesus in der Verkündigung der Kirche*, éd. A. Fuchs (*Studien zum Neuen Testament und seiner Umwelt*, Serie A. Band 1), Linz, 1976, p. 89-109.

préparation du salut

2) manifestation du modèle de l'Église céleste dans le monde inférieur (p. 68,28-31, cf. comm. *ad loc.*);
3) fabrication par les archontes d'une contrefaçon de ce modèle (p. 68,32-69,14);
4) entrée des ennoias dans cette Église contrefaite (implicite);

réalisation du salut

5) descente des éons sauveurs de l'Église céleste dans les corps (p. 59,9-19);
6) réunion des éons sauveurs et des ennoias dans ces corps (p. 59,14-22, cf. comm. *ad loc.*);
7) rejet de l'Église contrefaite (p. 60,3-65,32);
8) réunion de l'Église d'en bas avec le Plérôme (p. 67,19-27).

La reconstitution de ce récit à partir du discours ecclésiologique du traité permet de mieux comprendre la perception que l'auteur du traité avait de l'histoire des gnostiques et l'insistance qu'il met sur le thème de la séparation (cf. p. 50,1-13; 60,3-12; 65,18-31 et comm. *ad loc.*). Selon le mythe anthropogonique de l'HypArch, la parcelle de la puissance céleste détenue par l'Archonte doit séjourner pour un temps dans un corps, contrefaçon de l'Homme céleste, pour être sauvée. De même, dans les temps historiques, la descendance de Seth doit se soumettre pour un temps à l'Archonte des forces et entrer dans la religion juive pour échapper à la destruction par le déluge en attendant la venue d'un Sauveur (cf. p. 51,3-21 et comm. *ad loc.*). Il semble bien que ces épisodes protogonique et historique aient servi de modèle à notre auteur pour comprendre la situation des gnostiques au sein d'une Église chrétienne dominée par les créatures des Archontes. Son discours se situe donc dans le temps eschatologique au moment crucial où les gnostiques doivent se séparer de cette Église contrefaite pour accéder au salut définitif à l'exemple du Sauveur qui avait revêtu pour un temps un homme charnel et qui l'a dépouillé pour remonter dans la hauteur (cf. p. 56,20-57,27; 58,22-26 et comm. *ad loc.*).

La contrefaçon de l'Église céleste par les adversaires et l'entrée des élus en elle, pour un temps, apparaît donc comme une étape nécessaire pour accéder au salut. Cette fausse Église empêche cependant la libération définitive des parfaits car elle cherche à les maintenir sous la coupe de l'Archonte, en utilisant l'Ancien Testament comme source de révélation (p. 60,13-61,10) et en imposant à ses fidèles une hiérarchie

(p. 61,11-28), il devient donc un devoir impérieux de s'en séparer pour les vrais chrétiens qui ont été libérés par le Christ. Cette opposition entre la hiérarchie que les adversaires cherchent à imposer et la liberté du chrétien rappelle certains passages de Paul auxquels le traité paraît faire allusion (cf. par ex. p. 60,26-35 et comm. *ad loc.*).

Il ressort de cette analyse de la doctrine du GrSeth qu'il est un traité gnostique chrétien. Cependant, l'omniprésence du modèle sotériologique que nous avons dégagé de l'HypArch et les nombreuses références qu'il fait à la mythologie «séthienne»[41] en font un traité qui s'inscrit dans la tradition «séthienne» comme l'indique d'ailleurs son colophon (p. 70,11-12)[42].

[41] J.A. Gibbons (*A Commentary*, p. 47-51) note cette parenté mais il n'en fait pas l'analyse.

[42] Nous sommes en désaccord sur ce point avec la plupart de nos prédécesseurs berlinois pour qui le GrSeth n'aurait de «séthien» que le titre, cf. Berliner Arbeitskreis für koptisch-gnostische Schriften, «Die Bedeutung der Texte von Nag Hammadi für die moderne Gnosis-forschung», p. 60; H.M. Schenke, «Das Sethianische System nach Nag-Hammadi-Handschriften», p. 165; H.G. Bethge, «*Zweiter*», 97 et «Anthropologie und Soteriologie im 2 LogSeth (*NHC* VII, 2), Diskussionsbeitrag auf der IV. Koptologischen Arbeitskonferenz, *Das Menschenbild in Gnosis und Manichäismus*, Novembre 1976, Halle/Saale, manuscrit, p. 1; K.W. Tröger, *Die Passion Jesu Christi in der Gnosis II*, Dissertation, Berlin, 1978, p. 245. Certes, la seule mention de Seth dans le colophon ne suffirait pas à fonder une telle opinion, nous sommes bien d'accord avec H.M. Schenke là-dessus, cf. *art. cit.*, p. 165 et M. Tardieu, «Le Congrès de Yale sur le Gnosticisme (28-31 mars 1978)», *REA* 23 (1978) 192. C'est sur l'arrière-plan mythologique du traité que nous nous basons. Le GrSeth partage en effet avec les écrits mythologiques du codex II (HypArch, ApocrJn et Ecr sT) de nombreux traits tant au niveau de l'organisation du monde céleste qu'au niveau de la théogonie et de l'anthropogonie (Cf. Intr., p. 11s.). Mais, plus fondamentalement, il possède en commun avec eux une même conception du salut et de sa réalisation par étapes successives (Cf. Intr., p. 14s.). C'est cette communauté doctrinale que nous voulons signifier lorsque nous affirmons que le GrSeth est un traité d'inspiration séthienne. Nous n'entendons donc nullement étendre cette désignation à un groupe ou une secte qui se serait elle-même identifiée comme séthienne ou l'aurait été par d'autres.

Etant donné son caractère chrétien et sa parenté doctrinale avec les écrits mythologiques du codex II, le GrSeth apparaît donc comme un excellent témoin de la jonction que refuse Schenke du filon doctrinal séthien et du christianisme (Cf. H.M. Schenke d'après un résumé de «The Phenomenon and significance of Gnostic sethianism» distribué aux participants du Congrès de Yale, 28-31 mars 1978).

TEXTE
ET
TRADUCTION

* *Note préliminaire*

Sauf en ce qui concerne la séparation des mots, notre texte copte respecte la disposition du papyrus. Nous avons toutefois introduit quelques alinéas pour indiquer les grandes divisions du traité et en faciliter la lecture. La collation du GrSeth a été effectuée au Caire par M. Michel Roberge dont nous avons utilisé les notes pour l'établissement du texte.

Le signe ^{0} accompagnant un terme dans la traduction indique qu'il correspond à un mot grec dans le texte copte.

Abréviations de l'apparat critique

cod :	codex
comm. note :	note du commentaire
⟨ ⟩ :	lettre ou mot corrigés ou ajoutés
{ } :	lettre supprimée
Bethge :	H. G. BETHGE, «*Zweiter Logos des Grossen Seth*, Die Zweite Schrift aus Nag-Hammadi-Codex VII». Eingeleitet und übersetzt vom Berliner Arbeitskreis für Koptisch-gnostische Schriften, *TLZ* 100 (1975) 97-110.
Gibbons :	J. A. GIBBONS, *A Commentary on the Second Logos of the Great Seth*, Yale University, Ph. D. Dissertation, 1972.
Krause :	M. KRAUSE, «*Der Zweite Logos des Grossen Seth*», in *Christentum am Roten Meer* II, éd. F. Altheim, R. Stiehl, «Neue Texte», Berlin, 1973, p. 106-151.

ϩⲉϥⲙⲟⲧⲛ̄ ⲇⲉ ⲙ̄ⲙⲟϥ ⲛ̄ϭⲓ ⲡⲙⲉ
ⲅⲉⲑⲟⲥ ⲉⲧϫⲏⲕ ϩⲣⲁï ϩⲙ̄ ⲡⲓⲟⲩ
ⲟⲉⲓⲛ ⲛ̄ⲁⲧϣⲁϫⲉ ⲙ̄ⲙⲟϥ · ⲛ̄ϩⲣⲁï
ϩⲛ̄ ⲟⲩⲙⲛ̄ⲧⲙⲉ ⲛ̄ⲧⲉ ⲧⲙⲁⲁⲩ
ⲛ̄ⲧⲉ ⲛⲁï ⲧⲏⲣⲟⲩ · ⲁⲩⲱ ⲛ̄ⲧⲱⲧⲛ̄
ⲧⲏⲣⲧⲛ̄· ⲉⲁⲛⲟⲕ ⲟⲩⲁⲁⲧ ⲉⲧⲟ ⲛ̄
ⲧⲉⲗⲓⲟⲥ· ⲛⲏ ⲉⲧⲡⲏϩ ⲉⲣⲟï ⲉⲧⲃⲉ
ⲡⲓϣⲁϫⲉ· ⲉïϣⲟⲟⲡ ⲅⲁⲣ ⲙⲛ̄ ϯⲙⲛ̄
ⲧⲛⲟϭ ⲧⲏⲣⲥ̄ ⲛ̄ⲧⲉ ⲡⲓⲡ̄ⲛ̄ⲁ̄ ⲉⲧⲉ ⲛ̄
ϣⲃⲏⲣ ⲛ̄ⲙ̄ⲙⲁⲛ· ⲙⲛ̄ ϩⲉⲛϣⲃⲏⲣ
ⲛ̄ⲧⲱϭⲉ ϩⲛ̄ ⲟⲩϣⲱϣ · ⲉⲁïⲉⲓⲛⲉ
ⲉⲃⲟⲗ ⲛ̄ⲟⲩϣⲁϫⲉ · ⲁⲩⲉⲟⲟⲩ ⲛ̄
ⲧⲉ ⲡⲉⲛⲉⲓⲱⲧ ⲉⲃⲟⲗ ϩⲓⲧⲟⲟⲧⲥ̄
ⲛ̄ⲧⲉϥⲙⲛ̄ⲧⲭ̄ⲣ̄ⲥ̄ ⲙⲛ̄ ⲟⲩⲙⲉ
ⲉⲩⲉ ⲛ{ⲛ}ⲁⲧⲱϫⲛ̄ ⲛ̄ϭⲓ ⲡⲓϣⲁϫⲉ
ⲉⲧϣⲟⲟⲡ ⲛ̄ϩⲏⲧϥ̄ · ⲟⲩⲙⲛ̄ⲧ
ϩⲙ̄ϩⲁⲗ · ⲧⲉ ϫⲉ ⲧⲛ̄ⲛⲁⲙⲟⲩ ⲙⲛ̄
ⲡⲉⲭ̄ⲥ̄ ⲙⲛ̄ ⲟⲩⲙⲉⲉⲩⲉ ⲛ̄{ⲛ}ⲁⲧ
ⲱϫⲛ̄ ⲁⲩⲱ ⲛ̄ⲁⲧϫⲱϩⲙ̄ · ⲟⲩ
ϣⲡⲏⲣⲉ ⲛ̄ⲁⲧⲧⲁϩⲟⲥ · ⲡⲓⲥϩⲁï
ⲛ̄ⲧⲉ ⲡⲓⲙⲟⲟⲩ ⲛ̄ⲁⲧϣⲁϫⲉ ⲉ
ⲧⲃⲏⲏⲧϥ̄ ⲉⲧⲉ ⲉⲃⲟⲗ ⲙ̄ⲙⲟⲛ
ⲡⲉ ⲡⲓϣⲁϫⲉ · ⲁⲛⲟⲕ ⲉⲧϩⲛ̄
ⲧⲏⲛⲉ · ⲁⲩⲱ ⲛ̄ⲧⲱⲧⲛ̄ ⲧⲉⲧⲛ̄
ϣⲟⲟⲡ ⲛ̄ϩⲏⲧ · ⲛ̄ⲑⲉ ⲉⲧⲉ ⲡⲓ
ⲱⲧ ϣⲟⲟⲡ ⲛ̄ϩⲏⲧ <ⲁⲩⲱ ϩⲛ̄> ⲧⲏⲛⲉ ϩⲛ̄

35 ⟨ ⟩ Bethge : ⲛ̄ϩⲏⲧ ⲧⲏⲛⲉ cod, Krause, Gibbons.

P. 49

La Grandeur[0] parfaite se repose (+ δέ) dans la Lumière indicible, dans la vérité de leur Mère à tous. Et vous tous, vous tendez vers Moi en vue de la Parole parce que Moi seul suis Parfait[0]. En effet[0], je demeure avec la Grandeur entière de l'Esprit[0] qui est notre compagnon et celui de (nos) semblables en toute égalité. Si j'ai proclamé une Parole, c'est pour la gloire de notre Père à cause de sa bonté[0], et de (sa) Pensée incorruptible : c'est la Parole qui est en Lui. C'est un esclavage de dire que nous mourrons avec le Christ[0], Pensée incorruptible et immaculée. C'est une merveille insaisissable que la marque de l'eau indicible, qui consiste en cette parole que nous disons : «Je suis en vous et vous êtes en Moi comme le Père est en Moi ⟨et en⟩ vous

18-20 cf. comm. note 8. — 25-28 cf. comm. note 12
32-36 cf. comm. note 14.

ⲛ̄

ⲟⲩⲙⲛ̄ⲧⲁⲧ'ⲕⲁϭⲓⲁ·

ⲙⲁⲣⲛ̄ⲥⲱ

ⲟⲩϩ ⲛ̄ⲟⲩⲉⲕⲕⲗⲏⲥⲓⲁ ⲉⲩⲙⲁ
ⲙⲁⲣⲛ̄ⲙⲟⲩϣⲧ ⲙ̄ⲡⲓⲥⲱⲛ̄ⲧ'
ⲉⲧⲛ̄ⲧⲁϥ· ⲙⲁⲣⲛ̄ⲧⲁⲩⲟ ⲛ̄ⲟⲩⲁ
ⲉⲃⲟⲗ ⲛ̄ϩⲏⲧϥ· ⲛ̄ⲑⲉ ⲛ̄ⲧⲁϥⲙⲟⲩ
ϣⲧ' ⲛ<ⲛⲓ>ⲉⲛⲛⲟⲓⲁ <ⲛ̄>ⲛⲓⲙⲉⲣⲟⲥ ⲉⲧ'
ⲥⲁⲡⲉⲥⲏⲧ'· ⲛ̄ⲧⲁⲉⲓϫⲉ ⲛⲁï ⲇⲉ
ⲙ̄ⲡⲁϣⲁⲉⲓ ⲧⲏⲣϥ ⲛ̄ⲧⲉ ϯⲉⲕ
ⲕⲗⲏⲥⲓⲁ ⲉⲧⲟϣ ⲛ̄ⲧⲉ ⲡⲓⲙⲉⲅⲉ
ⲑⲟⲥ ⲉⲧ'ⲧⲉⲗⲏⲗ· ⲁⲩⲧⲉⲗⲏⲗ ⲙ̄
ⲙⲟⲟⲩ ⲛ̄ϭⲓ ⲡⲏï ⲧⲏⲣϥ ⲙ̄ⲡⲓⲱⲧ'
ⲛ̄ⲧⲉ ϯⲙⲛ̄ⲧⲙⲉ· ⲉⲁⲛⲟⲕ ⲡⲉ ⲡⲓ
ⲉⲃⲟⲗ ⲛ̄ϩⲏⲧⲟⲩ· ⲁïϯ ⲛ̄ⲛⲟⲩⲙⲉ
ⲉⲩⲉ ⲉⲧⲃⲉ ⲛⲓⲉⲛⲛⲟⲓⲁ ⲛ̄ⲧⲁⲩⲉⲓ̂
ⲉⲃⲟⲗ ϩⲙ̄ ⲡⲓⲡⲛ̄ⲁ ⲛ̄ⲁⲧ'ϫⲱϩⲙ̄·
ⲉⲧⲃⲉ ⲡⲓⲉⲓ̂ ⲉⲡⲉⲥⲏⲧ' ⲉϫⲙ̄ ⲡⲓⲙⲟ
ⲟⲩ ⲛ̄ϭⲓ ⲛⲓⲙⲉⲣⲟⲥ ⲉⲧ'ⲥⲁⲡⲉ
ⲥⲏⲧ'· ⲁⲩⲱ ⲁⲩⲉⲛⲛⲟⲓⲁ ⲛ̄ⲟⲩ
ⲱⲧ' ϣⲱⲡⲉ ⲛⲁⲩ ⲧⲏⲣⲟⲩ ⲉⲥ
ϣⲟⲟⲡ ⲉⲃⲟⲗ ϩⲛ̄ ⲟⲩⲁ· ⲁⲩⲣ̄ ⲇⲟ
ⲅⲙⲁⲧⲓⲍⲉ ⲙ̄ⲙⲟï ⲉïⲟⲩⲱϣⲉ
ⲁïⲉⲓ̂ ⲉⲃⲟⲗ' ⲉⲟⲩⲱⲛ̄ϩ ⲉⲃⲟⲗ ⲙ̄
ⲡⲓⲉⲟⲟⲩ ⲛ̄ⲛⲁϣⲃⲏⲣ ⲛ̄ⲧⲱϭⲉ
ⲙⲛ̄ ⲛⲁϣⲃⲏⲣ ⲙ̄ⲡⲛ̄ⲁ·

ⲛⲉⲁⲩ

ⲥⲟⲃⲧⲉ ⲅⲁⲣ ⲛ̄ⲛⲏ ⲉⲧⲉ ⲛⲉⲩϣⲟ
ⲟⲡ ϩⲙ̄ ⲡⲓⲕⲟⲥⲙⲟⲥ· ϩⲛ̄ <ⲟⲩ>ⲟⲩⲱϣⲉ
ⲛ̄ⲧⲉ ϯⲥⲟⲫⲓⲁ ⲧⲛ̄ⲥⲱⲛⲉ ⲧⲏ
ⲉⲧⲉ ⲛ̄ⲟⲩⲡⲣⲟ<ⲩ>ⲛⲓⲕⲟⲥ ⲧⲉ· ⲉ

6 ⲛ̄⟨ⲛⲓ⟩ⲉⲛⲛⲟⲓⲁ : ⲛ̄ⲉⲛⲛⲟⲓⲁ cod, Krause; ⟨ⲛ̄⟩ⲛⲓⲉⲛⲛⲟⲓⲁ (?) Gibbons; ⟨ⲛ̄⟩ⲛⲉⲛⲛⲟⲓⲁ Bethge .⟨ⲛ̄⟩ⲛⲓⲙⲉⲣⲟⲥ : ⲛⲓⲙⲉⲣⲟⲥ cod, Krause, Gibbons; ⟨ⲉⲧ⟩ϩⲛ̄ⲙⲉⲣⲟⲥ (?) Bethge. 26 ⟨ ⟩ Bethge: ϩⲛ̄ ⲟⲩⲱϣⲉ cod, Krause, Gibbons. — 28 ⟨ ⟩ Bethge, Gibbons: ⲡⲣⲟⲛⲓⲕⲟⲥ cod, Krause.

P. 50

sans déficience°.» «Réunissons une Église°, visitons la création qui lui appartient; envoyons quelqu'un en elle afin qu'il sépare ⟨les⟩ Ennoias° ⟨dans⟩ les régions° inférieures.» J'ai dit ceci à la multitude entière de l'Église° nombreuse de la Grandeur° qui exulte. Elle a exulté, la maison entière du Père de la Vérité, car c'est d'elle que je suis issu. Je leur ai rappelé les Ennoias° qui sont sorties de l'Esprit° immaculé pour descendre sur les eaux — c'est-à-dire les régions° inférieures —. Et ils eurent tous une Pensée° unique car elle est issue d'un seul. Ils m'ont donné un ordre° selon mon désir et je suis sorti pour révéler la Gloire à mes semblables et mes compagnons en Esprit°.

En effet°, ceux qui étaient dans le monde° avaient été préparés par ⟨la⟩ volonté de Sophia°, notre sœur — celle qui est ⟨Prounicos⟩°—, en

4-5 cf. comm. notes 15 et 16. — 27-29 cf. comm. note 20.

ⲧⲃⲉ ϯⲙ̅ⲛ̅ⲧ̓ⲁⲧ̓ⲕⲁϭⲓⲁ ⲉⲧⲉ ⲙ̅
ⲡⲟⲩⲧⲁⲟⲩⲟⲥ · ⲟⲩⲧⲉ ⲙ̅ⲡⲉⲥ
ⲣ̅ ⲁⲓⲧⲓ ⲛ̅ⲗⲁⲁⲩ ⲛ̅ⲧⲟⲟⲧ̅ϥ̅ ⲙ̅ⲡⲓ
ⲡⲧⲏⲣ̅ϥ̅ · ⲙ̅ⲛ̅ ϯⲙ̅ⲛ̅ⲧ̓ⲛⲟϭ ⲛ̅
ⲧⲉ ϯⲉⲕⲕⲗⲏⲥⲓⲁ ⲙ̅ⲛ̅ ⲡⲓⲡⲗⲏ
ⲣⲱⲙⲁ ⲉⲁⲥⲣ̅ ϣⲟⲣ̅ⲡ̅ ⲁⲥⲉⲓ̂ ⲉⲃⲟⲗ

ⲛ̅ⲁ̅

ⲉⲥⲟⲃⲧⲉ ⲛ̅ϩⲉⲛⲙⲟⲛⲁⲥ ⲙ̅ⲛ̅
ϩⲉⲛⲧⲟⲡⲟⲥ ⲙ̅ⲡϣⲏⲣⲉ ⲙ̅ⲡⲟⲩ
ⲟⲉⲓⲛ · ⲁⲩⲱ ⲛⲓϣⲃⲏⲣ ⲛ̅ⲣⲉϥⲣ̅
ϩⲱⲃ ⲛ̅ⲧⲁⲥϫⲓⲧⲟⲩ ⲉⲃⲟⲗ ϩ̅ⲓ̅ⲧⲟ
ⲟⲧⲟⲩ ⲛ̅ⲛⲓⲥⲧⲟⲓⲭⲉⲓⲟⲛ ⲉⲧ̓ⲥⲁ
ⲡⲉⲥⲏⲧ̓ ⲉⲩⲕⲱⲧ̓ ⲛ̅ⲧⲉ ⲛⲓⲏⲉⲓ ·
ⲛ̅ⲥⲱⲙⲁⲧⲓⲕⲟⲛ ⲛ̅ⲧⲟⲟⲧⲟⲩ ·
ⲛ̅ⲧⲟⲟⲩ ⲇⲉ ⲉⲁⲩϣⲱⲡⲉ ϩ̅ⲛ̅ ⲟⲩ
ⲉ<ⲟ>ⲟⲩ ⲉϥϣⲟⲩⲉⲓⲧ̓ · ⲁⲩϫⲱⲕ
ⲉⲃⲟⲗ ⲉϩⲣⲁï ⲉⲩⲧⲁⲕⲟ · ϩ̅ⲛ̅ ⲛⲓⲏï
ⲛ̅ⲧⲁⲩϣⲱⲡⲉ ⲛ̅ϩⲏⲧⲟⲩ ⲉⲩⲥⲟⲃ
ⲧⲉ ⲙ̅ⲙⲟⲟⲩ ⲉⲃⲟⲗ ϩ̅ⲓ̅ⲧⲟⲟⲧ̅ⲥ̅ ⲛ̅
ϯⲥⲟⲫⲓⲁ · ϣⲁⲩϣⲱⲡⲉ ⲉⲩⲥ̅ⲃ̅
ⲧⲱⲧ̓ ϫⲉ ⲉⲩⲉϣⲱⲡ ⲉⲣⲟⲟⲩ ⲙ̅
ⲡⲓϣⲁϫⲉ ⲛ̅ⲣⲉϥⲧⲁⲛϩⲟ ⲛ̅ⲧⲉ ϯ
ⲙⲟⲛⲁⲥ ⲛ̅{ⲛ}ⲁⲧϣⲁϫⲉ ⲙ̅ⲙⲟⲥ
ⲙ̅ⲛ̅ ϯⲙ̅ⲛ̅ⲧ̓ⲛⲟϭ ⲛ̅ⲧⲉ ϯⲉⲕⲕⲗⲏ
ⲥⲓⲁ · ⲛ̅ⲧⲉ ⲛⲁï ⲧⲏⲣⲟⲩ ⲉⲧ̓ϭⲱ
ϣ̅ⲧ̅̓ ⲉⲃⲟⲗ' ⲙ̅ⲛ̅ ⲛⲏ ⲉⲧ̓ϣⲟⲟⲡ
ⲛ̅ϩⲏⲧ̓ ·
ⲁⲉⲓⲙⲟⲩϣ̅ⲧ̅̓ ⲛ̅ⲟⲩⲏⲉⲓ
ⲛ̅ⲥⲱⲙⲁⲧⲓⲕⲟⲛ ⲁⲉⲓⲛⲟⲩϫⲉ
ⲉⲃⲟⲗ ⲙ̅ⲡⲏ ⲉⲧⲉ ⲛⲉϥϣⲟⲟⲡ
ⲛ̅ϩⲏⲧ̅ϥ̅ ⲛ̅ϣⲟⲣ̅ⲡ̅ · ⲁⲩⲱ ⲁⲛⲟⲕ
ⲁⲉⲓⲃⲱⲕ ⲉϩⲟⲩⲛ · ⲁⲩⲱ ⲁⲩ

9 〈 〉 Gibbons : ⲉⲟⲩ cod, Krause, Bethge.

vue de l'élimination de la déficience[0], (elle) qui n'avait pas été envoyée et n'avait rien demandé[0] au Tout, ni à la Grandeur de l'Église[0], ni au Plérôme[0], lorsque la première, elle sortit

P. 51

pour préparer des demeures[0] et des lieux[0] pour le Fils de la Lumière. Et les compagnons de travail qu'elle avait pris parmi les éléments[0] inférieurs pour qu'ils leur construisent des maisons corporelles[0], ceux-là donc[0], succombant à une vaine ⟨gloire⟩, provoquèrent une ruine. Dans les maisons qu'ils habitèrent, (ceux qui ont été) préparés par Sophia[0] sont prêts à recevoir la Parole salvifique de l'Unité[0] indicible et de la Grandeur de l'Église[0] de tous ceux qui me voient et qui sont en Moi.

J'ai cherché une maison corporelle[0], j'ai expulsé celui qui l'habitait d'abord et Moi, je suis entré. Et la

1 cf. comm. note 24 — 3-15 cf. comm. note 25 — 18-19 cf. comm. note 26.
21 cf. comm. note 28

ϣⲧⲟⲣⲧ̅ⲣ̅ ⲛ̅ϭⲓ ⲡⲁϣⲁï ⲧⲏⲣ̅ϥ̅
ⲛ̅ⲧⲉ ⲛⲓⲁⲣⲭⲱⲛ · ⲁⲩⲱ ϯϩⲩ
ⲗⲏ ⲧⲏⲣ̅ⲥ̅ ⲛ̅ⲧⲉ ⲛⲓⲁⲣⲭⲱⲛ ·
ⲁⲩⲱ ⲙ̅ⲛ̅ ⲛⲓϭⲁⲙ ⲛ̅ϫⲡⲟ ⲙ̅ⲡⲕⲁϩ
ⲛⲉⲥϣⲟⲟⲡ ϩ̅ⲛ̅ ⲟⲩⲥⲧⲱⲧ' · ⲉⲥ
ⲛⲁⲩ ⲉⲡⲓⲉⲓⲛⲉ ⲛ̅ⲧⲉ ϯϩ̅ⲓ̅ⲕⲱⲛ ·
ⲉⲥⲙⲟϫ̅ⲕ̅ · ⲁⲛⲟⲕ ⲇⲉ ⲡⲏ ⲉⲛⲉϥ
ϣⲟⲟⲡ ⲛ̅ϩⲏⲧ̅ⲥ̅ ⲉⲛϥⲓⲛⲉ ⲁⲛ
ⲙ̅ⲡⲏ ⲉⲛⲉϥϣⲟⲟⲡ ⲛ̅ϩⲏⲧ̅<ⲥ̅>
ⲛ̅ϣⲟⲣ̅ⲡ̅ · ⲡⲏ ⲅⲁⲣ ⲛⲉⲩⲣⲱⲙⲉ

ⲚⲂ̅

ⲛ̅ⲕⲟⲥⲙⲓⲕⲟⲥ ⲡⲉ · ⲁⲛⲟⲕ ⲇⲉ
ⲉⲁⲛⲟⲕ ⲟⲩⲉⲃⲟⲗ ⲙ̅ⲡⲥⲁ ⲛⲧⲡⲉ
ⲛ̅ⲛ̅ⲙ̅ⲡⲏⲩⲉ · ⲙ̅ⲡⲓⲣ̅ ⲁⲣⲛⲉⲥⲑⲁⲓ ·
ⲙⲉⲛ ⲛⲁⲩ · ⲁⲩⲱ ⲉⲧⲣⲁϣⲱⲡⲉ
ⲛ̅ⲟⲩⲭ̅ⲣ̅ⲥ̅ · ⲙ̅ⲡⲓⲟⲩⲱⲛ̅ϩ̅ ⲇⲉ ⲙ̅
ⲙⲟï ⲉⲃⲟⲗ ⲉⲣⲟⲟⲩ ϩ̅ⲛ̅ ϯⲁⲅⲁⲡⲏ
ⲉⲧⲉ ⲛⲉⲥⲛ̅ⲛⲏⲩ ⲉⲃⲟⲗ ⲛ̅ϩⲏⲧ' ·
ⲛⲉⲓⲟⲩⲟⲛϩ ⲉⲃⲟⲗ ϫⲉ ⲁⲛⲟⲕ ⲟⲩ
ϣ̅ⲙ̅ⲙⲟ ⲛ̅ⲧⲉ ⲛⲓⲙⲉⲣⲟⲥ ⲉⲧ'ⲥⲁ
ⲡⲉⲥⲏⲧ' · ⲛⲉⲩⲛ̅ ⲟⲩⲛⲟϭ ⲛ̅
ϣⲧⲟⲣⲧ̅ⲣ̅ ϣⲟⲟⲡ ϩ̅ⲙ̅ ⲡⲓⲧⲟⲡⲟⲥ
ⲧⲏⲣ̅ϥ̅ ⲛ̅ⲕⲟⲥⲙⲓⲕⲟⲛ ⲙ̅ⲛ̅ ⲟⲩ
ⲧⲱϩ ⲙ̅ⲛ̅ ⲟⲩⲡⲱⲧ' · ⲁⲩⲱ ⲡⲓϣⲟ
ϫⲛⲉ ⲛ̅ⲧⲉ ⲛⲓⲁⲣⲭⲱⲛ · ϩⲟⲉⲓⲛⲉ
ⲇⲉ ⲛⲉⲩⲧⲏⲧ' ⲛ̅ϩⲏⲧ' ⲉⲩⲛⲁⲩ
ⲉⲛⲓϭⲟⲙ ⲉⲛⲉⲩϫⲏⲕ ⲉⲃⲟⲗ ϩ̅ⲓ̅
ⲧⲟⲟⲧ' · ⲁⲩⲱ ϣⲁⲩⲡⲱⲧ' ⲛ̅ϭⲓ
ⲛⲁï ⲧⲏⲣⲟⲩ ⲉⲛⲧⲁⲩⲉⲓ ⲙ̅ⲛ̅ ⲡⲓ
ⲅⲉⲛⲟⲥ ⲉⲡⲉⲥⲏⲧ' · ⲉⲃⲟⲗ ϩ̅ⲙ̅ ⲡⲏ

33 ⲛ̅ϩⲏⲧ̅ϥ̅ cod, Krause, Gibbons.

multitude entière des archontes[0] fut troublée, et toute la matière[0] des archontes[0], ainsi que les puissances nées de la terre, se mettaient à trembler en voyant l'apparence composite de l'image[0] : c'est Moi qui étais en elle et je ne ressemblais pas à celui qui ⟨y⟩ était d'abord. En effet[0], celui-là était un homme

P. 52

de ce monde[0]. Quant[0] à Moi qui suis d'au-dessus des cieux, je n'ai certes pas refusé[0] d'être même le Christ[0] pour eux, mais[0] je ne me suis pas manifesté à eux dans l'Amour[0] qui émanait de Moi. Je laissais paraître que j'étais étranger aux régions[0] inférieures. Il y avait un grand trouble dans le monde[0] terrestre[0] tout entier, confusion et précipitation. Et le conseil des archontes[0]. Or[0] quelques-uns étaient convaincus à la vue des miracles que j'accomplissais. Et tous ceux qui fuyaient se sont joints à la race[0] inférieure. Ils sont issus de celui

28 cf. comm. note 32 — 30 cf. comm. note 33.
3-5 cf. comm. note 36 — 17-22 cf. comm. note 43.

ⲉⲛⲧⲁϥⲡⲱⲧ' ⲉⲃⲟⲗ ϩ̅ⲙ̅ ⲡⲓⲑⲣⲟ
ⲛⲟⲥ ϣⲁ ϯⲥⲟⲫⲓⲁ ⲛ̅ⲧⲉ ϯϩⲉⲗ
ⲡⲓⲥ · ⲉⲁⲥⲣ̅ ϣⲟⲣⲡ ⲛ̅ϯⲙⲁⲉⲓⲛ ⲉ
ⲧⲃⲏⲏⲧ̅ⲛ̅ ⲙ̅ⲛ̅ ⲛⲏ ⲧⲏⲣⲟⲩ ⲉⲧ'ϣⲟ
ⲟⲡ ⲛ̅ⲙ̅ⲙⲁⲉⲓ · ⲛⲓⲉⲃⲟⲗ ϩ̅ⲙ̅ ⲡⲓⲅⲉ
ⲛⲟⲥ ⲛ̅ⲧⲉ ⲁⲇⲱⲛⲁⲓⲟⲥ · ϩⲉⲛⲕⲟ
ⲟⲩⲉ ⲟⲛ ⲁⲩⲡⲱⲧ' ⲛ̅ⲑⲉ ⲉⲃⲟⲗ
ϩ̅ⲓ̅ⲧⲟⲟⲧ̅ϥ̅ ⲙ̅ⲡⲓⲕⲟⲥⲙⲟⲕⲣⲁⲧⲱⲣ
ⲙ̅ⲛ̅ ⲛⲏ ⲉⲧ'ϣⲟⲟⲡ ⲛ̅ⲙ̅ⲙⲁϥ ·
ⲉⲁⲩⲉⲓⲛⲉ ⲛ̅ⲕⲟⲗⲁⲥⲓⲥ ⲛⲓⲙ ⲉ
ϫⲱⲓ̈ · ⲁⲩⲱ ⲛⲉⲩⲛ̅ ⲟⲩⲡⲱⲧ'
ϣⲟⲟⲡ ⲡⲉ ⲛ̅ⲧⲉ ⲡⲉⲩⲛⲟⲩⲥ
ϫⲉ ⲟⲩ ⲡⲉⲧⲟⲩⲛⲁϣⲟϫⲛⲉ
ⲉⲣⲟϥ ⲉⲧⲃⲏⲏⲧ' · ⲉⲩⲙⲉⲉⲩⲉ
ϫⲉ ϯⲙ̅ⲛ̅ⲧⲛⲟϭ ⲧⲏⲣ̅ⲥ̅ ⲧⲉ · ⲁⲩⲱ
ⲉⲩϫⲉ ⲙ̅ⲛ̅ⲧ'ⲙ̅ⲛ̅ⲧⲣⲉ ⲛ̅ⲛⲟⲩϫ
ⲉⲡⲓⲕⲉⲣⲱⲙⲉ ⲙ̅ⲛ̅ ϯⲙ̅ⲛ̅ⲧⲛⲟϭ ·

ⲛ̅ⲅ̅

ⲧⲏⲣ̅ⲥ̅ ⲛ̅ⲧⲉ ϯⲉⲕⲕⲗⲏⲥⲓⲁ ⲛⲉ
ⲙ̅ⲙ̅ⲛ̅ϣϭⲟⲙ ⲡⲉ ⲛ̅ⲥⲉⲥⲟⲩⲱ
ⲛ̅ⲥ̅ ⲉⲧⲉ ⲡⲓⲱⲧ' ⲡⲉ ⲛ̅ⲧⲉ ϯ
ⲙ̅ⲛ̅ⲧⲙⲉ · ⲡⲓⲣⲱⲙⲉ ⲛ̅ⲧⲉ ϯ
ⲙ̅ⲛ̅ⲧⲛⲟϭ · ⲛⲏ ⲇⲉ ⲛ̅ⲧⲁⲩϫⲓ ⲙ̅
ⲡⲓⲣⲁⲛ ⲉⲧⲃⲉ ⲟⲩϫⲱϩ <ⲙ̅> ⲙ̅ⲛ̅ ⲟⲩ
ⲙ̅ⲛ̅ⲧ'ⲁⲧ'ⲥⲟⲟⲩⲛ · ⲉⲧⲉ ⲟⲩⲣⲱ
ⲕ̅ϩ̅ ⲙ̅ⲛ̅ ⲟⲩⲥⲕⲉⲩⲟⲥ ⲉⲁⲩⲥⲱ
ⲛ̅ⲧ' ⲙ̅ⲙⲟϥ ⲉⲩⲧⲉⲕⲟ ⲛ̅ⲧⲉ ⲁⲇⲁⲙ
ⲉⲛⲧⲁⲩⲧⲁⲙⲓⲟϥ ϫⲉ ⲉⲩⲛⲁϩⲱ
ⲃⲉⲥ ⲉϫ̅ⲛ̅ ⲛⲉⲧⲉ ⲛⲟⲩⲟⲩ ⲛⲉ
ϩ̅ⲛ̅ ⲟⲩϣⲱϣ · ⲁⲗⲗⲁ ⲛ̅ⲧⲟⲟⲧⲟⲩ
ⲛⲓⲁⲣⲭⲱⲛ ⲛⲁⲡⲙⲁ ⲛ̅ⲓ̈ⲁⲗⲇⲁⲃⲁ
ⲱⲑ · ⲥⲉϭⲱⲗⲡ ⲙ̅ⲡⲉⲕⲱⲧⲉ ⲛ̅ⲧⲉ
ⲛⲓⲁⲅⲅⲉⲗⲟⲥ · ⲡⲏ ⲉⲧⲉ ⲛⲉⲩⲕⲱ

6 ϫⲱϩ cod, Krause, Gibbons.

qui a fui loin du Trône[0], vers Sophia[0], l'Espérance[0], lorsqu'elle fut la première à nous manifester, nous et tous ceux qui sont avec Moi : ce sont ceux de la race[0] d'Adonaios. D'autres, au contraire, se précipitèrent comme poussés par le Cosmocrator[0] et les siens, faisant tomber sur Moi toute espèce de châtiment[0]. Et ils se hâtaient d'appliquer leur esprit[0] à ce qu'ils décideraient à mon sujet, pensant qu'il (l'Archonte) était toute la Grandeur, et prononçant ⟨un⟩ faux témoignage aussi bien contre l'Homme que contre la Grandeur

P. 53

entière de l'Église[0]. Ils ne pouvaient pas la connaître, elle qui est le Père de la Vérité, l'Homme de la Grandeur. Bien au contraire[0], ils (en) ont usurpé le Nom pour l'appliquer à une ⟨souillure⟩ et une ignorance qui est un brasier et un vase[0] qui fut pétri pour la corruption d'Adam et façonné pour revêtir ceux qui sont leurs en toute égalité. Mais[0] les archontes appartenant au Lieu de Ialdabaoth présentèrent à la sphère des anges[0] celui qu'elle recherchait

34 cf. comm. note 44. — 3-8 cf. comm. note 45. — 12-19 cf. comm. note 47.

ⲧⲉ ⲛ̄ⲥⲱϥ ⲛ̄ϭⲓ ϯⲙ̄ⲛ̄ⲧⲣⲱⲙⲉ ϫⲉ ⲛⲟⲩⲥⲟⲩⲱⲛ ⲡⲣⲱⲙⲉ ⲛ̄ⲧⲙⲉ· ⲁϥⲟⲩⲱⲛ̄ϩ̄ ⲅⲁⲣ ⲉⲣⲟⲟⲩ ⲛ̄ϭⲓ ⲁ̄ⲇ̄ⲁ̄ⲙ̄ ⲡⲉⲛⲧⲁⲩⲣ̄ ⲡⲗⲁⲥⲥⲉ ⲙ̄ⲙⲟϥ· ⲟⲩⲕⲓⲙ ⲇⲉ ⲉϥⲉ ⲛ̄ϩⲣ̄ⲧⲉ ⲁϥϣⲱ ⲡⲉ ϩ̄ⲙ̄ ⲡⲉⲩⲏⲉⲓ ⲧⲏⲣ̄ϥ̄· ⲙⲏⲡⲱⲥ ⲛ̄ⲥⲉⲁϩⲉ ⲛ̄ⲃⲟⲗ ⲛ̄ϭⲓ ⲛⲓⲁⲅⲅⲉⲗⲟⲥ ⲉⲧ̓ⲕⲱⲧⲉ ⲉⲣⲟⲟⲩ ⲁϫ̄ⲛ̄ ⲛⲏ ⲅⲁⲣ ⲉⲧⲉ ⲛⲉⲩϯ ⲉⲟⲟⲩ· ⲁⲉⲓⲙⲟⲩ ⲛ̄ϩⲣⲁï ϩ̄ⲛ̄ ⲟⲩⲧⲁϫ<ⲣ>ⲟ ⲁⲛ ϫⲉ ⲛⲉϥ ϣⲱⲡⲉ ⲉϥϣⲟⲩⲉⲓⲧ̓ ⲛ̄ϭⲓ ⲡⲉⲩ ⲁⲣ<ⲭ>ⲓⲁⲅⲅⲉⲗⲟⲥ· ⲁⲩⲱ ⲧⲟⲧⲉ ⲁⲩⲥⲙⲏ ϣⲱⲡⲉ ⲛ̄ⲧⲉ ⲡⲕⲟⲥ ⲙⲟⲕⲣⲁⲧⲱⲣ ϣⲁ ⲛⲓⲁⲅⲅⲉⲗⲟⲥ ϫⲉ ⲁⲛⲟⲕ ⲡⲉ ⲡⲛⲟⲩⲧⲉ ⲁⲩⲱ ⲙ̄ⲙ̄ⲛ̄ ϭⲉ ⲛ̄ⲥⲁ ⲁⲛⲟⲕ· ⲁⲛⲟⲕ ⲇⲉ ⲁⲉⲓⲥⲱⲃⲉ ϩ̄ⲛ̄ ⲟⲩⲣⲁϣⲉ ⲛ̄ⲧⲉⲣⲓⲙⲟⲩϣ̄ⲧ̄̓ ⲙ̄ⲡⲉϥⲉⲟⲟⲩ ⲉⲧ̓ϣⲟⲩⲉⲓⲧ̓· ⲛ̄ⲧⲟϥ ⲇⲉ ⲛⲉϥ ϫⲱ ⲙ̄ⲙⲟⲥ ⲛ̄ϩⲟⲩⲟ ϫⲉ ⲛⲓⲙ

ⲛ̄ⲇ̄

ⲡⲉ ⲡⲣⲱⲙⲉ· ϯⲥⲧⲣⲁⲧⲓⲁ ⲇⲉ ⲧⲏ ⲣ̄ⲥ̄ ⲛ̄ⲧⲉ ⲛⲉϥⲁⲅⲅⲉⲗⲟⲥ ⲛⲉⲛⲧⲁⲩ ⲛⲁⲩ ⲉⲁⲇⲁⲙ ⲙ̄ⲛ̄ ⲡⲉϥⲏⲉⲓ ⲛⲉⲩⲥⲱ ⲃⲉ ⲛ̄ⲥⲁ ⲧⲉϥⲙ̄ⲛ̄ⲧ̄̓ⲕⲟⲩⲉⲓ· ⲁⲩⲱ ⲛ̄ϯϩⲉ ⲁⲧⲉⲩⲉⲛⲛⲟⲓⲁ ϣⲱⲡⲉ ⲉⲥ ⲡⲟⲛⲉ ⲉⲃⲟⲗ ⲛ̄ⲥⲁⲃⲟⲗ ⲙ̄ⲡⲓⲙⲉⲅⲉ ⲑⲟⲥ ⲛ̄ⲧⲉ ⲛⲓⲡⲏⲩⲉ ⲉⲧⲉ ⲡⲓⲣⲱ ⲙⲉ ⲡⲉ ⲛ̄ⲧⲉ ϯⲙ̄ⲛ̄ⲧⲙⲉ· ⲡⲉⲛ ⲧⲁⲩⲛⲁⲩ ⲉⲡⲉϥⲣⲁⲛ ϫⲉ ϥϣⲟⲟⲡ

25 ⟨ ⟩ Krause, Bethge, Gibbons : ⲟⲩⲧⲁϫⲟⲟ cod. — 27 ⟨ ⟩ Gibbons : ⲁⲣϫⲓⲁⲅⲅⲉⲗⲟⲥ cod.

sous la forme de l'humanité,
afin qu'elle ne connaisse pas ⟨l'Homme⟩ de la Vérité,
car[0] il lui apparut sous la forme d'Adam,
celui qu'ils ont façonné[0].
Un mouvement de crainte se produisit alors[0]
dans toute leur maison à la pensée que[0]
les anges[0] qui les entouraient
ne se lèvent en effet[0] contre ceux
qui rendaient gloire. Je suis
mort, non pas réellement, afin
que ne soit pas vain leur
⟨Archange⟩[0]. Et la voix
du Cosmocrator[0]
s'adressa alors[0] aux anges[0] :
«C'est moi Dieu et il
n'y en a pas d'autre en dehors de Moi.»
Mais[0] Moi, j'ai ri joyeusement,
ayant sondé sa vanité.
Et lui reprenait de plus belle : «Qui

P. 54

est l'Homme?». Aussi, toute l'armée[0]
de ses anges[0], qui avait vu
Adam et sa maison, se moquait
de sa petitesse et ainsi,
leur pensée[0] fut
détournée de la Grandeur[0]
des cieux qui est l'Homme
de la Vérité, celui dont
ils ont vu le Nom habiter

24-27 cf. comm. note 48.

ϩⲛ ⲟⲩⲙⲛⲧ'ⲕⲟⲩⲉⲓ ⲛⲧⲉ ⲟⲩⲙⲁ
ⲛϣⲱⲡⲉ ⲉⲩⲥⲟⲃⲕ ⲛⲁⲑⲏⲧ' ϩⲣⲁï
ϩⲛ ⲧⲉⲩⲉⲛⲛⲟⲓⲁ ⲉⲧ'ϣⲟⲩⲉⲓⲧ'
ⲛϭⲓ ⲡⲉⲩⲥⲱⲃⲉ · ⲛⲉϥϣⲟⲟⲡ ⲛ
ⲟⲩⲱϭⲥ ⲛⲁⲩ ⲡⲉ ·
ϯⲙⲛⲧ'ⲛⲟϭ ⲧⲏ
ⲣⲥ ⲛⲧⲉ ϯⲙⲛⲧ'ⲉⲓⲱⲧ' ⲛⲧⲉ ⲡⲓ
ⲡⲛⲁ · ⲛⲉ<ⲥ>ⲙⲟⲧⲛ ⲙⲙⲟ<ⲥ> ϩⲛ ⲛⲓ
ⲧⲟⲡⲟⲥ ⲛⲧⲁ<ⲥ> · ⲁⲩⲱ ⲁⲛⲟⲕ ⲡⲉ
ⲛⲉïϣⲟⲟⲡ ⲛⲙⲙⲁ<ⲥ> ⲡⲉ · ⲉⲩⲛ
ⲧⲁï ⲛⲟⲩⲉⲛⲛⲟⲓⲁ ⲛⲧⲉ ⲟⲩⲁⲡⲟⲣ
ⲣⲟⲓⲁ ⲛⲟⲩⲱⲧ' ⲉⲃⲟⲗ ϩⲛ ⲛⲓϣⲁ ⲉ
ⲛⲉϩ · ⲙⲛ ⲛⲓⲙⲛⲧ'ⲁⲧ'ⲥⲟⲩⲱⲛⲟⲩ
ⲛⲁⲧ'ϫⲱϩⲙ · ⲁⲩⲱ ⲛⲁⲧ'ϯϣⲓ ⲉⲣⲟ
ⲟⲩ · ⲁⲉⲓⲕⲁⲁⲥ ⲛϩⲣⲁï ϩⲛ ⲡⲓⲕⲟⲥ
ⲙⲟⲥ ⲉⲧⲉ ϯⲉⲛⲛⲟⲓⲁ ⲧⲉ ⲉⲧ'ⲥⲟ
ⲃⲕ ⲉⲁⲉⲓϣⲧⲣⲧⲱⲣⲟⲩ · ⲁⲩⲱ ⲉⲁï
ϯ ϩⲣⲧⲉ ⲙⲡⲁϣⲁï ⲧⲏⲣϥ ⲛⲧⲉ ⲛⲓ
ⲁⲅⲅⲉⲗⲟⲥ ⲙⲛ ⲡⲉⲩⲁⲣⲭⲱⲛ · ⲁⲛⲟⲕ
ⲇⲉ ⲛⲉïⲙⲟⲩϣⲧ' ⲙⲙⲟⲟⲩ ⲧⲏ
ⲣⲟⲩ ⲡⲉ ϩⲛ ⲟⲩⲕⲱϩⲧ' ⲙⲛ ⲟⲩ
ⲕⲣⲱⲙ ⲉⲧⲃⲉ ⲧⲁⲉⲛⲛⲟⲓⲁ · ⲁⲩⲱ
ϩⲱⲃ ⲛⲓⲙ ⲛⲧⲟⲟⲧⲟⲩ ⲁⲩⲣ ⲉⲛⲉⲣ
ⲅⲉⲓ ⲉⲧⲃⲏⲏⲧ' · ⲟⲩϣⲧⲟⲣⲧⲣ ⲇⲉ
ⲙⲛ ⲟⲩϯ ⲁϥϣⲱⲡⲉ ⲙⲡⲕⲱⲧⲉ
ⲛⲛⲓⲥⲁⲣⲁⲫⲓⲛ ⲙⲛ ⲛⲓⲭⲉⲣⲟⲩⲃⲓⲛ
ⲉϥⲛⲁⲃⲱⲗ ⲉⲃⲟⲗ ⲛϭⲓ ⲡⲟⲩⲉⲟⲟⲩ

ⲚⲈ

ⲙⲛ ⲡⲧⲱϩ ⲉⲧ'ϣⲟⲟⲡ ⲙⲡⲕⲱ
ⲧⲉ ⲛⲁⲇⲱⲛⲁⲓⲟⲥ ⲙⲡⲓⲥⲁ ⲙⲛ
ⲡⲁï ⲙⲛ ⲡⲉⲩⲏⲉⲓ ϣⲁ ⲡⲓⲕⲟⲥⲙⲟ

16, 17, 18 ϥ cod, Krause, Gibbons.

dans une maison de petitesse.
S'ils sont petits et sans intelligence
c'est dans la vanité de leur pensée°,
c'est-à-dire dans leur moquerie : elle était pour eux
une souillure.
La Grandeur entière
de la Paternité de l'Esprit°
se ⟨reposait⟩ dans les
lieux qui ⟨Lui⟩ appartiennent. C'est Moi
qui étais avec ⟨elle⟩. Je possède
la Pensée° d'une émanation°
unique issue des (êtres) éternels,
et des inconnaissabilités
immaculées et incommensurables.
J'ai envoyé dans le monde°
la petite Pensée°,
les troublant
et semant l'effroi parmi toute la
multitude des anges° et chez leur Archonte°.
Et° Moi, je les éprouvais tous
par le feu et la
flamme au sujet de ma Pensée°, et
tout ce qui leur appartient, ils en usèrent°
contre Moi. Un trouble
et un combat survinrent dans la sphère
des Séraphins et des Chérubins.
Leur gloire allait être anéantie,

P. 55

de même que la confusion qui règne dans la sphère
d'Adonaios de-ci de-là,
(ainsi) que leur maison, jusqu'au

14-18 cf. comm. note 50. — 54,35-55,5 cf. comm. note 53.

ⲕⲣⲁⲧⲱⲣ. ⲙ̅ⲛ̅ ⲡⲏ ⲉⲛⲉϥϫⲱ ⲙ̅
ⲙⲟⲥ ϫⲉ ⲙⲁⲣ̅ⲛ̅ϥⲓⲧ̅ϥ̅ · ϩⲉⲛⲕⲟ
ⲟⲩⲉ ⲟⲛ ϫⲉ ⲛⲉϥϣⲱⲡⲉ ⲛ̅ϭⲓ ⲡⲓ
ϣⲟϫⲛⲉ · ⲉϥⲥⲟⲟⲩⲛ ⲅⲁⲣ ⲙ̅ⲙⲟⲓ̈
ⲛ̅ϭⲓ ⲁⲇⲱⲛⲁⲓⲟⲥ ⲉⲧⲃⲉ ⲟⲩϩⲉⲗ
ⲡⲓⲥ ·

ⲁⲛⲟⲕ ⲇⲉ ⲛⲉⲉⲓϣⲟⲟⲡ
ϩ̅ⲛ̅ ⲣⲱⲟⲩ ⲛ̅ϩⲉⲛⲙⲟⲩⲉⲓ · ⲁⲩⲱ
ⲡⲓϣⲟϫⲛⲉ ⲛ̅ⲧⲁⲩⲥⲟⲟⲩⲛ ⲛ̅ϩⲏ
ⲧ̅ϥ̅ ⲉⲧⲃⲏⲏⲧ' ⲉⲩⲃⲱⲗ ⲉⲃⲟⲗ ⲛ̅ⲧⲉ
ⲧⲉⲩⲡⲗⲁⲛⲏ ⲙ̅ⲛ̅ ⲧⲉⲩⲙ̅ⲛ̅ⲧ'ⲁⲑⲏⲧ'
ⲙ̅ⲡⲓϯ ⲉϩⲟⲩⲛ ⲉϫⲱⲟⲩ ⲛ̅ⲑⲉ ⲛ̅
ⲧⲁⲩϣⲟϫⲛⲉ · ⲁⲛⲟⲕ ⲇⲉ ⲛⲉⲉⲓ
ⲙⲟⲕ̅ϩ̅ ⲛ̅ⲗⲁⲁⲩ ⲁⲛ · ⲁⲩⲣ̅ ⲕⲟⲗⲁⲍⲉ
ⲙ̅ⲙⲟⲓ̈ ⲛ̅ϭⲓ ⲛⲏ ⲉⲧ̅ⲙ̅ⲙⲁⲩ · ⲁⲩⲱ
ⲛⲉⲓ̈ⲙⲟⲩ ⲛ̅ϩⲣⲁⲓ̈ ϩ̅ⲛ̅ ⲟⲩⲧⲁϫⲣⲟ ⲁⲛ ·
ⲁⲗⲗⲁ ϩ̅ⲙ̅ ⲡⲉⲧⲟⲩⲟⲛ̅ϩ̅ · ϫⲉ ⲛⲉⲩ
ϯ ϣⲓⲡⲉ ⲛⲁⲓ̈ ⲉⲃⲟⲗ ϩ̅ⲓ̅ⲧⲟⲟⲧⲟⲩ
ϫⲉ ⲟⲩⲁ ⲉⲃⲟⲗ ⲙ̅ⲙⲟⲓ̈ ⲛⲉ ⲛⲁⲓ̈ · ⲁⲓ̈
ϣⲱⲱⲧ' ⲉⲃⲟⲗ ⲙ̅ⲙⲟⲉⲓ ⲙ̅ⲡϣⲓⲡⲉ
ⲁⲩⲱ ⲙ̅ⲡⲓⲣ̅ ϭⲁⲃϩⲏⲧ' ϩⲁⲑⲏ ⲙ̅ⲡⲏ
ⲛ̅ⲧⲁϥϣⲱⲡⲉ ⲛⲁⲓ̈ ⲉⲃⲟⲗ ϩ̅ⲓ̅ⲧⲟ
ⲟⲧⲟⲩ · ⲛⲉⲓ̈ⲛⲁϣⲱⲡⲉ ⲡⲉ ⲛ̅
ϩ̅ⲙ̅ϩⲁⲗ ⲛ̅ⲑⲟⲧⲉ · ⲁⲛⲟⲕ ⲇⲉ ⲁⲉⲓ
ϫⲓ ⲙ̅{ⲡⲓ}ⲕⲁϩ ⲕⲁⲧⲁ ⲡⲉⲩⲉⲓⲱⲣ̅ϩ̅
ⲙ̅ⲛ̅ ⲡⲟⲩⲙⲉⲉⲩⲉ · ϣⲓⲛⲁ ϫⲉ
ⲛⲟⲩϭⲛ̅ ⲗⲁⲁⲩ ⲛ̅ϣⲁϫⲉ ⲉϫⲟⲟⲥ
ⲉⲧⲃⲏⲏⲧⲟⲩ ⲉⲛⲉϩ · ⲡⲓⲙⲟⲩ
ⲅⲁⲣ ⲛ̅ⲧⲟⲟⲧ' ⲉⲧⲟⲩⲙⲉⲉⲩⲉ ϫⲉ
ⲁϥϣⲱⲡⲉ <ⲁϥϣⲱⲡⲉ> ⲛⲁⲩ ϩⲣⲁⲓ̈ ϩ̅ⲛ̅ ⲧⲟⲩ
ⲡⲗⲁⲛⲏ · ⲁⲩⲱ ⲧⲉⲩⲙ̅ⲛ̅ⲧ'ⲁⲧ
ⲉⲓⲱⲣ̅ϩ̅ ⲉⲁⲩϯ ⲉⲓϥⲧ̅ ⲙ̅ⲡⲉⲩ

27 { } Gibbons; ⲙ̅ⲕⲁϩ Krause. — 32 〈 〉 Krause: ⲁϥϣⲱⲡⲉ ⲛⲁⲩ cod, Gibbons.

Cosmocrator[0] et que celui qui disait : « Emparons-nous de Lui ! » D'autres disaient au contraire : « Le plan ne doit pas se réaliser. » Adonaios me connaît en effet[0] à cause d'Espérance[0].

Et[0] Moi, j'étais dans la gueule des lions. Quant au plan qu'ils ont ourdi contre Moi en vue de la destruction de leur erreur[0] et de leur déraison, je n'ai pas combattu contre eux comme ils l'avaient conçu. Au contraire[0], je n'étais nullement affligé. Ils m'ont châtié[0] ces gens-là, et je suis mort non pas en réalité, mais en celui qui est manifesté, car les outrages que je subis étaient issus de Moi. Je rejetai loin de Moi la honte et je ne faiblis pas devant ce qu'ils m'infligèrent, j'aurais pu devenir esclave de la crainte. Et[0] Moi, j'ai souffert à[0] leurs yeux et dans leur esprit, afin[0] qu'ils ne trouvent jamais nulle parole à dire à ce sujet. Car[0] cette mort qui est mienne et qu'ils pensent être arrivée, ⟨s'est produite⟩ pour eux dans leur erreur[0] et leur aveuglement : ils ont cloué leur

20-21 cf. comm. note 58.

ρωμε εϩογν επεγμογ νεγεννοια γαρ μπογναγ

ΝϚ

εροει · νεϩενκογρ γαρ νε αγω ϩενβλεεγε νε · ναϊ δε εγειρε μμοογ εγϯ ϩαπ εροογ · ανοκ μεν αγναγ εροϊ αγρ κολαζε μμοει · νεκεογα πε πεγειωτ πη ενεϥϲω μπϲιϣε μν πιϩμϫ νεανοκ αν πε · νεγϩιογε νϲωϊ μπικαϣ νεκεογα <πε> πεττωων ϩα πιϲρος ϩν τεϥναϩβ ετε ϲιμων πε · νεκεογα πενταγϯ μπι κλομ εϫωϥ νϣοντε · ανοκ δε νεϊτεληλ μμοϊ ϩμ πϫι ϲε εϫν ϯμντρμμαο τηρϲ ντε νιαρχων · μν ϯϲπορα ντε τεγπλανη ντε πεγε οογ ετϣογειτ αγω νεϊ ϲωβε νϲα τεγμντατϲο ογν · νεγϭομ δε τηρογ αϊ ααγ νϩμϩαλ · εϊννηγ γαρ ε πεϲητ μπελααγ ναγ εροϊ · νεειϣιβε γαρ ννιμορφη ν ϩραϊ νϩητ · εειογωτβ εβολ νογειδεα εγειδεα · αγω ε τβε παϊ εϊϣοοπ ϩν νεγπγ λη · νεϊϫι ειне μμοογ πε · αειπαραγε γαρ μμοογ ϩν ογϩροκ · αγω νεϊναγ ενι

9 νεκεογα πεττωων cod, Krause, Gibbons.

homme pour leur propre mort. Leurs pensées[0] en effet[0] ne me virent pas

P. 56

car[0] ils étaient sourds et aveugles, mais[0] en faisant cela, ils se condamnaient. Ils m'ont vu (+ μέν), ils m'ont infligé un châtiment[0], (mais) c'était un autre, leur père. Celui qui buvait le fiel et le vinaigre, ce n'était pas Moi. Ils me flagellaient avec le roseau, ⟨c'était⟩ un autre. Celui qui portait la croix[0] sur son épaule, c'était Simon. C'était un autre qui recevait la couronne d'épines. Quant[0] à Moi, je me réjouissais dans les hauteurs, au-dessus de tout l'empire des archontes[0] et de la semence[0] de leur erreur[0] (et) de leur vaine gloire et je me moquais de leur ignorance. Toutes leurs Puissances[0], je les ai réduites en esclavage. En effet[0], lorsque je descendis, personne ne me vit car[0] je me transformais, échangeant une apparence[0] pour une autre[0] et, grâce à cela, lorsque j'étais à leurs portes[0], je prenais leur apparence[0]. En effet[0], je les traversai[0] facilement et je voyais les

8-9 cf. comm. note 62.

τοποϲ αγω μπιρ ϩοτε · αγω μπιϣιπε · νεϊϣοοπ γαρ ν{ν}ατ'ϲωωϥ · αγω νεϊ ϣαϫε νμμαγ · εϊμοϫϭ νμ μαγ εβολ ϩιτν νετε νογ ει · αγω εειϩωμ εϫν νετ'

νζ

ναϣτ ντοοτογ · μν πικωϩ · αγω πικρωμ εϊϫνε μμοϥ εβολ · ναϊ δε τηρογ νεϊειρε μμοογ πε ετβε παογωϣ ϫεκααϲ πη ετε νεϊογαϣϥ ϩμ πογωϣ μπιωτ' ετμπϲα ν ϩρε νταϫοκϥ εβολ · αγω πϣη ρε ντε πιμεγεθοϲ ενεϥϩηπ ϩμ πιμεροϲ ετ'ϲαπεϲητ' ντα{ν}ντϥ επϫιϲε · ετε εει ϣοοπ ννεϊαιων τηρογ νμ μαγ ετε μπελααγ ναγ εροϥ · ογτε μπογειμε εροϥ · ετε πιϫι ϣελεετ' πε ντε ϯϲτο λη νϫι ϣελεετ' · πιβρρε · αγω πιαϲ αν · ογτε μαϥτακο · ογ παϲτοϲ γαρ ββρρε πε ντε νι πηγε · αγω ντελιοϲ εαει ογωνϩ εβολ εροϥ · εγο ν ϣομετ' μμοειτ' · ογμγϲ τηριον νατ'ϫωϩμ ϩν ογ πνα ντε πεϊαιων ετε μαϥωϫν · ογτε νογμερικοϲ αν πε · ογτε μπεϣ αγϣα

10 { } Bethge.

lieux[0], et je n'eus pas peur ni honte, car[0] j'étais immaculé. Et j'invectivais contre eux, les combattant par l'intermédiaire des miens, et foulant aux pieds

P. 57

leur dureté ainsi que leur ⟨jalousie⟩ et éteignant leur flamme. Tout cela, je le faisais (+ δέ) par ma volonté, afin d'accomplir ce que je voulais dans la volonté du Père ⟨d'⟩en haut. Et le Fils de la Grandeur[0] qui était caché dans la région[0] inférieure, nous l'avons ramené dans les hauteurs où je demeure dans et avec tous les éons[0], (hauteurs) que personne n'a vues ni[0] connues, qui sont l'investiture de la robe[0] nuptiale, la nouvelle et non l'ancienne, celle qui est incorruptible. C'est en effet[0] une chambre nuptiale[0] nouvelle, céleste et parfaite[0]. Je lui révélai qu'il y a trois lieux, un mystère[0] sans tache dans l'Esprit[0] de cet éon[0], qui est sans fin, sans[0] division[0] et[0] indicible,

32-34 cf. comm. note 73.

ϫⲉ ⲉⲧⲃⲏⲏⲧ̅ϥ̅ ⲁⲛ ⲡⲉ · ⲁⲗⲗⲁ ⲉⲩ
ⲁⲧ̓ⲡⲱϣⲉ ⲡⲉ ⲛ̅ⲕⲁⲑⲟⲗⲓⲕⲟⲛ
ⲁⲩⲱ ⲉϥⲙⲏⲛ · ⲧⲯⲩⲭⲏ ⲅⲁⲣ ϯ
ⲉⲃⲟⲗ ϩ̅ⲙ̅ ⲡϫⲓⲥⲉ · ⲥⲛⲁϣⲁϫⲉ ⲁⲛ
ϩⲁ ϯⲡⲗⲁⲛⲏ ⲉⲧⲙ̅ⲡⲓⲙⲁ · ⲟⲩⲧⲉ
<ϩⲁ ⲡⲉⲥ>ⲟⲩⲱⲧ̅ⲃ̅ ⲉⲃⲟⲗ' ⲉⲃⲟⲗ ϩ̅ⲛ̅ ⲛⲉϊⲁⲓ
ⲱⲛ · ⲉⲩⲛⲁⲟⲩⲱⲧ̅ⲃ̅ ⲙ̅ⲙⲟⲥ
ⲉⲃⲟⲗ ⲉⲥϣⲁⲛⲣ̅ ⲣ̅ⲙ̅ϩⲉ · ⲁⲩⲱ ⲛ̅ⲥ̅
ⲣ̅ ⲭⲣⲁⲥⲑⲁⲓ ⲛ̅ⲟⲩⲙ̅ⲛ̅ⲧ̓ⲉⲩⲅⲉ
ⲛⲏⲥ ϩ̅ⲙ̅ ⲡⲓⲕⲟⲥⲙⲟⲥ ⲉⲥⲁϩⲉ

ⲛ̅ⲏ̅

ⲣⲁⲧ̅ⲥ̅ ⲛ̅ⲛⲁϩⲣ̅ⲛ̅ ⲡⲓⲱⲧ̓ ⲁϫ̅ⲛ̅ ϩⲓⲥⲉ
ⲁⲩⲱ ⲥⲁϯ ⲉⲥⲙⲟϫ̅ϭ̅ ⲛⲟⲩⲟⲉⲓϣ
ⲛⲓⲙ ⲙ̅ⲛ̅ ⲡⲓⲛⲟⲩⲥ ⲛ̅ⲟⲩϭⲁⲙ ⲛ̅
ⲧⲉ ⲟⲩⲉⲓⲇⲉⲁ · ⲥⲉⲛⲁⲛⲁⲩ ⲉⲣⲟⲉⲓ
ⲛ̅ⲥⲁ ⲥⲁ ⲛⲓⲙ ⲉϫ̅ⲙ̅ ⲙⲟⲥⲧⲉ · ⲉⲩ
ⲛⲁⲩ ⲅⲁⲣ ⲉⲣⲟϊ ⲉⲩⲛⲁⲩ ⲉⲣⲟⲟⲩ
ⲉⲩⲙⲟϫ̅ϭ̅ ⲛ̅ⲙ̅ⲙⲁⲩ · ⲁⲛⲟⲕ ⲉⲙ
ⲡⲟⲩϯ ϣⲓⲡⲉ ⲛⲁϊ ⲉⲙⲡⲟⲩϯ ϣⲓ
ⲡⲉ ⲛⲁⲩ · ⲁⲛⲟⲕ ⲉⲙⲡⲟⲩⲣ̅ ϩⲟ
ⲧⲉ ϩⲁ ⲧⲁϩⲏ ⲉⲩⲛⲁⲡⲁⲣⲁⲅⲉ ⲙ̅ⲡⲩ
ⲗⲏ ⲛⲓⲙ ⲉϫ̅ⲛ̅ ϩⲟⲧⲉ · ⲁⲩⲱ ⲉⲩ
ⲛⲁϫⲱⲕ ϩ̅ⲙ̅ ⲡⲓⲙⲉϩϣⲟⲙ̅ⲧ̓ ⲛ̅
ⲉⲟⲟⲩ · ⲁⲛⲟⲕ ⲉⲧⲉ ⲙ̅ⲡⲉⲡⲓⲕⲟⲥ
ⲙⲟⲥ ϣⲱⲡ ⲉⲣⲟϥ ⲙ̅ⲡⲁϣⲉ ⲉ
ⲡϫⲓⲥⲉ ⲉⲧⲟⲩⲟⲛ̅ϩ̅ · ⲡⲁⲙⲉϩ
ϣⲟⲙ̅ⲧ̓ ⲛ̅ϫⲱ̅ⲕ̅ⲙ̅ ϩ̅ⲛ̅ ⲟⲩϩⲓⲕⲱⲛ
ⲉⲥⲟⲩⲟⲛ̅ϩ̅ · ⲉⲁⲩⲡⲱⲧ̓ ⲛ̅ⲥⲁⲃⲟⲗ
ⲙ̅ⲙⲟϥ ⲛ̅ϭⲓ ⲡⲓⲕⲣⲱⲙ ⲛ̅ⲧⲉ ϯ
ⲥⲁϣϥⲉ ⲛ̅ⲛⲉⲝⲟⲩⲥⲓⲁ · ⲁⲩⲱ
ⲁϥϩⲱ̅ⲧ̅ⲡ̅ ⲛ̅ϭⲓ ⲡⲣⲏ ⲛ̅ⲛⲓϭⲁⲙ ⲛ̅
ⲧⲉ ⲛⲓⲁⲣⲭⲱⲛ ⲁⲩⲕⲁⲕⲉ ϫⲓⲧⲟⲩ ·

30 ⲟⲩⲱⲧ̅ⲃ̅ cod, Gibbons; ⟨ⲛ̅ⲥ̅⟩ Krause; ⟨ⲥⲛⲁ⟩ … ⟨ⲁⲛ⟩ Bethge.

mais[0] qui est (aussi) inséparable, universel[0] et subsistant. En effet[0], l'âme[0] qui vient d'en haut n'aura pas à s'excuser de l'erreur[0] qui est dans ce lieu[0], ni[0] ⟨de son⟩ séjour loin de ces éons[0] quand elle sera transportée, si elle est libre et si elle se comporte[0] noblement[0] dans le monde[0]. Elle se tiendra

P. 58

sans peine devant le Père et elle laissera émaner, éternellement unie au Noûs[0], une puissance archétypale[0]. De toute part, ils me verront sans haine car[0] en me voyant, ils se voient unis entre eux. Moi, ils ne m'ont pas couvert de honte, ils n'ont pas été couverts de honte. Devant Moi, ils n'ont pas eu peur, ils passeront[0] toute porte[0] sans crainte et ils atteindront la perfection dans la troisième Gloire. Je suis celui dont le monde[0] n'a pas compris l'élévation manifestée, le troisième baptême dans une image[0] manifestée. Quand fut chassé le feu des sept Dominations[0] et que le soleil des puissances des archontes[0] sombra, les ténèbres

27-31 cf. comm. note 76 — 34-58,1 cf. comm. note 77.
4-7 cf. comm. note 78 — 13-15 cf. comm. note 81.

ⲁⲩⲱ ⲁϥⲣ̄ ϩⲏⲕⲉ ⲛ̄ϭⲓ ⲡⲕⲟⲥⲙⲟⲥ ⲉⲩϩⲟϫϩⲉϫ ⲙ̄ⲙⲟϥ ϩ̅ⲛ̅ ⲟⲩⲙⲏ ⲏϣⲉ ⲛ̄ⲥⲛⲁϩ · ⲁⲩⲱϥ̅ⲧ̅' ⲙ̄ⲙⲟϥ ⲉⲡⲓϣⲉ · ⲁⲩⲱ ⲁⲩⲧⲁϫⲣⲟϥ ϩ̅ⲛ̅ ϥⲧⲟⲟⲩ ⲛ̄ⲉⲓϥ̅ⲧ̅' ⲛ̄ϩ<ⲟⲙ>ⲧ' · ⲡⲓⲕⲁ ⲧⲁⲡⲉⲧⲁⲥⲙⲁ ⲛ̄ⲧⲉ ⲡⲉϥⲣ̄ⲡⲉ ⲁϥⲡⲱϩ ⲙ̄ⲙⲟϥ ⲛ̄ⲛⲉϥϭⲓϫ · ⲟⲩ ⲥⲧⲱⲧ' ⲡⲉⲛⲧⲁϥⲁⲙⲁϩⲧⲉ ⲙ̄ ⲡⲓⲭⲁⲟⲥ ⲛ̄ⲧⲉ ⲡⲕⲁϩ · ⲁⲩⲃⲱⲗ ⲅⲁⲣ ⲉⲃⲟⲗ ⲛ̄ⲛⲓⲯⲩⲭⲏ ⲉⲧ'ϣⲟ ⲟⲡ ϩ̅ⲛ̅ ⲧⲃ̄ϣⲉ ⲉⲧ'ⲥⲁⲡⲉⲥⲏⲧ' · ⲁⲩⲱ ⲁⲩⲧⲱⲱⲛ ⲁⲩⲙⲟⲟϣⲉ · ϩ̅ⲛ̅ ⲟⲩⲡⲁⲣϩⲏⲥⲓⲁ · ⲉⲁⲩⲕⲱ ⲉ

ⲛ̅ⲑ̅

ϩⲣⲁï ⲛ̄ⲟⲩⲕⲱϩ ⲙ̅ⲙ̅ⲛ̅ⲧ'ⲁⲧⲥⲟ ⲟⲩⲛ · ⲁⲩⲱ ⲟⲩⲙ̅ⲛ̅ⲧ̅'ⲁⲧ'ⲥⲃⲱ ⲛ̄ⲧⲛ̄ ⲙ̄ϩⲁⲟⲩ ⲉⲧ'ⲙⲟⲟⲩⲧ' · ⲉ ⲁⲩϯ ϩ̅ⲓⲱⲟⲩ ⲙ̄ⲡⲓⲣⲱⲙⲉ ⲛ̅ⲃ̅ⲣ ⲣⲉ ⲉⲁⲩⲥⲟⲩⲱⲛ ⲡⲓⲙⲁⲕⲁⲣⲓⲟⲥ ⲉⲧ̅ⲙ̅ⲙⲁⲩ · ⲁⲩⲱ ⲉⲧ'ϫⲏⲕ ⲛ̄ⲧⲉ ⲡⲓⲱⲧ' ⲛ̄ϣⲁ ⲉⲛⲉϩ · ⲁⲩⲱ ⲛ̄ⲁⲧ' ⲧⲁϩⲟϥ ⲙ̅ⲛ̅ ⲡⲓⲟⲩⲟⲉⲓⲛ ⲛ̄ⲁⲧⲁⲣⲏ ϫ̅ϥ̅ ⲉⲧⲉ ⲁⲛⲟⲕ ⲡⲉ ·

ⲉⲁïⲉⲓ ϣⲁ ⲛⲉⲧⲉ ⲛⲟⲩⲉⲓ ⲛⲉ ⲁⲩⲱ ⲁⲉïϩⲱ ⲧⲡ̄ ⲛ̄ⲙ̄ⲙⲁⲩ <ⲁⲩϩⲱⲧⲡ̄> ⲛ̄ⲙ̄ⲙⲁï · ⲉⲥⲣ̄ ⲭⲣⲓⲁ ⲛ̄ϩⲁϩ ⲛ̄ϣⲁϫⲉ ⲁⲛ · ⲛⲉⲣⲉⲧⲉⲛ ⲉⲛⲛⲟⲓⲁ ⲅⲁⲣ ϣⲟⲟⲡ ⲙ̅ⲛ̅ ⲧⲉⲩⲉⲛ ⲛⲟⲓⲁ · ⲉⲧⲃⲉ ⲡⲁï ⲁⲩⲙ̄ⲙⲉ ⲉⲡⲏ ⲉ ⲧⲉ ϣⲁⲉⲓϫⲟⲟϥ · ϫⲉ ⲁⲛϣⲟϫⲛⲉ ⲅⲁⲣ ⲉⲧⲃⲉ ⲡⲃⲱⲗ ⲉⲃⲟⲗ ⲛ̄ⲧⲉ ⲛⲓ

11 ⟨ ⟩ Bethge : ⲛ̄ⲙⲙⲁⲩ ⲛ̄ⲙⲙⲁï cod, Krause, Gibbons.

s'emparèrent d'eux. Et le monde[0] devint pauvre, alors qu'il était enserré dans une multitude de liens. Il fut cloué au bois et fixé à l'aide de quatre clous de ⟨bronze⟩. Le voile[0] de son Temple, il le déchira de ses mains. Un tremblement se saisit du chaos[0] de la terre car[0] elles ont été libérées, les âmes[0] qui gisaient dans l'oubli inférieur, et elles se sont relevées, elles ont marché librement[0], ayant dépouillé

P. 59

jalousie ignorante et sottise auprès de sépulcres de mort. Ayant revêtu l'homme nouveau, elles ont reconnu ce Bienheureux[0] qui est parfait, (issu) du Père éternel et insaisissable et de la Lumière infinie — c'est Moi.

Quand je suis venu vers les miens et me suis uni à eux, ⟨ils s'unirent⟩ à Moi, sans qu'il y eût besoin[0] de nombreuses paroles, car[0] notre Pensée[0] était unie à leur pensée[0]. C'est pourquoi ils comprirent ce que je disais : nous délibérions en effet[0] de la destruction des

ⲁⲣⲭⲱⲛ · ⲁⲩⲱ ⲉⲧⲃⲉ ⲡⲁï ⲁïⲉⲓⲣⲉ
ⲙ̄ⲡⲟⲩⲱϣ ⲙ̄ⲡⲓⲱⲧʼ ⲉⲧⲉ ⲁⲛⲟⲕ
ⲡⲉ · ⲉⲁⲛⲉⲓ ⲉⲃⲟⲗ ϩ̄ⲙ̄ ⲡⲉⲛⲏⲉⲓ ·
ⲉⲁⲛⲉⲓ ⲉϩⲣⲁï ⲉⲡⲉïⲕⲟⲥⲙⲟⲥ ·
ⲁⲩⲱ ⲁⲛϣⲱⲡⲉ ϩ̄ⲙ̄ ⲡⲓⲕⲟⲥⲙⲟⲥ
ϩ̄ⲛ̄ ⲛⲓⲥⲱⲙⲁ · ⲁⲩⲙⲉⲥⲧⲱⲛ ⲁⲩⲱ
ⲁⲩⲡⲱⲧʼ ⲛ̄ⲥⲱⲛ · ⲟⲩ ⲙⲟⲛⲟⲛ <ⲉⲃⲟⲗ ϩⲓ̄ⲧ̄ⲛ̄>
ⲛⲏ ⲉⲧⲉ ⲛ̄ⲁⲧⲥⲟⲟⲩⲛ · ⲁⲗⲗⲁ ⲉⲃⲟⲗ
ϩⲓ̄ⲧ̄ⲛ̄ ⲛⲏ ⲟⲛ ⲉⲧʼⲙⲉⲉⲩⲉ ϫⲉ ⲥⲉ
ⲣ̄ ⲉⲩⲡⲟⲣⲓ ⲙ̄ⲡⲣⲁⲛ ⲙ̄ⲡⲉⲭ̄ⲥ̄ ⲉⲩ
ϣⲟⲩⲉⲓⲧʼ ϩ̄ⲛ̄ ⲟⲩⲙ̄ⲛ̄ⲧʼⲁⲧʼⲥⲟⲟⲩⲛ
ⲉⲛⲥⲉⲥⲟⲟⲩⲛ ⲙ̄ⲙⲟⲟⲩ ⲁⲛ ϫⲉ
ⲛⲓⲙ ⲛⲉ · ⲛ̄ⲑⲉ ϩⲉⲛⲧ̄ⲃ̄ⲛⲟⲟⲩⲉ
ⲛ̄ⲁⲧʼϣⲁϫⲉ · ⲛⲏ ⲛ̄ⲧⲁⲩⲣ̄ ⲣ̄ⲙ̄ϩⲉ
ⲉⲃⲟⲗ ϩⲓ̄ⲧ̄ⲟⲟⲧʼ · ʼϣⲁⲩⲡⲱⲧʼ ⲛ̄
ⲥⲱⲟⲩ ⲉⲩⲙⲟⲥⲧⲉ ⲙ̄ⲙⲟⲟⲩ ·
ⲛⲏ ⲉⲧⲉ ⲉϣⲱⲡⲉ ⲉⲩϣⲁⲛϣⲱ
ⲧ̄ⲙ̄ ⲙ̄ⲡⲣⲟ ⲉⲩⲛⲁⲣⲓⲙⲉ ϩ̄ⲛ̄ ⲟⲩⲁ
ϣⲁϩⲟⲙ ⲉⲙ̄ⲛ̄ ϩⲏⲩ ⲛ̄ϩⲏⲧϥ̄ ϫⲉ

ⲝ̄

ⲙ̄ⲡⲟⲩⲥⲟⲩⲱⲛ̄ⲧ̄ʼ ϩ̄ⲛ̄ ⲟⲩϫⲱⲕ ·
ⲁⲗⲗⲁ ⲁⲩⲣ̄ ϩ̄ⲙ̄ϩⲁⲗ ⲛ̄ϫⲟⲉⲓⲥ ⲥⲛⲁⲩ
ⲙ̄ⲛ̄ ⲟⲩⲙⲏⲏϣⲉ · ⲁⲗⲗⲁ ⲧⲉⲧⲛⲁ
ϫⲣⲟ ϩ̄ⲛ̄ ϩⲱⲃ ⲛⲓⲙ ϩⲣⲁï ϩ̄ⲛ̄ ⲟⲩ
ⲡⲟⲗⲉⲙⲟⲥ ⲙ̄ⲛ̄ ϩⲉⲛⲙ̄ⲗⲟⲟϩ ·
ⲙ̄ⲛ̄ ⲟⲩⲡⲱϣⲉ ⲛ̄ⲧⲉ ⲟⲩⲕⲱϩ
ⲙ̄ⲛ̄ ⲟⲩϭⲱⲛ̄ⲧ̄ʼ · ⲁⲗⲗⲁ ϩ̄ⲙ̄ ⲡⲓⲥⲟ
ⲟⲩⲧ̄ⲛ̄ ⲛ̄ⲧⲉ ⲧ̄ⲛ̄ⲁⲅⲁⲡⲏ ⲉⲛϣⲟ
ⲟⲡ ⲛ̄ⲁⲧʼⲕⲁϭⲓⲁ ⲛ̄ⲁⲕⲉⲣⲁⲓⲟⲥ
ⲛ̄ⲁⲅⲁⲑⲟⲥ · ⲉⲩⲛ̄ⲧⲁⲛ ⲛ̄ⲟⲩⲙⲉ
ⲉⲩⲉ ⲛ̄ⲧⲉ ⲡⲓⲱⲧʼ ϩ̄ⲛ̄ ⲟⲩⲙⲩⲥ
ⲧⲏⲣⲓⲟⲛ ⲛ̄ⲁⲧʼϣⲁϫⲉ ⲙ̄ⲙⲟϥ ·

23 ⟨ ⟩ Bethge : ⲟⲩ ⲙⲟⲛⲟⲛ ⲛⲏ cod, Krause, Gibbons.

archontes[0]. Et c'est pourquoi j'ai fait
la volonté du Père, Moi,
quand nous sortîmes de notre maison,
quand nous descendîmes dans ce monde[0]
et nous habitâmes en ce monde[0],
dans les corps[0]. Nous avons été haïs
et persécutés, non seulement[0]
⟨par⟩ ceux qui sont dans l'ignorance, mais aussi[0]
par ceux qui pensent
être riches[0] du Nom du Christ[0],
alors qu'ils sont vides de connaissance,
et qu'ils ne savent pas qui ils
sont, comme des bêtes
sans raison. Quant à ceux que j'ai libérés,
ils les poursuivent de leur haine.
Ceux-là, quand la porte sera
fermée, c'est inutilement
qu'ils gémiront car ils

P. 60

ne m'ont pas connu parfaitement,
mais[0] ils ont servi deux maîtres
et une multitude. Mais[0] vous,
vous vaincrez en toute chose,
par une guerre et des combats,
en vous séparant de
jalousie et colère, mais bien plus[0] par la
droiture de notre amour[0], puisque nous
sommes sans déficience[0], purs[0]
et bons, ayant en propre la Pensée
du Père dans un mystère[0]
indicible.

ⲛⲉⲟⲩⲥⲱⲃⲉ ⲅⲁⲣ ⲡⲉ · ⲁⲛⲟⲕ ⲉⲧⲣ̄ ⲙ̄ⲛ̄ⲧⲣⲉ ϫⲉ ⲛⲉⲟⲩⲥⲱⲃⲉ ⲡⲉ. ⲉⲛⲥⲉⲥⲟⲟⲩⲛ ⲁⲛ ⲛ̄ϭⲓ ⲛ̄ ⲁⲣⲭⲱⲛ ϫⲉ ⲟⲩϩⲱⲧ̄ⲡ̄ ⲛ̄ⲁⲧ ϣⲁϫⲉ ⲙ̄ⲙⲟϥ ⲡⲉ ⲛ̄ⲧⲉ ⲟⲩⲙ̄ⲛ̄ ⲧⲙⲉ ⲛ̄ⲁⲧ'ϫⲱϩ̄ⲙ̄ · ⲛ̄ⲑⲉ ⲉⲧ'ϣⲟ ⲟⲡ ϩ̄ⲛ̄ ⲛ̄ϣⲏⲣⲉ ⲛ̄ⲧⲉ ⲡⲟⲩⲟⲉⲓⲛ ⲉⲧⲉ ⲁⲩⲧⲁⲙⲓⲟ ⲛ̄ⲟⲩⲁⲛⲧⲓⲙⲓ ⲙⲟⲛ ⲛ̄ⲧⲟⲟⲧ̄ⲥ̄ · ⲉⲁⲩⲧⲁⲩⲟ ⲛ̄ⲟⲩⲥⲃⲱ ⲛ̄ⲧⲉ ⲟⲩⲣⲉϥⲙⲟⲟⲩⲧ' ⲙ̄ⲛ̄ ϩⲉⲛϭⲟⲗ' ⲁⲉⲓⲛⲉ ⲛ̄ϯⲙ̄ⲛ̄ⲧⲣ̄ⲙ̄ ϩⲉ ⲙ̄ⲛ̄ ϯⲙ̄ⲛ̄ⲧ'ⲁⲕⲉⲣⲁⲓⲟⲥ · ⲛ̄ⲧⲉ ϯⲉⲕⲕⲗⲏⲥⲓⲁ ⲛ̄ⲧⲉⲗⲉⲓⲟⲥ · ⲉⲩ ϩⲱⲧⲃ̄ ⲙ̄ⲙⲟⲟⲩ ϩ̄ⲛ̄ ⲧⲉⲩⲥⲃⲱ · ⲉⲩϩⲟⲧⲉ ⲙ̄ⲛ̄ ⲟⲩⲙ̄ⲛ̄ⲧ'ϩ̄ⲙ̄ϩⲁⲗ · ⲙ̄ⲛ̄ ϩⲉⲛϩⲁⲣⲉϩ ⲛ̄ⲕⲟⲥⲙⲓⲕⲟⲛ ⲙ̄ⲛ̄ ⲟⲩϣ̄ⲙ̄ϣⲉ ⲉϥⲛⲏϫ ⲉⲃⲟⲗ ⲉⲩⲥⲟⲃ̄ⲕ̄ ⲛ̄ⲁⲧ'ⲥⲃⲱ · ⲉⲛⲥⲉ ϣⲱⲡ ⲉⲣⲟⲟⲩ ⲁⲛ ⲛ̄ϯⲙ̄ⲛ̄ⲧ' ⲉⲩⲅⲉⲛⲏⲥ ⲛ̄ⲧⲉ ϯⲙ̄ⲛ̄ⲧⲙⲉ · ⲉⲩⲙⲟⲥⲧⲉ ⲙ̄ⲡⲉⲧ'ⲟⲩϣⲟ ⲟⲡ ⲙ̄ⲙⲟϥ · ⲁⲩⲱ ⲉⲩⲙⲉ ⲙ̄ ⲡⲉⲧⲟⲩϣⲟⲟⲡ ⲙ̄ⲙⲟϥ ⲁⲛ · ⲟⲩ ⲅⲁⲣ ⲙ̄ⲡⲟⲩⲥⲟⲩⲱⲛ ϯ

ⲝ̄ⲁ̄

ⲅⲛⲱⲥⲓⲥ ⲛ̄ⲧⲉ ϯⲙ̄ⲛ̄ⲧ'ⲛⲟϭ · ϫⲉ ⲉⲥϣⲟⲟⲡ ⲉⲃⲟⲗ ⲙ̄ⲡⲥⲁ ⲛ̄ⲧⲡⲉ ⲙ̄ⲛ̄ ⲟⲩⲡⲏⲅⲏ ⲛ̄ⲧⲉ ⲧⲙⲉ · ⲁⲩⲱ ⲟⲩ ⲉⲃⲟⲗ ϩ̄ⲛ̄ ⲟⲩⲙ̄ⲛ̄ⲧ'ϩ̄ⲙ̄ϩⲁⲗ ⲁⲛ ⲧⲉ ⲙ̄ⲛ̄ ⲟⲩⲕⲱϩ · ⲁⲩⲱ ⲟⲩ ϩⲟⲧⲉ ⲙ̄ⲛ̄ <ⲟⲩ>ⲟⲩⲱϣⲉ ⲛ̄ⲧⲉ ⲟⲩ

6 ⲙ̄ⲛ̄ ⲟⲩⲱϣⲉ cod, Krause, Gibbons.

En effet°, ils étaient un objet de dérision, c'est
Moi qui témoigne qu'ils étaient
dérisoires, car ils ne savaient pas,
les archontes°, qu'il existe une réunion
indicible de la Vérité
sans tache, semblable à celle qui existe
parmi les fils de la Lumière
dont ils ont fabriqué une contrefaçon°
quand ils ont proféré
l'enseignement d'un mort
et des mensonges pour imiter la liberté
et la pureté° de
l'Église° parfaite°.
Ils les entraînent dans la mort par leur doctrine
de crainte et d'esclavage,
portant sur des observances de ce monde°
et un culte rejeté,
car ils sont petits et ignorants
et ils ne participent pas
de la noblesse° de la Vérité,
détestant ce qu'ils sont
et aimant
ce qu'ils ne sont pas.
En effet°, ils n'ont pas conçu

P. 61

que la Connaissance° de la Grandeur
émane d'⟨en haut⟩
et d'une source° de Vérité, et
non de l'esclavage
ni de la jalousie, ni
de la crainte, ni de ⟨la⟩ volonté de la

3-7 cf. comm. note 105. — 26-29 cf. comm. note 107.

ϩⲩⲗⲏ ⲛ̄ⲕⲟⲥⲙⲓⲕⲟⲛ · ⲡⲏ ⲅⲁⲣ ⲉⲧⲉ ⲙ̄ⲡⲱⲟⲩ ⲁⲛ ⲡⲉ ⲙ̄ⲛ̄ ⲡⲏ ⲉ ⲧⲉ ⲡⲱⲟⲩ ⲡⲉ ⲉⲩⲣ̄ ⲭⲣⲁⲥⲑⲁⲓ ⲛ̄ ϩⲏⲧϥ̄ ⲉϫⲛ̄ ⲟⲩϩⲣ̄ⲧⲉ ⲙ̄ⲛ̄ ⲟⲩⲙⲛ̄ ⲧⲣ̄ⲙ̄ϩⲉ · ⲙⲁⲩⲣ̄ ⲉⲡⲓⲑⲩⲙⲓ ϫⲉ ⲟⲩⲛ̄ⲧⲁⲩ ⲉⲝⲟⲩⲥⲓⲁ · ⲁⲩⲱ ⲟⲩ ⲛⲟⲙⲟⲥ ⲉⲃⲟⲗ ⲙ̄ⲙⲟⲟⲩ ⲉϫⲛ̄ ⲛⲏ ⲉⲧⲟⲩⲛⲁⲟⲩⲟϣⲟⲩ · ⲛⲏ ⲇⲉ ⲉⲧⲉ ⲙ̄ⲛ̄ⲧⲁⲩ ϣⲁⲩⲣ̄ ϩⲏⲕⲉ ⲛ̄ϭⲓ ⲛⲏ ⲉⲧⲉ ⲛ̄ϥ̄ϣⲟⲟⲡ ⲛⲁⲩ ⲁⲛ · ⲁⲩⲱ ϣⲁⲩⲟⲩⲁϣ̄ϥ̄ · ⲁⲩⲱ ϣⲁⲩⲥⲱⲣ̄ⲙ̄ ⲛ̄ⲛⲏ ⲉⲧ̓ϩⲓⲧⲟⲟ ⲧⲟⲩ ⲉⲩⲉ ⲛ̄ⲑⲉ ⲛ̄ⲛⲉⲧⲉⲩⲛ̄ ⲧⲁⲩ ⲛ̄ⲧⲙⲉ ⲛ̄ⲧⲉ ⲧⲉⲩⲙⲛ̄ⲧⲣ̄ⲙ̄ ϩⲉ · ⲛ̄ⲑⲉ ⲛ̄ⲧⲁⲩϣⲟⲡ̄ⲛ̄ ϩⲁ ⲟⲩ ⲛⲁϩ̄ⲃ̄ ⲙ̄ⲛ̄ ⲟⲩⲁⲛⲁⲅⲕⲏ ⲛ̄ⲧⲉ ⲟⲩ ϩⲁⲣⲉϩ · ⲁⲩⲱ ⲟⲩϩⲣ̄ⲧⲉ · ⲡⲁⲓ̈ ⲉϥ ϣⲟⲟⲡ ϩⲛ̄ ⲟⲩⲙⲛ̄ⲧ̓ϩⲙ̄ϩⲁⲗ · ⲡⲏ ⲇⲉ ⲉⲧⲟⲩⲉⲓⲛⲉ ⲙ̄ⲙⲟϥ ϩⲛ̄ ⲟⲩ ⲁⲛⲁⲅⲕⲏ ⲛ̄ⲟⲩⲃⲓⲁ ⲙ̄ⲛ̄ ⲟⲩⲁⲡⲓ ⲗⲏ · ⲉⲁⲩϩⲁⲣⲉϩ ⲉⲣⲟϥ ⲉⲃⲟⲗ ϩ̄ⲓ̄ ⲧ̄ⲙ̄ ⲡⲛⲟⲩⲧⲉ · ⲡⲓⲉⲩⲅⲉⲛⲏⲥ ⲇⲉ ⲧⲏⲣ̄ϥ̄ ⲛ̄ⲧⲉ ϯⲙ̄ⲛ̄ⲧ̓ⲉⲓⲱⲧ̓ ⲙⲁⲩϩⲁⲣⲉϩ ⲉⲣⲟϥ ⲉϥⲁⲣⲉϩ ⲉⲡⲉ ⲧⲛ̄ⲧⲟⲟⲧϥ̄ ⲟⲩⲁⲁϥ ⲉϫⲛ̄ ⲟⲩϣⲁ ϫⲉ ⲙ̄ⲛ̄ ⲟⲩⲁⲛⲁⲅⲕⲏ ⲉϣⲁϥϩⲱ ⲧ̄ⲡ̄ ⲙ̄ⲛ̄ ⲡⲉϥⲟⲩⲱϣⲉ · ⲡⲁϯⲉⲛ ⲛⲟⲓⲁ ⲟⲩⲁⲁⲥ ⲛ̄ⲧⲉ ϯⲙ̄ⲛ̄ⲧ̓ⲉⲓ ⲱⲧ̓ ⲉⲧⲣⲉ<ϥ>ϣⲱⲡⲉ ⲛ̄ⲧⲉⲗⲉⲓ ⲟⲥ ⲁⲩⲱ ⲛ̄ⲁⲣⲣⲏⲧⲟⲛ ⲉⲃⲟⲗ ϩ̄ⲓ̄

35 c cod, Krause, Gibbons.

matière[0] de ce monde[0]. En effet[0], ce qui n'est pas à eux et ce qui est à eux, ils l'utilisent[0] sans crainte et avec licence. Ils n'éprouvent nul désir[0], parce qu'ils se sont donné une autorité[0] et une Loi[0] à propos de ce qu'ils pourraient désirer. Mais[0] habituellement, ceux qui ne possèdent pas quémandent précisément ce qu'ils n'ont pas, et ils le désirent. Et ils égarent ceux qui sont parmi eux comme s'ils disposaient de la vérité de leur liberté afin de nous placer sous le joug et la contrainte[0] de la surveillance et de la crainte, celle que comporte l'esclavage. Et[0] celui qu'ils entraînent par contrainte[0], violence[0] et menace[0] est sous la surveillance de (leur) Dieu. Au contraire[0], celui qui appartient tout entier à la race noble[0] issue de la Paternité n'est sous aucune surveillance, car il veille lui-même à ce qui est sien, sans injonction ni contrainte[0]. Il ne fait qu'un avec sa volonté qui appartient à la Pensée propre de la Paternité, car ⟨elle⟩ (sa volonté) a été rendue parfaite[0] et indicible[0] grâce à

21-22 cf. comm. note 122 — 35 cf. comm. note 127.

ⲝ̅ⲃ̅

ⲧ̅ⲙ̅ ⲡⲓⲙⲟⲟⲩ ⲉⲧⲟⲛ̅ϩ̅ ⲉϣⲱⲡⲉ
ϩ̅ⲛ̅ ⲟⲩⲙ̅ⲛ̅ⲧ̅ʼⲥⲁⲃⲉ ⲙ̅ⲛ̅ ⲛⲉⲧⲛ̅ⲉ
ⲣⲏⲩ · ⲟⲩ ⲙⲟⲛⲟⲛ ϩ̅ⲙ̅ ⲡϣⲁϫⲉ
ⲙ̅ⲡⲥⲱⲧⲙ̅ · ⲁⲗⲗⲁ ϩ̅ⲛ̅ ⲟⲩϩⲱⲃ
ⲙ̅ⲛ̅ ⲟⲩϣⲁϫⲉ ⲉϥϫⲏⲕ ⲉⲃⲟⲗ ·
ⲥⲉⲙ̅ⲡϣⲁ ⲅⲁⲣ ⲛ̅ⲥⲙ̅ⲛ̅ⲧⲟⲩ ⲛ̅
ϯϩⲉ ⲛ̅ϭⲓ ⲛⲓⲧⲉⲗⲓⲟⲥ · ⲁⲩⲱ ⲛ̅ⲥⲉ
ϩⲱⲧ̅ⲡ̅ ⲛ̅ⲙ̅ⲙⲁⲉⲓ · ϫⲉ ⲛ̅ⲛⲟⲩⲇⲓ
ⲉⲃⲟⲗ ϩ̅ⲛ̅ ⲙ̅ⲙ̅ⲛ̅ⲧ̅ʼϫⲁϫⲉ ⲛⲓⲙ ϩ̅ⲛ̅
ⲟⲩⲙ̅ⲛ̅ⲧ̅ʼϣⲃⲏⲣ ⲉⲛⲁⲛⲟⲩⲥ · ⲉⲓ̈
ⲉⲓⲣⲉ ⲛ̅ϩⲱⲃ ⲛⲓⲙ ϩ̅ⲙ̅ ⲡⲓⲁⲅⲁⲑⲟⲥ ·
ⲡⲁⲓ̈ ⲅⲁⲣ ⲡⲉ ⲡⲉϩⲱⲧ̅ⲡ̅ ⲛ̅ⲧⲉ ϯⲙ̅ⲛ̅
ⲧⲙⲉ · ϫⲉ ⲛ̅ⲛⲉⲗⲁⲁⲩ ⲛ̅ⲁⲛⲧⲓⲕⲓ
ⲙⲉⲛⲟⲥ ϣⲱⲡⲉ ⲛⲁⲩ · ⲡⲏ ⲇⲉ
ⲧⲏⲣ̅ϥ̅ ⲉⲧⲉ ϣⲁϥⲡⲱϣⲉ · ⲁⲩⲱ
ⲉϥⲛⲁϭ̅ⲛ̅ ϩⲏⲧⲟⲩ ⲧⲏⲣⲟⲩ ⲁⲛ ·
ϫⲉ ϣⲁϥⲡⲱϣⲉ · ⲁⲩⲱ ⲛ̅ⲟⲩ
ϣⲃⲏⲣ ⲁⲛ ⲡⲉ · ϣⲁϥⲣ̅ ϫⲁϫⲉ ⲉⲣⲟ
ⲟⲩ ⲧⲏⲣⲟⲩ · ⲡⲏ ⲇⲉ ⲉⲧʼϣⲟⲟⲡ
ϩ̅ⲛ̅ ⲟⲩϯ ⲙⲉⲧⲉ ⲙ̅ⲛ̅ ⲟⲩⲙ̅ⲛ̅ⲧ̅ʼ
ϣⲃⲏⲣ ⲛ̅ⲧⲉ ⲟⲩⲙ̅ⲛ̅ⲧ̅ʼⲙⲁⲉⲓⲥⲟⲛ
ϩ̅ⲛ̅ ⲟⲩⲫⲩⲥⲓⲥ ⲁⲩⲱ ϩ̅ⲛ̅ ⲟⲩⲕⲱ ⲉ
ϩⲣⲁⲓ̈ ⲁⲛ · ϩ̅ⲛ̅ ⲟⲩⲡⲧⲏⲣ̅ϥ̅ · ⲁⲩⲱ ϩ̅ⲛ̅
ⲟⲩⲙⲉⲣⲟⲥ ⲁⲛ · ⲡⲁⲓ̈ ⲡⲉ ⲡⲓⲟⲩⲱϣ
ⲛⲁⲙⲉ ⲛ̅ⲧⲉ ⲡⲓⲱⲧʼ · ⲡⲁⲓ̈ ⲡⲉ ⲡⲓ
ⲕⲁⲑⲟⲗⲓⲕⲟⲛ ⲙ̅ⲛ̅ ϯⲁⲅⲁⲡⲏ ⲉⲧʼ
ϫⲏⲕ · ⲛⲉⲟⲩⲥⲱⲃⲉ ⲅⲁⲣ ⲡⲉ ⲁ̅ⲇ̅ⲁ̅ⲙ̅
ⲛ̅ⲧⲁⲩⲧⲁⲙⲓⲟϥ ⲡⲁⲣⲁ ⲡϣⲱⲗϩ
ⲛ̅{ⲛ}ⲟⲩⲧⲩⲡⲟⲥ ⲛ̅ⲧⲉ ⲟⲩⲣⲱⲙⲉ ·
ⲉⲃⲟⲗ ϩ̅ⲓⲧⲟⲟⲧ̅ϥ̅ ⲙ̅ⲡⲓⲙⲉϩⲥⲁ
ϣ̅ϥ̅ · ϩⲱⲥ ⲉⲁϥϣⲱⲡⲉ ⲉϥϫⲟⲟⲣ
ⲉϫⲱⲓ̈ ⲙ̅ⲛ̅ ⲛⲁⲥⲛⲏⲩ · ⲁⲛⲟⲛ
ⲉⲛϣⲟⲟⲡ ⲛ̅ⲁⲧʼⲕⲁϭⲓⲁ ϣⲁⲣⲟϥ
ⲉⲛⲡ̅ⲛ̅ⲣ̅ ⲛⲟⲃⲉ · ⲛⲉⲟⲩⲥⲱⲃⲉ

P. 62

l'eau vive afin que nous nous édifiions les uns les autres, non seulement[0] dans l'audition de la Parole, mais[0] activement et dans la proclamation de la Parole. En effet[0], c'est ainsi que les parfaits[0] sont dignes d'être égaux entre eux et d'être réunis à Moi de sorte qu'ils ne succombent à aucune inimitié, grâce à une communion bénéfique. J'accomplis toute chose en celui qui est bon car[0] telle est la réunion de la Vérité de sorte qu'ils n'aient aucun adversaire[0]. Mais[0] quiconque établit des distinctions — et il ne vivra pas en accord avec tous puisqu'il divise et qu'il n'est pas un ami — est un ennemi pour tous. Au contraire[0], celui qui vit dans la paix et la communion d'un amour fraternel par nature[0] et non par position, en totalité et non partiellement[0], celui-là est vraiment la volonté du Père, il est l'universel[0] et l'amour[0] parfait. Quelle dérision en effet qu'Adam qui a été modelé comme une contrefaçon[0] du modèle[0] de l'Homme par l'Hebdomade, comme si elle eût été plus puissante que Moi et mes frères! Mais nous, nous sommes innocents[0] face à elle car nous n'avons pas péché. Quelle dérision

4-5 cf. comm. note 130. — 6-7 cf. comm. note 128. — 33 cf. comm. note 137.

ⲇⲉ ⲡⲉ ⲁⲃⲣⲁϩⲁⲙ ʼ ⲙ̅ⲛ̅ ⲓ̈ⲥⲁⲁⲕ ⲙ̅ⲛ̅ ⲓ̈ⲁⲕⲱⲃ · ⲉⲁⲩϯ ⲣⲁⲛ ⲉⲣⲟⲟⲩ ⲉⲃⲟⲗ ϩ̅ⲓ̅ⲧ̅ⲙ̅ ⲡⲓⲙⲉϩⲥⲁ̅ϣ̅ϥ̅ ⲛ̅ϭⲓ ⲛ̅ⲉⲓⲟⲧⲉ ⲡⲁⲣⲁ ⲡϣⲱ̅ⲗ̅ϩ̅ · ϩⲱⲥ

ξ̅γ̅

ⲉⲁϥϣⲱⲡⲉ ⲉϥϫⲟⲟⲣ ⲉϫⲱⲓ̈ ⲙ̅ⲛ̅ ⲛⲁⲥⲛⲏⲩ · ⲁⲛⲟⲛ ⲉⲛⲉ ⲛ̅ ⲁⲧʼⲕⲁϭⲓⲁ ϣⲁⲣⲟϥ ⲉⲙ̅ⲡ̅ⲛ̅ⲣ̅ ⲛⲟ ⲃⲉ · ⲛⲉⲟⲩⲥⲱⲃⲉ ⲡⲉ ⲇⲁⲩⲉⲓⲇ ⲉⲁⲩϯ ⲣⲁⲛ ⲉⲡⲉϥϣⲏⲣⲉ ϫⲉ ⲡϣⲏ ⲣⲉ ⲙ̅ⲡⲣⲱⲙⲉ · ⲉⲁⲩⲣ̅ ⲉⲛⲉⲣⲅⲉⲓ ⲉⲣⲟϥ ⲉⲃⲟⲗ ϩ̅ⲓ̅ⲧ̅ⲛ̅ ⲡⲓⲙⲉϩⲥⲁ̅ϣ̅ϥ̅ · ϩⲱⲥ ⲉⲁϥϣⲱⲡⲉ ⲉϥϫⲟⲟⲣ ⲉϫⲱⲓ̈ ⲙ̅ⲛ̅ ⲛⲁϣ̅ⲃ̅ⲣ̅ ⲛ̅ⲅⲉⲛⲟⲥ · ⲁⲛⲟⲛ ⲇⲉ ⲉⲛⲟ ⲛ̅ⲁⲧʼⲕⲁϭⲓⲁ ϣⲁⲣⲟϥ ⲙ̅ ⲡ̅ⲛ̅ⲣ̅ ⲛⲟⲃⲉ · ⲛⲉⲟⲩⲥⲱⲃⲉ ⲡⲉ ⲥⲟ ⲗⲟⲙⲱⲛ ⲉϥⲙⲉⲉⲩⲉ ϫⲉ ⲟⲩⲭ̅ⲥ̅ ⲡⲉ · ⲉⲁϥϫⲓⲥⲉ ⲛ̅ϩⲏⲧʼ ⲉⲃⲟⲗ ϩ̅ⲓ̅ⲧ̅ⲛ̅ ⲡⲓⲙⲉϩⲥⲁ̅ϣ̅ϥ̅ · ϩⲱⲥ ⲉⲁϥϣⲱⲡⲉ ⲉϥϫⲟⲟⲣ ⲉϫⲱⲓ̈ ⲙ̅ⲛ̅ ⲛⲁⲥⲛⲏⲩ · ⲁⲛⲟⲛ ⲇⲉ ⲉⲛⲉ ⲛ̅ⲁⲧʼⲕⲁϭⲓⲁ ϣⲁ ⲣⲟϥ ⲙ̅ⲡ⟨ⲛ̅⟩ⲣ̅ ⲛⲟⲃⲉ · ⲛⲉϩⲉⲛⲥⲱ ⲃⲉ ⲛⲉ ⲛⲓⲓ̅ⲃ̅ ⲙ̅ⲡⲣⲟⲫⲏⲧⲏⲥ ⲉⲁⲩ ⲉⲓ ⲉⲃⲟⲗ ⲛ̅ⲁⲛⲧⲓⲙⲓⲙⲟⲛ ⲛ̅ⲧⲉ ⲛⲓⲡⲣⲟⲫⲏⲧⲏⲥ ⲙ̅ⲙⲉ · ⲁⲩϣⲱ ⲡⲉ ⲡⲁⲣⲁ ⲡϣⲱ̅ⲗ̅ϩ̅ ⲉⲃⲟⲗ ϩ̅ⲓ̅ⲧⲟⲟ ⲧ̅ϥ̅ ⲙ̅ⲡⲓⲙⲉϩⲥⲁ̅ϣ̅ϥ̅ · ϩⲱⲥ ⲉ ⲁϥϣⲱⲡⲉ ⲉϥϫⲟⲟⲣ ⲉϫⲱⲉⲓ ⲙ̅ⲛ̅ ⲛⲁⲥⲛⲏⲩ · ⲁⲛⲟⲛ ⲇⲉ ⲉⲛⲟ ⲛ̅ⲁⲧʼⲕⲁϭⲓⲁ ϣⲁⲣⲟϥ ⲉⲛ̅ⲡ̅ⲛ̅ⲣ̅ ⲛⲟ ⲃⲉ · ⲛⲉⲟⲩⲥⲱⲃⲉ ⲡⲉ ⲙⲱⲩ̈

17 ⟨ ⟩ Krause, Bethge : ⲙ̅ⲡⲓⲣ̅ cod, Gibbons.

qu'Abraham, Isaac (+ δέ) et Jacob qui reçurent faussement[0] de l'Hebdomade le nom de pères, comme si[0]

P. 63

elle eût été plus puissante que Moi et mes frères! Mais nous, nous sommes innocents[0] face à elle car nous n'avons pas péché. Quelle dérision que David dont le fils a reçu le nom de Fils de l'Homme, alors qu'il ne fut que le jouet[0] de l'Hebdomade, comme si[0] elle eût été plus puissante que Moi et ceux de ma race[0]! Mais[0] nous, nous sommes innocents[0] face à elle car nous n'avons pas péché. Quelle dérision que Salomon : pensant avoir reçu l'onction[0], il fut poussé à l'orgueil par l'Hebdomade, comme si[0] elle eût été plus puissante que Moi et mes frères! Mais[0] nous, nous sommes innocents[0] face à elle car ⟨nous⟩ n'avons pas péché. Quelle dérision que les douze prophètes[0] qui furent une fausse imitation[0] des vrais prophètes[0] : ils furent une contrefaçon[0] produite par l'Hebdomade, comme si[0] elle eût été plus puissante que Moi et mes frères! Mais[0] nous, nous sommes innocents[0] face à elle car nous n'avons pas péché. Quelle dérision que Moïse,

6 cf. comm. note 144.

ⲥⲏⲥ ⲟⲩϩⲙ̄ϩⲁⲗ ⲙ̄ⲡⲓⲥⲧⲟⲥ
ⲉⲁⲩϯ ⲣⲁⲛ ⲉⲣⲟϥ ϫⲉ ⲡⲓϣⲃⲏⲣ·
ⲉⲁⲩⲣ̄ ⲙⲛ̄ⲧⲣⲉ ⲉⲧⲃⲏⲏⲧϥ̄ ϩⲛ̄
ⲟⲩⲙⲛ̄ⲧ̓ϣⲁϥⲧⲉ· ⲉⲧⲉ ⲙ̄ⲡⲉϥ
ⲥⲟⲩⲱⲛ̄ⲧ̓ ⲉⲛⲉϩ· ⲟⲩⲧⲉ ⲛ̄ⲧⲟϥ
ⲟⲩⲧⲉ ⲛⲉⲧ̓ϩⲁ ⲧⲉϥⲉϩⲏ· ϫⲓⲛ
ⲁⲇⲁⲙ' ϣⲁ ⲙⲱⲩⲥⲏⲥ ⲙⲛ̄ ⲓ̈ⲱ
ϩⲁⲛⲛⲏⲥ ⲡⲃⲁⲡⲧⲓⲥⲧⲏⲥ ⲙ̄ⲡⲉ
ⲗⲁⲁⲩ ⲛ̄ϩⲏⲧⲟⲩ ⲥⲟⲩⲱⲛ̄ⲧ̓. ⲟⲩⲧⲉ

ⲝ̄ⲇ̄

ⲛⲁⲥⲛⲏⲟⲩ· ⲛⲉⲟⲩⲥⲃⲱ ⲅⲁⲣ ⲛ̄
ⲧⲉ ϩⲉⲛⲁⲅⲅⲉⲗⲟⲥ ⲛⲉⲧⲛ̄ⲧⲟⲟⲧⲟⲩ
ⲉϩⲁⲣⲉϩ ⲉϩⲉⲛϩⲣⲏⲩⲉ ⲙⲛ̄ ⲟⲩ
ⲙⲛ̄ⲧ̓ϩⲙ̄ϩⲁⲗ ⲉⲥⲥⲁϣⲉ· ⲉⲙ
ⲡⲟⲩⲥⲟⲩⲱⲛ ⲟⲩⲙⲛ̄ⲧⲙⲉ ⲉⲛⲉϩ
ⲟⲩⲧⲉ ⲛ̄ⲥⲉⲛⲁⲥⲟⲩⲱⲛ̄ⲥ ⲁⲛ·
ⲟⲩⲛ̄ ⲟⲩⲛⲟϭ ⲅⲁⲣ ⲛ̄ⲣ̄ϩⲁⲗ' ϣⲟⲟⲡ
ϩⲓϫⲛ̄ ⲧⲉⲩⲯⲩⲭⲏ· ⲉⲙⲛ̄ϭⲟⲙ
ⲙ̄ⲙⲟⲟⲩ ⲉϭⲛ̄ ⲟⲩⲛⲟⲩⲥ ⲛ̄ⲧⲉ
ⲟⲩⲙⲛ̄ⲧⲣⲙ̄ϩⲉ ⲉⲛⲉϩ ⲉⲥⲟⲩⲱ
ⲛ̄ϥ· ϣⲁⲛⲧⲟⲩⲥⲟⲩⲱⲛ ⲡϣⲏ
ⲣⲉ ⲙ̄ⲡⲣⲱⲙⲉ· ⲉⲧⲃⲉ ⲡⲁⲓ̈ⲱⲧ̓
ⲇⲉ ⲁⲛⲟⲕ ⲡⲏ ⲉⲧⲉ ⲙ̄ⲡⲉⲡⲕⲟⲥ
ⲙⲟⲥ ⲥⲟⲩⲱⲛ̄ϥ· ⲁⲩⲱ ⲉⲧⲃⲉ ⲡⲁⲓ̈
ⲁϥⲧⲱⲱⲛ ⲉϫⲱⲓ̈ ⲙⲛ̄ ⲛⲁⲥⲛⲏⲩ·
ⲁⲛⲟⲛ ⲇⲉ ⲉⲛⲟ ⲛ̄ⲁⲧ̓ⲕⲁϭⲓⲁ ϣⲁ
ⲣⲟϥ ⲙ̄ⲡⲛ̄ⲣ ⲛⲟⲃⲉ· ⲛⲉⲟⲩⲥⲱ
ⲃⲉ ⲅⲁⲣ ⲡⲉ ⲡⲓⲁⲣⲭⲱⲛ ϫⲉ ⲁϥϫⲟⲟⲥ
ϫⲉ ⲁⲛⲟⲕ ⲡⲉ ⲡⲛⲟⲩⲧⲉ· ⲁⲩⲱ
ⲙ̄ⲙⲛ̄ ⲡⲉⲧⲛⲉⲁϥ ⲉⲣⲟⲓ̈· ⲁⲛⲟⲕ ⲟⲩ
ⲁⲁⲧ̓ ⲡⲉ ⲡⲓⲱⲧ̓ ⲡϫⲟⲉⲓⲥ· ⲁⲩⲱ
ⲙ̄ⲙⲛ̄ ⲕⲉⲟⲩⲁ ⲛ̄ⲥⲁ ⲁⲛⲟⲕ· ⲁⲛⲟⲕ
ⲟⲩⲛⲟⲩⲧⲉ ⲛ̄ⲣⲉϥⲕⲱϩ ⲉϣⲁⲉⲓ

esclave fidèle[0], qui reçut le nom de compagnon alors qu'un témoignage fut faussement porté à son sujet, lui qui ne me connut jamais, ni[0] lui ni[0] ceux qui sont avant lui! Depuis Adam jusqu'à Moïse et Jean le Baptiste[0], personne parmi eux ne m'a connu, ni Moi ni[0]

P. 64

mes frères, car[0] (tout ce qu'ils avaient), c'était un enseignement dispensé par leurs anges[0] (portant sur) des observances alimentaires et une amère servitude, de sorte qu'ils n'ont jamais connu la Vérité ni ne la connaîtront. En effet[0], une grande illusion recouvre leur âme en sorte qu'ils ne puissent jamais concevoir[0] la liberté ni la connaître, tant qu'ils ne connaîtront pas le Fils de l'Homme. Mais[0] au sujet de mon Père, le monde[0] ne m'a pas compris et pour cette raison, il s'est dressé contre Moi et mes frères. Mais[0] nous, nous sommes innocents[0] face à lui, nous n'avons pas péché. Quelle dérision en effet[0], que l'Archonte[0], quand il a dit : «Je suis Dieu et nul n'est plus grand que moi». — «Moi seul suis le Père et le Seigneur et il n'y en a aucun autre en dehors de moi.» — «Je suis un Dieu jaloux qui reporte

ⲉⲓⲛⲉ ⲛ̄ⲛ̄ⲛⲟⲃⲉ ⲛ̄ⲛ̄ⲉⲓⲟⲧⲉ ⲉϩⲣⲁï
ⲉϫⲛ̄ ⲛ̄ϣⲏⲣⲉ ϣⲁ ϣⲟⲙⲧⲉ ⲙ̄ⲛ̄
ϥⲧⲟ ⲛ̄ⲅⲉⲛⲉⲁ · ϩⲱⲥ ⲉⲁϥϣⲱ
ⲡⲉ ⲉϥϫⲟⲟⲣ ⲉϫⲱï ⲙ̄ⲛ̄ ⲛⲁⲥⲛⲏ
ⲟⲩ · ⲁⲛⲟⲛ ⲇⲉ ⲉⲛⲟ ⲛ̄ⲁⲧ'ⲕⲁ
ϭⲓⲁ ϣⲁⲣⲟϥ ⲉⲙⲡ̄ⲛ̄ⲣ̄ ⲛⲟⲃⲉ · ⲉ
ⲁⲛⲣ̄ ϫⲟⲉⲓⲥ ⲉⲧⲉϥⲥⲃⲱ ⲛ̄ϯϩⲉ
ⲉϥϣⲟⲟⲡ ϩ̄ⲛ̄ ⲟⲩⲉⲟⲟⲩ ⲉϥ
ϣⲟⲩⲉⲓⲧ' · ⲁⲩⲱ ⲉϥϯ ⲙⲉⲧⲉ
ⲁⲛ ⲙ̄ⲛ̄ ⲡⲉⲛⲉⲓⲱⲧ' · ⲁⲩⲱ ⲛ̄ϯ
ϩⲉ ⲉⲃⲟⲗ ϩ̄ⲓ̄ⲧ̄ⲛ̄ ⲧⲛ̄ⲙⲛ̄ⲧ'ϣⲃⲏⲣ
ⲁⲛⲁⲙⲁϩⲧⲉ ⲛ̄ⲧⲉϥⲥⲃⲱ ⲉϥ
ϫⲟⲥⲉ ⲛ̄ϩⲏⲧ' ⲛ̄ϩⲣⲁï ϩ̄ⲛ̄ ⲟⲩⲉⲟ
ⲟⲩ ⲉϥϣⲟⲩⲉⲓⲧ' · ⲁⲩⲱ ⲉϥ
ϯ ⲙⲉⲧⲉ ⲁⲛ ⲙ̄ⲛ̄ ⲡⲉⲛⲉⲓⲱⲧ'
ⲛⲉⲟⲩⲥⲱⲃⲉ ⲅⲁⲣ ⲡⲉ ⲙ̄ⲛ̄ ⲟⲩ

ⲕⲣⲓⲥⲓⲥ ⲙ̄ⲛ̄ ⲟⲩⲙ̄ⲛ̄ⲧ'ⲡⲣⲟⲫⲏ
ⲧⲏⲥ ⲛ̄ⲛⲟⲩϫ · ⲱ ⲛⲏ ⲉⲧⲉ ⲛ̄ⲥⲉ
ⲛⲁⲩ ⲁⲛ. ⲛ̄ⲧⲉⲧ̄ⲛ̄ⲛⲁⲩ ⲁⲛ ⲉⲧⲉ
ⲧ̄ⲛ̄ⲙ̄ⲛ̄ⲧ'ⲃⲗ̄ⲗ̄ⲉ ϫⲉ ⲡⲏ ⲉⲧⲉ ⲛⲉⲩ
ⲥⲟⲟⲩⲛ ⲙ̄ⲙⲟϥ ⲁⲛ · ⲟⲩⲧⲉ ⲙ̄
ⲡⲟⲩⲥⲟⲩⲱⲛ̄ϥ ⲉⲛⲉϩ · ⲟⲩⲧⲉ
ⲙ̄ⲡⲟⲩⲙ̄ⲙⲉ ⲉⲣⲟϥ ⲉⲧⲃⲏⲏⲧ̄ϥ ·
ⲙ̄ⲡⲟⲩⲥⲱⲧ̄ⲙ ⲉⲩⲥⲱⲧ̄ⲙ ⲉϥ
ϫⲟⲟⲣ · ⲉⲧⲃⲉ ⲡⲁï ⲁⲩⲣ̄ ⲙⲉⲗⲉ
ⲧⲁ ϩ̄ⲛ̄ ⲟⲩϩⲁⲡ ⲛ̄ⲧⲉ ⲟⲩⲡⲗⲁⲛⲏ ·
ⲁⲩⲱ ⲁⲩⲧⲱⲱⲛ ⲛ̄ⲛⲉⲩϭⲓϫ ⲉⲧ'
ⲥⲟⲟϥ ⲛ̄ⲣⲉϥϩⲱⲧ̄ⲃ ⲉϩⲣⲁï ⲉϫⲱϥ
ⲛ̄ⲑⲉ ⲉⲛⲉⲩϩ̄ⲓⲟⲩⲉ ⲛ̄ⲥⲁ ⲡⲁⲏⲣ.
ⲁⲩⲱ ⲛⲓⲁⲧ'ϩⲏⲧ' ⲙ̄ⲛ̄ ⲛⲓⲃⲗ̄ⲗⲉⲩⲉ
ⲉⲩⲟ ⲛ̄ⲁⲧ'ϩⲏⲧ' ⲛ̄ⲟⲩⲟⲉⲓϣ ⲛⲓⲙ
ⲉⲩⲟ ⲛ̄ϩ̄ⲙ̄ϩⲁⲗ ⲛ̄ⲟⲩⲟⲉⲓϣ ⲛⲓⲙ ·

les péchés des pères sur
les fils jusqu'à la troisième
et la quatrième génération[0] », comme s'il
eût été plus puissant que Moi et mes frères!
Mais[0] nous, nous sommes innocents[0] face à
lui car nous n'avons pas péché.
Nous sommes tellement supérieurs à son enseignement
qu'il se trouve dans une vaine
gloire et n'est pas en accord
avec notre Père.
Et notre communion
a si bien prévalu sur sa doctrine
qu'il s'enorgueillit dans une
vaine gloire et n'est pas en
accord avec notre Père.
En effet[0], c'était-là dérision,

P. 65

jugement[0] et fausse
prophétie[0]. — Aveugles[0],
vous ne voyez pas votre
aveuglement! — Celui qu'ils ne
connaissent pas et[0] qu'ils n'ont jamais
connu ni[0]
compris,
ils ne (lui) ont pas prêté une oreille
attentive. C'est pourquoi ils ont persévéré[0]
dans un jugement erroné[0]
et ils ont levé leurs mains
souillées et meurtrières sur lui
comme s'ils battaient l'air[0].
Quant aux insensés et aux aveugles,
ils sont toujours insensés
et toujours esclaves

ⲛ̅ⲟⲩⲛⲟⲙⲟⲥ ⲙ̅ⲛ̅ ⲟⲩϩⲟⲧⲉ
ⲛ̅ⲕⲟⲥⲙⲓⲕⲟⲛ · ⲁⲛⲟⲕ ⲟⲩⲭ̅ⲣ̅ⲥ̅
ⲡϣⲏⲣⲉ ⲛ̅ⲧⲉ ⲡⲣⲱⲙⲉ ⲡⲓⲉⲃⲟⲗ
ⲙ̅ⲙⲱⲧ̅ⲛ̅ · ⲉⲓ̈ϣⲟⲟⲡ ϩ̅ⲛ̅ ⲧⲏⲛⲉ ·
ⲉⲩϣⲱⲥ ⲙ̅ⲙⲟⲓ̈ ⲉϫ̅ⲛ̅ ⲧⲏⲛⲉ ϫⲉ
ⲕⲁⲁⲥ ⲛ̅ⲧⲱⲧ̅ⲛ̅ ϩⲱⲧ’ⲧⲏⲩⲧ̅ⲛ̅
ⲉⲧⲉⲧⲛⲁⲣ̅ ⲡⲱⲃ̅ϣ̅ ⲙ̅ⲡⲓϣⲓⲃⲉ ·
ⲁⲩⲱ ⲙ̅ⲡⲣ̅ϣⲱⲡⲉ ⲛ̅ⲥ̅ϩ̅ⲓⲙⲉ
ϫⲉ ⲛⲉⲧⲉⲧ̅ⲛ̅ⲙⲓⲥⲉ ⲛ̅ⲛⲟⲩⲕⲁ
ϭⲓⲁ ⲙ̅ⲛ̅ ⲛⲓⲥⲛⲏⲩ · ⲛ̅ⲟⲩⲕⲱϩ
ⲙ̅ⲛ̅ ⲟⲩⲡⲱϣⲉ · ⲟⲩϭⲱⲛ̅ⲧ̅’
ⲙ̅ⲛ̅ ⲟⲩⲑⲩⲙⲟⲥ · ⲟⲩϩⲟⲧⲉ
ⲙ̅ⲛ̅ ⲟⲩⲡⲱϣ ⲛ̅ϩⲏⲧ’ · ⲙ̅ⲛ̅ ⲟⲩ
ⲉⲡⲓⲑⲩⲙⲓⲁ ⲉⲥϣⲟⲩⲉⲓⲧ’ ⲉⲥ
ϣⲟⲟⲡ ⲁⲛ · ⲁⲛⲟⲕ ⲇⲉ ⲟⲩⲙⲩⲥ
ⲧⲏⲣⲓⲟⲛ ⲛⲏⲧ̅ⲛ̅ ⲡⲉ ⲛ̅ⲁⲧ’ϣⲁ
ϫⲉ ⲙ̅ⲙⲟϥ ·
ⲉⲓⲧⲉ ϩⲁⲑⲏ ⲛ̅ⲧ’
ⲕⲁⲧⲁⲃⲟⲗⲏ ⲛ̅ⲧⲉ ⲡⲕⲟⲥⲙⲟⲥ
ⲉⲛⲧⲁⲩⲉⲓ ⲉⲩⲙⲁ ⲛ̅ϭⲓ ⲡⲁϣⲁⲓ̈
ⲧⲏⲣ̅ϥ̅ ⲛ̅ⲧⲉ ϯⲉⲕⲕⲗⲏⲥⲓⲁ ⲉ
ϫ̅ⲛ̅ ⲛⲓⲧⲟⲡⲟⲥ ⲛ̅ⲧⲉ ϯⲟⲅⲇⲟⲁⲥ

ⲗ̅ⲋ̅

ⲉⲁⲩϣⲟϫⲛⲉ ⲁⲩϫⲓ ϣⲉⲗⲉⲉⲧ’
ⲙ̅ⲡⲛⲓⲕⲟⲛ ⲉϥϣⲟⲟⲡ ϩ̅ⲛ̅ ⲟⲩϩⲱ
ⲧ̅ⲡ̅ · ⲁⲩⲱ ⲛ̅ϯϩⲉ ⲁϥϫⲱⲕ ⲉⲃⲟⲗ
ϩ̅ⲛ̅ ⲛⲓⲧⲟⲡⲟⲥ ⲛ̅ⲁⲧ’ϣⲁϫⲉ ⲙ̅ⲙⲟ
ⲟⲩ ⲉⲃⲟⲗ ϩ̅ⲓⲧ̅ⲛ̅ ⲟⲩϣⲁϫⲉ ⲉϥⲟⲛ̅ϩ̅
ⲉⲩϫⲱⲕ ⲉⲃⲟⲗ ⲙ̅ⲡⲓϫⲓ ϣⲉⲗⲉⲉⲧ’
ⲛ̅ⲁⲧ’ϫⲱϩ̅ⲙ̅ ⲉⲃⲟⲗ ϩ̅ⲓⲧ̅ⲛ̅ ϯⲙⲉ
ⲥⲟⲧⲏⲥ ⲛ̅ⲧⲉ ⲓ̅ⲥ̅ ⲉϥϫⲱⲣ̅ϫ̅ ⲙ̅ⲙⲟ
ⲟⲩ ⲧⲏⲣⲟⲩ · ⲁⲩⲱ ⲉϥⲁⲙⲁϩⲧⲉ

d'une Loi[0] et d'une crainte
de ce monde[0]. Je suis Christ[0],
le Fils de l'Homme, celui qui est issu
de vous, étant en vous
pour être méprisé à cause de vous
afin que vous-mêmes,
vous oubliiez la dualité.
Et ne devenez pas femme
de peur que vous n'engendriez le mal[0]
et ses frères : jalousie
et discorde, colère
et emportement[0], crainte
et duplicité, et
désirs[0] vains,
sans consistance. Mais[0] Moi, je suis pour
vous un mystère[0] indicible.

Dès[0], avant
la fondation[0] du monde[0],
après que se fut réunie toute la foule
de l'Église[0]
au-dessus des lieux[0] de l'Ogdoade[0],

P. 66

après qu'ils se furent concertés, ils célébrèrent un
mariage spirituel[0] qui consiste dans une
réunion. Et il s'accomplit ainsi
dans les lieux[0] indicibles,
sous l'effet de la Parole vivante,
afin de permettre l'accomplissement du mariage
immaculé grâce à la position centrale[0]
de Jésus qui les prépare
tous et les conduit,

7 cf. comm. note 160.

м̄мооγ · εϥϣοοπ ϩ̄ν̄ ογ<ογ>ω ϣε ν̄ατ'πωϣε ν̄τε ογϭαμ · ν̄τοϥ δε εϥκωτε εροϥ ϣαϥ ογων̄ϩ εβολ ναϥ εϥϣοοπ ν̄ ογμοναϲ ν̄τε ναϊ τηρογ · ογμεεγε μ̄ν̄ ογειωτ' · ν̄τοϥ εϥϣοοπ ν̄ογα · αγω εϥαϩε ρατ̄ϥ̄ ναγ τηρογ · ν̄τοϥ τη ρ̄ϥ̄ εαϥπιρε εβολ ογααϥ · αγω εγων̄ϩ πε εαϥει͡ εβολ ϩ̄μ̄ πι ωτ' ν̄τε ϯμ̄ν̄τ̄με ν̄ατ'ϣα χε μ̄μοϲ αγω ν̄τελειοϲ · ν̄τε νη ετμ̄πιμα · πϩωτ̄π̄ ν̄τε ϯειρηνη · μ̄ν̄ ογϣβηρ ν̄τε ϩεναγαθον · μ̄ν̄ ογων̄ϩ ν̄ϣα ενεϩ μ̄ν̄ ογτεληλ ν̄ ατ'χωϩμ · ϩ̄ν̄ ογϯ μετε ενα ϣωϥ ν̄τε ογων̄ϩ μ̄ν̄ ογπιϲ τιϲ εβολ ϩιτ̄ν̄ ογων̄ϩ ν̄ϣα ενεϩ ν̄τε ογμ̄ν̄τ'ειωτ' · αγω ογμ̄ν̄τ'μααγ · μ̄ν̄ ογμ̄ν̄τ' ϲωνε · μ̄ν̄ ογϲοφια ν̄λογι κον · νεαγϯ μετε εγνογϲ ε<ϥ>πορ̄ϣ̄ εβολ · εϥνα πωρ̄ϣ̄ εβολ ϩ̄ν̄ ογϩωτ̄π̄ εϥτεληλ μ̄μοϥ · αγω εϥε ν̄δοϭιμοϲ

ξ̄ζ̄

αγω εϥϲωτ̄μ̄ ϩ̄ν̄ ογπιϲτιϲ εογα · αγω παϊ πε ϩ̄ν̄ ογμ̄ν̄τ' ειωτ' · αγω ογμ̄ν̄τ'μααγ μ̄ν̄ ογμ̄ν̄τ'ϲον ν̄λογικον ·

10 ογωϣε cod, Krause, Gibbons.

33 ⟨ ⟩ Gibbons : ϥ sur γ cod; εγπορϣ Krause «γ von εγπορϣ ist verbessert».

Lui qui réside dans la volonté unique, (issue) de la Puissance. Et[0] à celui qui se tourne vers Lui, il apparaît comme leur Unité[0] à tous, Pensée et Père. Il est un et il se tient debout auprès de tous; tout entier, il s'est épanoui de Lui-même et il est vie issue du Père de la Vérité indicible et parfaite[0] de ceux qui sont en ce lieu. (Il est) l'union de la paix[0], le conjoint des bons[0], la vie éternelle et la joie immaculée, dans une grande harmonie de vie et de foi[0] provenant de la vie éternelle, de la Paternité et de la Maternité, de la Fraternité et de la Sophia[0] du Logos[0]. Ils s'étaient unis au Noûs[0] ⟨qui⟩ se déploie et il se déploiera dans une union joyeuse, noble[0],

P. 67

attentive à l'Un dans la foi[0]. Et cela s'est réalisé dans la Paternité, la Maternité, la Fraternité du Logos[0]

18 cf. comm. note 163. — 33 cf. comm. note 164.

ⲁⲩⲱ ⲟⲩⲥⲟⲫⲓⲁ · ⲁⲩⲱ ⲡⲁϊ ⲟⲩ
ϫⲓ ϣⲉⲗⲉⲉⲧ' ⲡⲉ ⲛ̄ⲧⲉ ϯⲙ̄ⲛ̄ⲧⲙⲉ ·
ⲙ̄ⲛ̄ ⲟⲩⲙ̄ⲧⲟⲛ ⲛ̄ⲧⲉ ⲟⲩⲁⲫⲑⲁⲣ
ⲥⲓⲁ · ϩ̄ⲛ̄ ⲟⲩⲡ̄ⲛ̄ⲁ̄ ⲛ̄ⲧⲉ ϯⲙ̄ⲛ̄ⲧⲙⲉ
ⲛ̄ϩⲣⲁϊ ϩ̄ⲛ̄ ⲛⲟⲩⲥ ⲛⲓⲙ · ⲙ̄ⲛ̄ ⲟⲩⲟ
ⲉⲓⲛ ⲉϥϫⲏⲕ ⲉⲃⲟⲗ ⲛ̄ϩⲣⲁϊ ϩ̄ⲛ̄ ⲟⲩ
ⲙⲩⲥⲧⲏⲣⲓⲟⲛ ⲛ̄ⲁⲧ'ϯ ⲣⲁⲛ ⲉⲣⲟϥ ·
ⲡⲁϊ ⲇⲉ ⲛ̄ϥϣⲟⲟⲡ ⲁⲛ · ⲟⲩⲇⲉ ⲛ̄ϥ
ⲛⲁϣⲱⲡⲉ ⲁⲛ ⲛ̄ϩⲏⲧ̄ⲛ̄ ⲛ̄ϩⲣⲁϊ
ϩ̄ⲛ̄ ⲗⲁⲁⲩ ⲙ̄ⲙⲉⲣⲟⲥ ⲏ̄ ⲟⲩⲧⲟⲡⲟⲥ ·
ϩ̄ⲛ̄ ⲟⲩⲡⲱϣⲉ ⲙ̄ⲛ̄ ⲟⲩⲡⲱⲣ̄ϫ̄ ⲛ̄
ⲧⲉ ⲟⲩⲉⲓⲣⲏⲛⲏ · ⲟⲩϩⲱⲧ̄ⲡ̄ ⲇⲉ ⲙ̄ⲛ̄
ⲟⲩϭⲱⲣ̄ϭ̄ ⲛ̄ⲧⲉ ⲟⲩⲁⲅⲁⲡⲏ · ⲉⲩ
ϫⲏⲕ ⲉⲃⲟⲗ ⲧⲏⲣⲟⲩ ϩ̄ⲙ̄ ⲡⲉⲧ'ϣⲟ
ⲟⲡ · ⲉⲁ<ϥ>ϣⲱⲡⲉ ⲟⲛ ϩ̄ⲛ̄ ⲛⲓⲧⲟⲡⲟⲥ
ⲉⲧ'ⲥⲁⲡⲉⲥⲏⲧ' ⲛ̄ⲧⲡⲉ ⲉⲩϩⲱ
ⲧ̄ⲡ̄ ⲛⲁⲩ · ⲛⲏ ⲛ̄ⲧⲁⲩⲥⲟⲩⲱⲛ̄ⲧ'
ϩ̄ⲛ̄ ⲟⲩⲟⲩϫⲁϊ · ⲙ̄ⲛ̄ ⲟⲩⲙ̄ⲛ̄ⲧ'ⲁⲧ'
ⲡⲱϣⲉ ⲙ̄ⲛ̄ ⲛⲏ ⲉⲧⲉ ⲛⲉⲩϣⲟ
ⲟⲡ ϣⲁ ⲡⲓⲉⲟⲟⲩ ⲛ̄ⲧⲉ ⲡⲓⲱⲧ'
ⲙ̄ⲛ̄ ϯⲙ̄ⲛ̄ⲧⲙⲉ · ⲉⲛⲧⲁⲩⲡⲱ
ϣⲉ ⲁⲩϫⲱⲣ̄ϭ̄ ϩ̄ⲙ̄ ⲡⲟⲩⲁ · ⲉⲃⲟⲗ
ϩⲓⲧⲟⲟⲧ̄ϥ̄ ⲙ̄ⲡⲓϣⲁϫⲉ ⲉⲧⲟⲛ̄ϩ̄
ⲁⲩⲱ ϯϣⲟⲟⲡ ϩ̄ⲙ̄ ⲡⲓⲡ̄ⲛ̄ⲁ̄
ⲙ̄ⲛ̄ ϯⲙ̄ⲛ̄ⲧⲙⲉ · ⲛ̄ⲧⲉ ϯⲙ̄ⲛ̄
ⲧⲙⲁⲁⲩ · ⲉⲁϥϣⲱⲡⲉ ⲙ̄ⲡⲓⲙⲁ
ⲛ̄ϯϩⲉ · ⲉⲁⲉⲓϣⲱⲡⲉ ϩ̄ⲛ̄ ⲛⲏ
ⲉⲧ'ϩⲟⲧ̄ⲡ̄ ϩ̄ⲛ̄ ⲟⲩⲙ̄ⲛ̄ⲧ'ϣⲃⲏⲣ
ⲛ̄ⲧⲉ ϩⲉⲛϣⲃⲏⲣ ⲛ̄ⲟⲩⲟⲉⲓϣ
ⲛⲓⲙ · ⲟⲩⲇⲉ ⲉⲛⲥⲙ̄ⲙⲉ ⲁⲛ
ⲉⲩⲙ̄ⲛ̄ⲧ'ϫⲁϫⲉ ⲉⲡⲧⲏⲣϥ ·
ⲟⲩⲇⲉ ⲟⲩⲕⲁϭⲓⲁ · ⲉⲩϩⲟⲧ̄ⲡ̄ ⲇⲉ

et la Sophia°. Et c'est un mariage de Vérité et un repos d'incorruptibilité° dans l'Esprit° de Vérité en chaque intellect°, et une illumination qui s'accomplit dans un mystère° ineffable. Or° cela n'est pas ni° ne saurait arriver parmi nous, en quelque région° ou° lieu°, dans la division ou la rupture de la paix°. Au contraire°, c'est une réunion et un repas d'amour fraternel°, du fait que tous sont parfaits en Celui qui est. (Cette réunion) ⟨s'est réalisée⟩ aussi dans les lieux° qui sont en-dessous du ciel, en vue de la réunion de ceux qui m'ont connu dans le salut et l'indivisibilité avec ceux qui existaient pour la gloire du Père et de la Vérité : après avoir été séparés, ils ont été rétablis dans l'Un par la Parole vivante. Et j'habite dans l'Esprit° et dans la Vérité de la Maternité comme ici-bas j'ai demeuré en ceux qui sont réunis dans une éternelle communauté fraternelle et° qui ne connaissent nulle° hostilité ni° malice°; au contraire°, ils sont réunis (+ δέ)

17 cf. comm. note 165 — 19 cf. comm. note 166.

ⲝ̄ⲏ̄

ⲉⲃⲟⲗ ϩⲓⲧⲟⲟⲧⲥ ⲛ̄ⲧⲅⲛⲱⲥⲓⲥ ·
ϩⲛ̄ ⲟⲩϣⲁϫⲉ ⲙⲛ̄ ⲟⲩⲉⲓⲣⲏⲛⲏ
ⲉϥϣⲟⲟⲡ ϩⲛ̄ ⲟⲩⲙⲛⲧ̄ⲧⲉⲗⲓⲟⲥ
ⲙⲛ̄ ⲟⲩⲟⲛ ⲛⲓⲙ · ⲁⲩⲱ ⲛ̄ϩⲣⲁï ⲛ̄
ϩⲏⲧⲟⲩ ⲧⲏⲣⲟⲩ · ⲁⲩⲱ ⲛⲏ ⲛ̄ⲧⲁⲩ
ϫⲓ ⲉⲓⲛⲉ ⲙ̄ⲡⲁⲧⲩⲡⲟⲥ ⲉⲩⲛⲁϫⲓ
ⲉⲓⲛⲉ ⲙ̄ⲡⲁϣⲁϫⲉ · ⲛⲁï ⲙⲉⲛ ⲉⲩ
ⲛⲁⲉⲓ ⲉⲃⲟⲗ ϩⲛ̄<ⲟⲩ>ⲟⲩⲉⲓⲛ ϣⲁ ⲉⲛⲉϩ ·
ⲙⲛ̄ ⲟⲩⲙⲛⲧ̄ϣⲃⲏⲣ ⲙⲛ̄ ⲛⲉⲩⲉ
ⲣⲏⲩ ϩⲙ̄ ⲡⲓⲡⲛ̄ⲁ · ⲉⲁⲩⲉⲓⲙⲉ ⲛ̄ϩⲣⲁï
ϩⲛ̄ ϩⲱⲃ ⲛⲓⲙ ϩⲛ̄ ⲟⲩⲙⲛⲧ̄ⲁⲧ̄ⲡⲱ
ϣⲉ ϫⲉ ⲟⲩⲁ ⲡⲉⲧ̄ϣⲟⲟⲡ · ⲁⲩⲱ
ⲛⲁï ⲧⲏⲣⲟⲩ ⲟⲩⲁ ⲛⲉ · ⲁⲩⲱ ⲛ̄ⲧ
ϩⲉ ⲉⲩⲁϫⲓ ⲥⲃⲱ ⲉⲡⲟⲩⲁ · ⲛ̄ⲑⲉ ⲛ̄
ϯⲉⲕⲕⲗⲏⲥⲓⲁ ⲙⲛ̄ ⲛⲉⲧⲟⲩⲏϩ ⲛ̄
ϩⲏⲧⲥ · ϥϣⲟⲟⲡ ⲅⲁⲣ ⲛ̄ϭⲓ ⲡⲓⲱⲧ̄
ⲛ̄ⲛⲁï ⲧⲏⲣⲟⲩ ⲉⲩⲁⲧ̄ϯ ϣⲓ ⲉⲣⲟϥ
ⲡⲉ ⲛ̄{ⲛ}ⲁⲧ̄ϣⲃⲧϥ · ⲟⲩⲛⲟⲩⲥ.
ⲙⲛ̄ ⲟⲩϣⲁϫⲉ ⲙⲛ̄ ⲟⲩⲡⲱϣⲉ ·
ⲙⲛ̄ ⲟⲩⲕⲱϩ<ⲧ> ⲙⲛ̄ ⲟⲩⲕⲣⲱⲙ ·
ⲟⲩⲁ ⲇⲉ ⲧⲏⲣϥ ⲡⲉ ⲉϥϣⲟⲟⲡ ⲙ̄
ⲡⲧⲏⲣϥ ⲛ̄ⲙⲙⲁⲩ ⲧⲏⲣⲟⲩ ϩⲛ̄ ⲟⲩ
ⲥⲃⲱ ⲛ̄ⲟⲩⲟⲟⲧⲉ · ϫⲉ ⲛⲁï ⲧⲏ
ⲣⲟⲩ ⲉⲩϣⲟⲟⲡ ⲉⲃⲟⲗ ϩⲛ̄ ⲟⲩⲡⲛ̄ⲁ
ⲛ̄ⲟⲩⲱⲧ̄ · ⲱ̄ ⲛⲓⲁⲧⲛⲁⲩ · ⲉⲧⲃⲉ
ⲟⲩ ⲡⲓⲙⲩⲥⲧⲏⲣⲓⲟⲛ ⲙ̄ⲡⲉⲧⲛ̄
ⲥⲟⲩⲱⲛϥ ϩⲛ̄ ⲟⲩⲙⲛⲧⲙⲉ · ⲛ̄
ⲧⲁⲩⲣ̄ ⲁⲧⲥⲱⲧⲙ̄ ⲇⲉ ⲛ̄ϭⲓ ⲛⲓⲁⲣⲭⲱⲛ
ⲙ̄ⲡⲕⲱⲧⲉ ⲛ̄ïⲁⲗⲇⲁⲃⲁⲱⲑ · ⲉⲧⲃⲉ

8 ϩⲛ̄ ⲟⲩⲟⲉⲓⲛ cod, Krause, Gibbons.
20 ⲟⲩⲕⲱϩ cod, Krause, Bethge, Gibbons.

P. 68

par ma Connaissance[0], dans la Parole et la paix[0] qui demeure en plénitude[0] avec chacun et en tous. Et ceux qui se sont conformés à mon exemple[0] recevront la forme de ma Parole. Ceux-là (+ μέν) avanceront dans ⟨la⟩ Lumière éternelle et dans une fraternité mutuelle dans l'Esprit[0], ayant reconnu en toute chose, au-delà des divisions, que Celui qui est, est un. Et tous ceux-là ne font qu'un et c'est ainsi qu'ils recevront un enseignement au sujet de l'Un, comme l'Église[0] et ceux qui sont réunis en elle. En effet[0], le Père est en eux tous, incommensurable et immuable : Il est Noûs[0], Parole, Séparation, ⟨Flamme⟩ et Feu, mais[0] il est tout entier un puisqu'il est tout entier en tous dans un seul enseignement, puisque tous ceux-ci sont issus du même Esprit[0]. — «O[0] ceux qui ne voient pas, que n'avez-vous connu le mystère[0] en vérité?» — Mais[0] ils furent indociles, les archontes[0] de la sphère de Ialdabaoth, concernant

6 cf. comm. note 167. — 20 cf. comm. note 169.

ϯⲉⲛⲛⲟⲓⲁ ⲛ̄ⲧⲁⲥⲉⲓ ⲉϩⲣⲁ̈ⲓ ⲉⲣⲟϥ ⲉⲃⲟⲗ ϩ̄ⲛ̄ ⲧⲉⲥⲥⲱⲛⲉ ϯⲥⲟⲫⲓⲁ· ⲁⲩⲧⲁⲙⲓⲟ ⲛⲁⲩ ⲛ̄ⲟⲩϩⲱⲧ̄ⲡ̄ ⲙⲁⲩ ⲁⲁⲩ· ⲙ̄ⲛ̄ ⲛⲏ ⲉⲧ'ϣⲟⲟⲡ ⲛ̄ⲙ̄ ⲙⲁⲩ ⲛ̄ϩⲣⲁ̈ⲓ ϩ̄ⲛ̄ ⲟⲩⲙⲟⲩϫ̄ϭ̄ ⲛ̄ⲧⲉ

ⲝ̄ⲑ̄

ⲟⲩⲕⲗⲟⲟⲗⲉ ⲛ̄ⲕⲣⲱⲙ· ⲉⲧⲉ ⲛⲉⲩⲕⲱϩ ⲡⲉ ⲙ̄ⲛ̄ ⲡⲕⲉⲥⲉⲉⲡⲉ ⲛ̄ⲧⲁⲩⲛ̄ⲧⲟⲩ ⲉⲃⲟⲗ· ⲉⲃⲟⲗ ϩ̄ⲓⲧⲟ ⲟⲧⲟⲩ ⲛ̄ⲛⲉⲩⲡⲗⲁⲥⲙⲁ· ϩⲱⲥ ⲉⲁⲩⲟⲩⲱϣ̄ⲙ̄ ⲛ̄ϯϩⲏⲇⲟⲛⲏ ⲛ̄ ⲉⲩⲅⲉⲛⲏⲥ ⲛ̄ⲧⲉ ϯⲉⲕⲕⲗⲏⲥⲓⲁ· ⲁⲩⲱ ⲉⲧⲃⲉ ⲡⲁ̈ⲓ ⲁⲩⲟⲩⲱⲛ̄ϩ̄ ⲉ ⲃⲟⲗ ⲛ̄{ⲛ}ⲟⲩⲙⲟⲩϫ̄ϭ̄ ⲛ̄{ⲛ}ⲟⲩⲙ̄ⲛ̄ⲧ' ⲁⲧ'ⲥⲟⲟⲩⲛ ϩ̄ⲛ̄ ⲟⲩⲡⲁⲣⲁ ⲡϣⲱ ⲗ̄ϩ̄ ⲛ̄ⲧⲉ ⲟⲩⲕⲣⲱⲙ· ⲙ̄ⲛ̄ ⲟⲩ ⲕⲁϩ ⲙ̄ⲛ̄ ⲟⲩⲣⲉϥϩⲱⲧ̄ⲃ̄· ⲉϩⲉⲛ ⲕⲟⲩⲉⲓ ⲛⲉ ⲁⲩⲱ ⲛ̄ⲁⲧ'ⲥⲃⲱ· ⲉⲛⲥⲉⲥⲟⲟⲩⲛ ⲁⲛ ⲉⲁⲩⲣ̄ ⲧⲟⲗ ⲙⲁ ⲉⲛⲁ̈ⲓ. ⲁⲩⲱ ⲉⲙⲡⲟⲩⲉⲓⲙⲉ ϫⲉ ϣⲁⲣⲉⲟⲩⲟⲉⲓⲛ ⲣ̄ ⲕⲟⲓⲛⲱ ⲛⲓ ⲉⲩⲟⲩⲟⲉⲓⲛ· ⲁⲩⲱ ⲟⲩⲕⲁ ⲕⲉ ⲙ̄ⲛ̄ ⲟⲩⲕⲁⲕⲉ· ⲁⲩⲱ ⲡⲉⲧ' ϫⲁϩ̄ⲙ̄· ⲙ̄ⲛ̄ ⲡⲏ ⲉⲧ'ⲧⲁⲕⲏⲟⲩⲧ'· ⲁⲩⲱ ⲡⲓⲁⲧ'ⲧⲁⲕⲟ ⲙ̄ⲛ̄ ⲡⲓⲁⲧ'ϫⲱ ϩ̄ⲙ̄·

ⲛⲁ̈ⲓ ⲇⲉ ⲁⲉⲓⲧⲁⲁⲩ ⲛⲏⲧ̄ⲛ̄ ⲁⲛⲟⲕ ⲓ̄ⲥ̄ ⲡⲉⲭ̄ⲣ̄ⲥ̄ ⲡϣⲏⲣⲉ ⲙ̄ ⲡⲣⲱⲙⲉ ⲉⲧ'ϫⲟⲥⲉ ⲁⲛⲡⲏⲩⲉ· ⲱ̄ ⲛⲓⲧⲉⲗⲓⲟⲥ ⲁⲩⲱ ⲛⲓⲁⲧ'ϫⲱ ϩ̄ⲙ̄· ⲉⲧⲃⲉ ⲡⲓⲙⲩⲥⲧⲏⲣⲓⲟⲛ ⲛ̄ ⲁⲧ'ϫⲱϩ̄ⲙ̄ ⲁⲩⲱ ⲛ̄ⲧⲉⲗⲓⲟⲥ· ⲙ̄ⲛ̄ ⲡⲓⲁⲣⲣⲏⲧⲟⲛ· ⲉⲩⲙⲉⲉⲩⲉ

la Pensée° qui descendit vers lui
venant de sa sœur Sophia°.
Ils se sont fabriqué une réunion
avec ceux qui sont en leur
compagnie dans un mélange de

P. 69

nuée de feu — c'était
leur jalousie — (et) avec tous les autres
qui ont été produits
par leurs créatures°, se figurant°
avoir imité par un mélange le noble°
plaisir° de l'Église°.
Et pour cette raison, ils ont révélé
un mélange d'ignorance
dans une contrefaçon°
de feu et de terre
et un homme mort, car ils
sont petits et ignorants
(et) c'est sans savoir qu'ils ont eu
cette audace°. Et ils n'ont pas compris
que la lumière s'unit à la
lumière, les ténèbres aux
ténèbres, la
souillure à la corruption
et l'incorruptible à l'immaculé.

Mais° cela, je vous l'ai transmis,
Moi, Jésus-Christ°, le Fils de l'Homme
qui est élevé au-dessus des cieux,
ô° parfaits° et immaculés°,
au sujet du mystère°
immaculé et parfait°
et de l'Inexprimable° — mais° ils pensent

11 cf. comm. note 171. — 26-29 cf. comm. note 172.

ⲇⲉ ϫⲉ ⲛ̅ⲧⲁⲛⲣ̅ ⲇⲟⲅⲙⲁⲧⲓⲍⲉ ⲙ̅ⲙⲟⲟⲩ ϩⲁⲑⲏ ⲛ̅ⲧⲕⲁⲧⲁⲃⲟⲗⲏ ⲛ̅ⲧⲉ ⲡⲕⲟⲥⲙⲟⲥ· ϫⲉⲕⲁⲁⲥ ⲉⲛ ϣⲁⲛⲉⲓ̂ ⲉⲃⲟⲗ ϩ̅ⲛ ⲛⲓⲧⲟⲡⲟⲥ ⲛ̅ ⲧⲉ ⲡⲕⲟⲥⲙⲟⲥ ϫⲉ ⲉⲛⲁϯ ⲛ̅ⲛⲓ ⲥⲩⲙⲃⲟⲗⲟⲛ ⲙ̅ⲙⲁⲩ ⲛ̅ⲧⲉ ϯⲁⲫⲑⲁⲣⲥⲓⲁ ⲉⲃⲟⲗ ϩ̅ⲙ ⲡⲓϩⲱ ⲧⲡ̅ ⲙ̅ⲡ̅ⲛⲓⲕⲟⲛ ⲡⲣⲟⲥ ⲟⲩⲥⲟ

ⲟ̅

ⲟⲩⲛ : ⲛ̅ⲧⲱⲧ̅ⲛ̅ ⲧⲉⲧ̅ⲛ̅ⲥⲟⲟⲩⲛ ⲙ̅ⲙⲟϥ ⲁⲛ · ϫⲉ ϯⲕⲗⲟⲟⲗⲉ ⲛ̅ⲥⲁⲣ ⲕⲓⲕⲟⲛ ⲣ̅ ϩⲁⲉⲓⲃⲉ ⲉⲣⲱⲧ̅ⲛ̅ · ⲁⲛⲟⲕ ⲇⲉ ⲡⲉ ⲡⲓϣⲃⲏⲣ ⲛ̅ⲧⲉ ϯⲥⲟⲫⲓⲁ ⲟⲩ ⲁⲉⲉⲧ᾽ · ⲁⲛⲟⲕ ⲁⲉⲓϣⲱⲡⲉ ϩ̅ⲛ̅ ⲕⲟⲩ ⲛ̅ϥ ⲙ̅ⲡⲓⲱⲧ᾽ ϫⲓⲛ ⲛ̅ϣⲟⲣⲡ̅ ϩ̅ⲙ̅ ⲡⲙⲁ ⲛ̅ⲛ̅ϣⲏⲣⲉ ⲛ̅ⲧⲉ ϯⲙ̅ⲛ̅ⲧⲙⲉ · ⲁⲩⲱ ϯⲙ̅ⲛ̅ⲧⲛⲟϭ · ⲙ̅ⲧⲟⲛ ϭⲉ ⲛ̅ⲙ̅ⲙⲁϊ̈ ⲛⲁϣⲃⲏⲣ ⲙ̅ⲡ̅ⲛ̅ⲁ ⲙ̅ⲛ̅ ⲛⲁⲥⲛⲏ ⲟⲩ ⲛ̅ϣⲁ ⲉⲛⲉϩ : >>>> >>>>> >>>>>>

<<< ⲇⲉⲩⲧⲉⲣⲟⲥ ⲗⲟⲅⲟⲥ >>>
>>> ⲧⲟⲩ ⲙⲉⲅⲁⲗⲟⲩ ⲥⲏⲑ >>>

que nous nous sommes soumis à leurs décrets[0] depuis la fondation[0] du monde[0] — afin que, lorsque nous sortirons des lieux[0] de ce monde[0], nous nous échangions là-bas les symboles[0] de l'incorruptibilité, grâce à la réunion spirituelle[0], dans le but[0] de nous

P. 70

faire reconnaître. Mais vous, vous ne savez pas cela parce que le nuage de la chair[0] vous couvre de son ombre. Quant à Moi, je suis le conjoint de Sophia[0] elle-même, j'ai été dans le sein du Père depuis le commencement, dans la demeure des fils de la Vérité et de la Grandeur. Aussi, reposez avec Moi, mes compagnons dans l'Esprit[0] et mes frères pour l'éternité!

Deuxième[0] Traité[0]
du[0] Grand[0] Seth.

COMMENTAIRE

PROLOGUE
(p. 49,10-50,1)

Le prologue aborde les principaux thèmes qui seront développés dans le traité : la nature du Sauveur, son origine, la communion qui l'unit aux siens et, particulièrement, son rôle en tant que Révélateur de la Pensée et de la Parole du Père. En outre, cette introduction met déjà en place les éléments essentiels de la polémique que le traité développera contre le groupe adverse à partir d'un point particulier, l'interprétation du baptême.

Pour reprendre une expression de J. A. Gibbons, le Sauveur-révélateur présente dans ce prologue ses «lettres de créance»[1] et assure ainsi l'authenticité du discours de révélation qui va suivre.

Le Révélateur est la Parole et la Pensée du Père (p. 49,10-25)

Le traité s'ouvre sur la mention du repos (p. 49,10-12) qui est un attribut de la Grandeur, repos auquel sera invité le gnostique au terme de la révélation (p. 70,4-10). Cette répétition du thème de l'introduction en conclusion du traité n'est pas propre au GrSeth puisqu'on la retrouve de façon habituelle dans les traités de l'âme (cf. Introduction, p. 8-10). Le repos est à la fois caractéristique d'entités célestes, comme la Grandeur (p. 49,10-12; 54,14-17), le Sauveur (p. 70,8-10), et but que les gnostiques sont appelés à atteindre (p. 70,8-10). Ici, ce thème s'oppose à celui du combat qui est au cœur du traité et qui caractérise le séjour du gnostique ou de l'âme ici-bas selon la doctrine la plus commune des traités de l'âme (cf. Intr., p. 8-10). On trouve cette même opposition dans l'*Authentikos Logos* du codex VI qui, comme notre traité, accorde une grande importance au combat que les gnostiques doivent mener dans le monde et qui, comme lui, s'ouvre et se clôt sur le thème du repos[2].

La Grandeur (ⲡⲙⲉⲅⲉⲑⲟⲥ, p. 49,10) est l'entité suprême qui, avec la Mère (p. 49,13) et le Sauveur lui-même, constitue une triade (cf. Intr., p. 11-13). Si, dans ce passage, la Grandeur constitue une entité en soi,

[1] J. A. Gibbons, *A Commentary*, p. 140.

[2] Cf. J. É. Ménard, *L'Authentikos Logos* (*BCNH*, 2), Québec, 1977, p. 45 et 61.

la chose n'est pas aussi claire dans le reste du texte où, tout en employant indifféremment ⲡⲙⲉⲅⲉⲑⲟⲥ ou ϯⲙⲛⲧⲛⲟϭ, on parle soit de la Grandeur tout simplement comme ici (p. 50,9; 52,34), soit de la Grandeur de l'Esprit (p. 49,18), de l'Église (p. 50,32; 51,17) ou de la Paternité de l'Esprit (p. 54,15)[3].

La Mère[4], ϯⲙⲁⲁⲩ (p. 49,13), que l'on trouve mentionnée trois fois ailleurs dans le traité sous la forme ϯⲙⲛⲧⲙⲁⲁⲩ (p. 66,28-67,5; 67,30) est ici associée à la Vérité, comme à la p. 67,28-30 où le Sauveur déclare habiter dans l'Esprit et «dans la Vérité de la Maternité...». La Vérité de la Mère ou de la Maternité désigne donc, d'une façon générale, le lieu céleste du repos de la Grandeur (p. 49,10-14) ou de l'habitation du Sauveur (p. 67,28-30).

La présentation du Sauveur comme membre de la triade et la description de son lieu d'origine en termes de repos, de lumière et de Vérité, établissent, dès la première page, la nature céleste du révélateur et garantissent par conséquent l'authenticité de son message. De plus, comme il est le seul Parfait (p. 49,16) par identification avec la Grandeur parfaite (p. 49,11), toute autre source de révélation est exclue.

Les gnostiques, destinataires de ce discours de révélation, sont en attente de la Parole que leur révèle le Sauveur (p. 49,20-21). Cette attente de la révélation n'est pas propre au GrSeth. On la retrouve chez ceux à qui s'adresse le Sauveur dans l'introduction de l'*Apocalypse de Pierre* (p. 70,25-28) et qui «sont édifiés sur ce qui est solide afin d'entendre la parole du Christ»[5]. Cette attente de la révélation dans laquelle se trouvent les gnostiques, si paradoxale qu'elle puisse paraître, puisqu'ils se définissent comme possesseurs de la connaissance, ne doit cependant pas être assimilée à quelque artifice littéraire[6] destiné à

[3] La Grandeur sert encore à déterminer d'autres entités ou réalités : l'Homme de la Grandeur (p. 53,4), le Fils ou les fils de la Grandeur (p. 57,7; 70,8), la Connaissance de la Grandeur (p. 61,1). Sur les emplois du titre dans la Bibliothèque de Nag Hammadi, cf. J.A. GIBBONS, *A Commentary*, p. 140-143.

[4] Pour les relations qui prévalent entre les différentes entités du monde céleste, cf. Intr., p. 11-13.

[5] J.D. DUBOIS, *L'Apocalypse de Pierre*, traduction manuscrite, 1976. Les introductions de l'ApocPi et du GrSeth présentent d'ailleurs le même enchaînement de thèmes : unité du Sauveur avec la Grandeur; son rôle de révélateur, origine céleste ou communauté avec le monde céleste des auditeurs; ignorance ou erreur des «adversaires».

[6] Le GrSeth se présente comme un discours de révélation sans toutefois faire appel aux fictions courantes dans ce genre, hormis l'identification du locuteur au Sauveur et la pseudonymie (cf. A.J. FESTUGIÈRE, *La révélation d'Hermès Trismégiste* I, *L'astrologie et les sciences occultes*, Paris, 1944, p. 309-362). Tout discours de révélation cependant suppose l'ignorance de celui à qui il est destiné, d'où la transmission d'un père à un fils ou encore d'un maître à son disciple. Ici, «l'attente de la Parole»

justifier la révélation qui suit. Ils sont en tension vers la Parole (p. 49, 16-17), par opposition aux membres du groupe adverse qui se croient «riches du nom du Christ alors qu'ils sont vides de connaissance» (cf. p. 59,26-27 et comm. *ad loc.*). Par opposition à leurs adversaires qui vivent dans l'ignorance et l'illusion de la connaissance, les gnostiques de notre traité se définissent à la fois comme ceux qui connaissent et comme ceux qui cherchent[7]. Ils connaissent parce qu'ils sont les frères du Sauveur par l'intermédiaire de l'Esprit, compagnon du Sauveur et de ses semblables (p. 69,18-20)[8]. Ils sont ses *compagnons dans l'Esprit* (ϣβηρ ⲙⲡⲛⲁ p. 50,24)[9], ses semblables (ϣβηρ ⲛⲧⲱϭⲉ = σύμφυτοι, p. 49,19). Par contre, ils sont en recherche parce qu'ils sont les «ennoias» sorties de l'Esprit immaculé (p. 50,15) c'est-à-dire de l'Unité, pour descendre dans le monde inférieur. C'est donc sur leur double appartenance au monde céleste et au monde terrestre que se fondent leur ignorance et leur connaissance simultanées.

Cette Parole que les gnostiques attendent est identifiée à la Pensée du Père à la p. 49,20-25, mais par ailleurs, cette Parole est le Sauveur lui-même, «Pensée incorruptible et immaculée» (p. 49,27-28). Enfin, le Révélateur proclame cette Parole pour la gloire du Père. Cette identification du Sauveur-révélateur à la Parole du Père dès le prologue, de même que le fait qu'il proclame cette Parole pour la gloire du Père rappellent *Jn*, 1,1-14. Quant à l'identification du Sauveur à la Pensée du Père, elle est courante dans les textes gnostiques (cf. par ex. PrôTri, p. 35,1-2)[10], mais on la retrouve aussi chez Ignace d'Antioche[11].

dépasse les nécessités du genre littéraire et constitue l'un des axes d'opposition entre les destinataires du traité et leurs adversaires.

[7] Cette opposition a été traitée à propos de l'AuthLog par K. KOSCHORKE, «'Suchen und Finden' in der Auseinandersetzung zwischen gnostischem und kirchlichem Christentum», *Wort und Dienst* N.F. 14 (1977) 51-65.

[8] Littéralement : «qui est compagnon avec nous et avec des semblables à égalité». La traduction de R.A. BULLARD est la bonne («*The Second*», p. 330) sauf pour ϩⲛ ⲟⲩϣⲱϣ qui a un sens fort et qu'il rend par un simple «alike». L'expression ϩⲛ ⲟⲩϣⲱϣ est employée une autre fois en 53,12 à propos des créatures qui appartiennent aux archontes : elle caractérise donc un type d'appartenance ou de ressemblance. La traduction de H.G. BETHGE «... — es gibt keinen Gefährten seinesgleichen — ...» («*Zweiter*», 100), ne convient pas.

[9] A propos de l'Esprit et de son rôle dans le traité, cf. Intr., p. 12.

[10] «[Je suis] la Prô[tennoia, la p]ensée qui [est] dans [...» (PrôTri p. 35,1-2) et «Je suis la Pensée du Père» (p. 36,17). Cf. Y. JANSSENS, *La Prôtennoia Trimorphe* (*BCNH*, 4), Québec, 1978, p. 59 et 65.

[11] *Eph.*, III, 2; cf. Th. CAMELOT, *Ignace d'Antioche, Lettres* (*SC*, 10), Paris, 1969, p. 61 et Commentaire, p. 30.

Le faux et le vrai baptême (p. 49,25-50,1)

Si la p. 49,14-25 est d'une importance capitale pour comprendre la christologie du traité aussi bien que les relations qui existent entre le Révélateur et les siens, les lignes suivantes introduisent directement au cœur de la polémique que dirige le rédacteur contre le groupe adverse et son enseignement. La phrase «C'est un esclavage de dire que nous mourrons avec le Christ, Pensée incorruptible et immaculée», litt. : «avec le Christ, avec une Pensée incorruptible et immaculée» (p. 49,25-27)[12] marque toute la distance qui sépare la christologie du GrSeth de celle de ses adversaires en même temps qu'elle ouvre la polémique du traité. On ne saurait mourir avec le Christ puisqu'il est Pensée incorruptible et immaculée et ne peut, de ce fait, avoir été assujetti à la mort. Une telle doctrine ne peut qu'être source d'esclavage. Les termes esclave (ϩⲙϩⲁⲗ) et esclavage (ⲙⲛⲧϩⲙϩⲁⲗ) désignent régulièrement la situation des membres de la communauté adverse (p. 60,2; 65,16) ou qualifient son enseignement (p. 60,27; 61,4.24). Nous retrouvons ici presque textuellement un enseignement qu'Irénée prête à Basilide et d'après lequel celui qui croit en la crucifixion est dans l'esclavage[13].

Il est clair que ce passage attaque directement la doctrine baptismale de *Rm.*, 6. Le σύμφυτοι (ϣⲃⲏⲣ ⲛⲧⲱϭⲉ) de la p. 49,19, les thèmes de la mort avec le Christ et de l'esclavage (p. 49,25-27) et celui du baptême (p. 49,29-35) tous regroupés en quelques lignes indiquent bien que notre auteur avait ce texte à l'esprit en voulant critiquer l'interprétation que ses adversaires donnaient du baptême.

A la p. 49,28-50,1 au contraire, il présente sa propre interprétation du baptême (sans doute courante dans son milieu) : le baptême, «marque de l'eau indicible» (p. 49,30-31), consacre l'unité qui prévaut entre le Sauveur et les gnostiques (p. 49,32-50,1). Cette doctrine trouve son expression dans une formule qui paraphrase *Jn*, 14,10-11 et 17, 21-23 :

[12] Pour J.A. Gibbons (*A Commentary*, p. 150) les lignes 25 à 27 seraient une glose marginale introduite dans le texte, glose dont le «σύμφυτος» (ϣⲃⲏⲣ ⲛⲧⲱϭⲉ) de la ligne 26, rappelant la doctrine baptismale de *Rm.*, 6 aurait été l'occasion. Cependant, il n'y a pas lieu de supposer ici une extrapolation puisque, contrairement à ce que prétend J.A. Gibbons, il n'y a pas de rupture syntaxique entre ⲡⲉⲭⲥ et ⲙⲛ ⲟⲩⲙⲉⲉⲩⲉ, le Sauveur étant identifié à la Pensée du Père. C'est même parce que le Sauveur est «Pensée incorruptible et immaculée» (p. 49,27-28) que «c'est un esclavage de dire que nous mourrons avec le Christ» (p. 49,25-27). C'est donc la traduction de H.G. Bethge qui doit être retenue (cf. «*Zweiter*», 100).

[13] «Celui donc qui confesse le crucifié est un esclave au pouvoir de ceux qui ont crucifié le monde des corps» (Irénée, *Adv. Haer.*, I, 24,4).

> «Ne crois-tu pas que je suis dans le Père et que le Père est en moi? ... Croyez-moi, je suis dans le Père et le Père est en moi...» (*Jn*, 14,10-11) «... que tous soient un comme toi, Père, tu es en moi et que je suis en toi, qu'ils soient en nous eux aussi ... pour qu'ils soient un comme nous sommes un, moi en eux comme toi en moi, pour qu'ils parviennent à l'unité parfaite ...» (*Jn*, 17,21-23).

Dans Jean cependant, c'est l'unité entre le Père et le Fils qui est donnée comme paradigme de l'unité des disciples entre eux et avec le Sauveur. Dans le GrSeth au contraire, c'est l'unité du Père avec le Sauveur et avec les gnostiques qui est le modèle de l'unité entre le Sauveur et les siens : «Je suis en vous et vous êtes en Moi comme le Père est en Moi ⟨et en⟩ vous sans déficience» (p. 49,32-50,1) [14].

Ainsi, dès le prologue, les thèmes essentiels du traité sont posés : l'origine céleste et l'incorruptibilité du Sauveur, son rôle de Révélateur de la Parole et de la Pensée du Père auxquelles il est identifié, sa communion avec les siens. Enfin, il amorce la polémique qu'il entretiendra contre ses adversaires par une critique de leur doctrine baptismale et, par la même occasion, de leur christologie.

I. NATURE ET ORIGINE DU SAUVEUR ET DES SAUVÉS (p. 50,1-24)

Alors que le prologue traitait de l'origine céleste du Christ en tant que *révélateur* et, par le fait même, garantissait l'authenticité de sa révélation, cette première partie du traité s'intéresse à lui en tant qu'il est *sauveur*. Sous l'angle de sa mission de salut, le Sauveur n'est plus présenté comme la Pensée ou la Parole du Père, mais comme celui qui est issu du Plérôme et envoyé par lui dans le monde inférieur pour sauver les ennoias, entités qui sont, elles aussi, issues du Plérôme.

[14] Nous corrigeons le texte en 49,35 car l'emploi de ⲛϩⲏⲧ⸗ avec la forme pleine du pronom ⲧⲏⲛⲉ serait incorrecte. De plus, elle ne se retrouve pas ailleurs dans le traité où on a ϩⲛ ⲧⲏⲛⲉ (p. 49,33; 65,20). Quant à la locution adverbiale ϩⲛ ⲟⲩⲙⲛⲧⲁⲧⲕⲁϭⲓⲁ, (p. 49,35-50,1) nous la rendons par «sans déficience» à la lumière de l'utilisation du terme ⲁⲧⲕⲁϭⲓⲁ pour qualifier les gnostiques par opposition à l'Hebdomade (p. 60,9; 62,33; 63,3.10.16.25; 64,16.28). Le substantif ⲙⲛⲧⲁⲧⲕⲁϭⲓⲁ apparaît à deux reprises, ici, pour caractériser l'unité du Père et des gnostiques et en 50,29, pour désigner la finalité de l'intervention de Sophia comme préparation du salut. Les traductions de R.A. BULLARD («*The Second*», p. 330) et M. KRAUSE («*Der zweite*», p. 109) offrent une connotation morale que ne suggèrent ni le contexte immédiat ni les autres contextes dans lesquels l'expression apparaît. Enfin, la traduction de H. G. BETHGE («*Zweiter*», 100) postule la chute d'un verbe qui n'est pas évidente.

p. 50,1-13 (La fonction du Sauveur : réunir et séparer)

Le discours[15] que l'auteur du traité prête au Sauveur constitue un abrégé de sa mission : réunir l'Église et séparer[16] les ennoias qui sont dans le monde inférieur. Ces thèmes de la réunion et de la séparation sont tirés de l'eschatologie et ils montrent bien que la mission du Sauveur inaugure les derniers temps. Le Sauveur séparera d'abord de l'élément matériel les ennoias d'origine céleste dispersées dans la création du démiurge. Le terme de sa mission, toutefois, c'est la «réunion de l'Église» (p. 50,1-2), c'est-à-dire le retour à leur origine de ces «ennoias» et, par le fait même, la restauration de l'unité pléromatique dans sa plénitude. Pour accomplir cette mission, le Plérôme doit envoyer dans la création quelqu'un qui la visite pour séparer et ramener à lui les ennoias dispersées.

Ce discours s'adresse au Plérôme qui est désigné comme l'Église (p. 50,9; 60,25; 63,36; 68,15; 69,6) ou la maison du Père (p. 50,11). Le Plérôme est surtout caractérisé par son unité et l'absence de distinction hiérarchique entre ses membres. La joie et l'unité qu'il manifeste sont caractéristiques de la réaction des élus devant le Sauveur ou la révélation (cf. par ex. EvVer, p. 16,31)[17]. Dans le GrSeth, la joie fait pendant à la réaction des archontes qui, devant le Sauveur, sont saisis d'effroi et divisés. Le motif particulier de la joie du Plérôme est que le Sauveur en est issu.

[15] Des difficultés de traduction se présentent dans ce passage. A la ligne 5, il faut traduire comme le fait R.A. Bullard («*The Second*», p. 330) ⲛⲑⲉ + le parfait I en supposant derrière un ὡς final avec l'aoriste du subjonctif. Le traducteur aura rendu l'aoriste par le parfait et traduit ὡς par ⲛⲑⲉ (cf. J.A. Gibbons, *A Commentary*, p. 155). La même erreur est répétée en 57,7 et 61,21 et on la retrouve dans l'*Asclépius copte* (p. 73,23-74,3). Dans le contexte de l'envoi en mission, c'est d'ailleurs la seule traduction possible. Quant au ⲡⲓⲥⲱⲛⲧ ⲉⲧⲛⲧⲁϥ (p. 50,3-4), ⲉⲧⲛⲧⲁϥ renvoie évidemment au démiurge puisqu'il sera plus loin question du monde inférieur, ⲛⲓⲙⲉⲣⲟⲥ ⲉⲧⲥⲁⲡⲉⲥⲏⲧ (p. 50,6-7). Enfin, il faut traduire ⲧⲁⲩⲟ ⲛⲟⲩⲁ ⲉⲃⲟⲗ ⲛϩⲏⲧϥ (p. 50,4-5) comme le fait R.A. Bullard («*The Second*», p. 330) : «envoyons quelqu'un dans la création» et non pas «envoyons quelqu'un de sa part», comme le font H.G. Bethge («*Zweiter*», 100) et M. Krause («*Der zweite*», p. 109) dont la méprise repose sur une mauvaise compréhension du ⲉⲧⲛⲧⲁϥ.

[16] Le verbe ⲙⲟⲩϣⲧ (p. 50,3.5) est employé dans le N.T. avec le sens de «passer par, traverser, visiter» mais il rend également ἐρευνᾶν (*Rm.*, 8,27), ἀνεξερεύνητος (*Rm.*, 11,33) et διακρίνειν (I *Co.*, 11,31). Cf. M. Wilmet, *Concordance du Nouveau Testament Sahidique* II, *Les mots autochtones* 1. ⲁ-ⲱ (*CSCO*, 173, Subsidia, 11), Louvain, 1957, p. 449-450. Le contexte commande qu'on traduise le second «ⲙⲟⲩϣⲧ» (p. 50,5) sur διακρίνειν.

[17] Cf. J.É. Ménard, *L'Évangile de Vérité* (*NHS*, 2), Leiden, 1972, p. 72.

p. 50,13-20 (La déficience dans le Plérôme)

Bien que le Sauveur s'adresse au Plérôme qui, par définition, n'est entaché d'aucune déficience, il doit raviver son souvenir à propos des ennoias qui en sont sorties (p. 50,13-17). Ce récit est intéressant car il suppose une double déficience au niveau du Plérôme[18]. La première fut causée par la sortie des ennoias hors de l'Esprit immaculé (p. 50, 15). L'Esprit étant principe d'unité (cf. Intr., p. 12), la sortie des ennoias «hors de l'Esprit» est donc perçue essentiellement comme rupture de l'unité primordiale. La seconde déficience consiste en l'oubli par les éons du Plérôme de ces ennoias.

La mission du Sauveur sera donc double. Au niveau des membres du Plérôme eux-mêmes, il comblera une certaine ignorance, un oubli; il ravivera leur «souvenir», provoquant ainsi leur réunion en une Pensée unique, par opposition aux ennoias qui, elles, sont toujours dispersées dans les «régions» (p. 50,17).

Quant à sa mission terrestre, elle sera de révéler aux ennoias issues du Plérôme, aux âmes qui «gisent dans l'oubli» (p. 58,31-33), la Pensée et la Parole du Père pour les rassembler elles aussi en Église (cf. p. 50,1-7). Et cette double mission aura comme objectif final la restauration de l'unité plérômatique dans sa plénitude (p. 67,12-68,24).

p. 50,20-24 (L'envoi en mission)

Le thème de l'envoi en mission du Sauveur par le Plérôme est largement répandu dans la littérature gnostique et dans la Bibliothèque de Nag Hammadi[19]. Il est particulièrement développé dans le TracTri (p. 86,15-38) où, comme ici, on insiste sur l'unité du Plérôme, sur l'ordre de mission délivré au Sauveur et sur son émanation hors du Plérôme sans que l'unité de celui-ci ne soit rompue. Ces trois caractéristiques opposent l'action salvifique du Sauveur à celle de Sophia qui n'a rien demandé, est sortie sans ordre de mission et a brisé l'unité du

[18] Le GrSeth ne fait qu'une brève allusion à cet aspect de la mission du Sauveur. La restauration du Plérôme est une idée qui apparaît entre autres dans l'EvVer, p. 24, 10-25,4 (cf. J.É. Ménard, *L'Évangile de Vérité* [*NHS*, 2], Leiden, 1972, p. 50-53 et H. Jonas, *The Gnostic Religion*, 2e édition, Boston, 1963, p. 184-185). On retrouve aussi cette idée en ApocrJn II, p. 25,2-16.

[19] Ici cependant, bien que cela ne soit pas clairement dit, il semble que le Sauveur soit la Pensée unique du Plérôme. Il est intéressant de rapprocher ce passage de PiPhil, p. 136,16-20 où le Sauveur s'identifie au Plérôme : «Du Plérôme. C'est moi. Et j'ai été envoyé dans le corps pour la semence qui est tombée et je suis descendu dans leur ouvrage de mort» (cf. J.É. Ménard, *La Lettre de Pierre à Philippe* [*BCNH*, 1], Québec, 1977, p. 20-21 et Comm. p. 43. Cf. GrSeth, p. 59.9-19 et comm. *ad loc.*).

Plérôme (p. 50,30-33). Le Sauveur constitue donc aux temps eschatologiques la figure inversée de la Sophia des temps protogoniques.

Au terme de cette section, le Sauveur déclare : «... je sortis pour révéler la Gloire à mes semblables ...» (p. 50,22-23), formule qui n'est pas sans rappeler *Jn*, 17,22 : «... et moi, je leur ai donné la gloire que tu m'as donnée ...». Ce rapprochement avec *Jn*,17 est d'autant plus significatif que, comme cette section du GrSeth, *Jn*,17 aborde les thèmes de l'envoi en mission du Sauveur (*Jn*,17,3-4), de son origine céleste (*Jn*, 17,7), de la joie qui suit la révélation (*Jn*, 17,13), de l'unité qui prévaut entre le Sauveur et celui qui l'a envoyé (*Jn*, 17,21) et finalement, de la gloire que le Christ a donnée aux siens (*Jn*, 17,22.24). Enfin, l'inspiration johannique de ce passage est d'autant plus probable que le prologue du traité se clôt sur une paraphrase de *Jn*, 17,21-23.

II. ORIGINE ET MODE DE L'INCARNATION DU SAUVEUR ET DES SAUVÉS (p. 50,24-54,14)

Cette deuxième partie du traité développe le thème de l'incarnation : incarnation du Sauveur lui-même (p. 51,20-54,14) et préparation des sauvés à recevoir le salut, préparation dirigée par Sophia et qui consiste pour eux à entrer dans un corps (p. 50,24-51,20). L'entrée dans une «maison corporelle» (p. 51,6-7) des sauvés (p. 51,10-11) et du Sauveur (p. 51,21-24) marque donc une première étape dans la réalisation du salut.

1. *Origine et mode de l'incarnation des sauvés* (p. 50,24-51,20)

L'envoi en mission du Sauveur a été justifié à la p. 50,13-17, par une allusion aux «ennoias qui sont sorties de l'Esprit immaculé». Bien que cet épisode ne soit pas autrement développé, il situe bien dans le Plérôme l'origine des *salvandi*. Ici, l'auteur aborde à nouveau le thème des *salvandi* mais sous l'angle de la préparation dont ils ont été l'objet de la part de Sophia en vue de recevoir la «Parole salvifique». Pour ce faire, il utilise le thème de la «sortie» de Sophia, motif théogonique qu'il réinterprète dans une perspective sotériologique (cf. Intr., p. 16-17).

p. 50,25-29 (Le rôle préparatoire de Sophia)

Le rôle de Sophia est de préparer la venue du salut, c'est-à-dire «l'élimination de la déficience»[20]. Le rôle qu'elle joue dans le traité est donc positif comme le suggère d'ailleurs le titre de sœur (p. 50,27) que lui donne le Sauveur.

p. 50,30-51,10 (La sortie de Sophia)

La sortie de Sophia (p. 50,34) rappelle celle des ennoias (cf. p. 50, 13-17) en tant qu'elle est rupture de l'unité plérômatique et figure inversée de celle du Sauveur. Contrairement à lui, en effet, elle n'a pas été envoyée et n'a rien demandé (p. 50,30-32). Ce double rapprochement permet de dresser un tableau de la représentation que se fait l'auteur du traité de la réalisation du salut. D'une part, le rôle du Sauveur est tenu à la fois par le Christ envoyé par le Plérôme et, comme nous le verrons plus loin, par les éons du Plérôme eux-mêmes (cf. p. 59,9-19 et comm. *ad loc.*). D'autre part, le rôle des *salvandi* est tenu à la fois par Sophia et par les ennoias. Ainsi, l'«histoire» du Christ et de Sophia est le type de la réunion en chaque gnostique, des ennoias avec les éons.

Christ	=	Éons
↓		↓
Sophia		ennoias

Ce rôle de Sophia comme type du *salvandus* est cependant laissé dans l'ombre par notre auteur au profit d'une autre interprétation (cf. Intr., p. 16-17) que nous pouvons éclairer en comparant notre texte (p. 50,34-51,10) à celui de l'ApocrJn.

> «De même, la Mère aussi envoya en bas son Esprit qui est à sa ressemblance et à l'image de ceux qui sont dans le Plérôme, afin de préparer un lieu d'habitation pour l(es) éon(s) qui étai(en)t descendu(s). Et il (leur) donna à boire une eau d'oubli de la part du Protarchonte afin qu'ils ne se souviennent pas de leur origine. Et c'est ainsi que la Semence demeura pour un temps dans la servitude de sorte que, lorsque

[20] ⲉⲧⲃⲉ ϯⲙⲛⲧⲁⲧⲕⲁϭⲓⲁ (p. 50,28-29). Étant donné le contexte dans lequel apparaît la locution adverbiale ϩⲛ ⲟⲩⲙⲛⲧⲁⲧⲕⲁϭⲓⲁ en 50,1 (cf. comm. *ad loc.* et note de trad.) et compte tenu du rôle positif que joue *Sophia* dans le traité, il est peu probable que l'expression ⲉⲧⲃⲉ ϯⲙⲛⲧⲁⲧⲕⲁϭⲓⲁ soit une explication de ⲧⲏ ⲉⲧⲉ ⲛⲟⲩⲡⲣ⟨ⲩ⟩ⲛⲓⲕⲟⲥ ⲡⲉ (p. 50,27-28) qui apparaît comme une glose introduite pour rappeler ce titre donné à *Sophia* dans d'autres textes. Nous proposons donc de voir dans ⲉⲧⲃⲉ ϯⲙⲛⲧⲁⲧⲕⲁϭⲓⲁ le complément du verbe ⲥⲟⲃⲧⲉ (p. 50,24-25). Sophia prépare ceux qui sont dans le monde «en vue de l'élimination de la déficience» tout comme on lit à la p. 50,12-15, qu'ils sont préparés par elle à recevoir la Parole.

l'Esprit descendra de la part des éons saints, il la redresse et la guérisse de sa déficience afin que le Plérôme entier devienne saint et sans déficience». (ApocrJn II, p. 25,2-16)[21]

Ce passage de l'ApocrJn suit la mention de l'engendrement de Seth, l'ancêtre de la race élue, par Adam et l'Ève spirituelle (ApocrJn II, p. 24,34-25,2). La Mère envoie alors son Esprit préparer des lieux de séjour pour l'éon (ou les éons) qui était descendu. Si on se fie au passage parallèle de l'HypArch, cet Esprit remplit la même fonction que Noréa qu'Ève engendre «comme Aide pour les générations de la race des Hommes...» (HypArch, p. 91,34-92,4), c'est-à-dire la race des séthiens[22]. Dans le schéma développé par l'HypArch, le déluge provoqué par Ialdabaoth et ses fils (HypArch, p. 92,4-18) inaugure un temps de servitude correspondant à la période historique de la religion juive. Pour le milieu doctrinal qui a produit ces textes, c'est donc l'alliance noachique et non l'alliance conclue avec Abraham qui marque la fondation de la religion juive[23]. C'est à la lumière de cette doctrine attestée par l'HypArch qu'il faut comprendre le passage de l'ApocrJn que nous citons. L'eau d'oubli qui est donnée à boire aux hommes (ApocrJn II, p. 25,7-9) fait sans doute allusion au déluge. Après ce déluge, la «semence» (= les séthiens) demeurera dans la servitude (= culte de l'Ancien Testament), jusqu'à la venue du Sauveur (ApocrJn II, p. 25,9-16).

De la même façon que dans l'ApocrJn ou l'HypArch, Sophia joue dans le GrSeth un rôle de préparation par rapport à la réalisation du salut. Elle prépare en effet des demeures[24] pour le *Fils de la Lumière*, représentation collective des éons-sauveurs qui sortiront du Plérôme pour venir habiter dans des corps (cf. p. 60,13-25 et comm. *ad loc.*). Pour préparer ces demeures, Sophia a recours aux archontes (p. 51,3-7) mais ils ruinent son œuvre (p. 51,8-10), allusion probable au déluge. Néanmoins, ceux qui sont dans le monde habitent ces maisons et sont dorénavant prêts à recevoir le salut (p. 51,10-20)[25]. En d'autres termes,

[21] Nous proposons ici notre propre traduction de ce passage.

[22] Cf. B. Barc, *L'Hypostase des Archontes*, p. 109-110.

[23] Id., *ibid.*, p. 110-113.

[24] ⲙⲟⲛⲁⲥ (p. 51,1) rend ici l'accusatif pluriel du grec μονή.

[25] La succession de verbes à la 3ᵉ pers. du plur. sans sujet défini autre que les «compagnons de travail» (p. 51,3-4) ne doit pas induire en erreur. Ceux-ci sont des archontes qui construisent des demeures *corporelles* et ils ne sauraient être assimilés à ceux qui sont «prêts à recevoir la Parole» (p. 51,13-14). Le sujet de ⲛⲧⲁⲩϣⲱⲡⲉ, de ⲉⲩⲥⲟⲃⲧⲉ (p. 51,11) et de ϣⲁⲩϣⲱⲡⲉ (p. 51,13) et des verbes qui suivent, est «ceux qui sont dans le monde» (p. 50,25). Quant au ⲛⲧⲟⲟⲧⲟⲩ (p. 51,7), il peut signi-

les ennoias dispersées dans la création de Ialdabaoth (p. 50,1-7) habitent désormais dans des corps et sont prêtes à recevoir les éons-sauveurs qui viendront y habiter (p. 60,13-25). Toutefois, au plan historique, cette «incarnation», préparatoire à la réalisation du salut correspond dans l'ApocrJn au séjour des élus dans la religion juive jusqu'à la manifestation du Sauveur.

p. 51,10-20 (Les sauvés sont prêts à recevoir la Parole)

L'auteur reprend en conclusion le thème de la préparation au salut qu'il avait développé au début de cette section du traité (p. 50,25-29), mais ici le salut consiste à recevoir la Parole salvifique, c'est-à-dire le Sauveur-révélateur lui-même. Cette parole a son origine dans l'unité plérômatique désignée comme l'Église de ceux qui voient le Sauveur et qui sont en lui (p. 51,17-20)[26].

Ce thème de la vision céleste et son opposé, l'aveuglement des archontes et de leurs créatures est fondamental dans le traité bien qu'il n'y soit pas développé comme tel. L'opposition vision-aveuglement sous-tend tout le discours christologique du traité. Les archontes et leurs créatures sont dupes des apparences alors que les gnostiques eux, reconnaissent le véritable Sauveur et ne se laissent pas prendre au jeu des apparences.

2. *Origine et mode de l'incarnation du sauveur* (p. 51,20-54,14)

Cette section est déroutante. Notre auteur y accumule les références mythologiques (cf. Intr., p. 13-14) et de prime abord, on serait porté à croire que c'est dans ce registre qu'il faut lire le texte. En fait, à la lumière de l'anthropogonie, l'auteur nous livre le sens véritable des récits de la vie de Jésus. Le thème qui sous-tend ce rapprochement

fier «de leurs mains» (CRUM, 427b) et alors il renvoie aux archontes. Nous croyons cependant qu'il introduit un complément indirect (CRUM, 428a) et il désigne ceux pour qui les maisons sont construites, c'est-à-dire les sauvés.

[26] **ϭⲱϣⲧ ⲉⲃⲟⲗ** à la l. 18 ne doit pas être traduit à partir de διακαρτερεῖν (CRUM, 838a) comme le font R.A. BULLARD («*The Second*», p. 330) et H.G. BETHGE («*Zweiter*», 100) mais à partir de ὁρᾶν ou βλέπειν (CRUM, 837a-838a) comme le fait M. KRAUSE («*Der zweite*», p. 111). L'assemblée céleste est composée de ceux qui voient par opposition aux adversaires qui sont aveugles. La vision comme caractéristique du monde céleste est fréquente dans les textes de Nag Hammadi : PrôTri, p. 38,27; OgdEnn, p. 57,6 et particulièrement 3StSeth où la vision tient une large place. Enfin, dans l'AuthLog, p. 22,21, l'âme en tant qu'entité céleste, «contemple (**ϭⲁϣⲧ**) les mondes dans le Logos invisible» (J.É. MÉNARD, *L'Authentikos Logos*, p. 9).

est celui de l'opposition entre l'Homme céleste et l'homme, sa réplique charnelle.

Voici comment fonctionne cette opposition dans le mythe anthropogonique de *L'Écrit sans Titre* que nous pouvons prendre comme témoin. L'Archonte, apprenant qu'il y a un «Homme immortel de lumière qui existe avant lui» est troublé à cause de la prétention d'être le seul dieu qu'il avait affichée devant les archontes (Ecr sT, p. 107,25-31)[27]. Il craint que ceux-ci ne le condamnent et dans son audace, il défie cet Homme de se manifester (Ecr sT, p. 107,31-108,5). Aussitôt, l'Homme apparaît, l'Archonte est d'abord seul à le voir avec sa Pronoia et ils sont troublés (Ecr sT, p. 108,5-14). Mais avant que l'Homme ne disparaisse, les archontes l'aperçoivent et se moquent de l'Archonte qui avait prétendu être le seul dieu (Ecr sT, p. 112,25-31). A la suite de quoi l'Archonte suggère aux archontes de créer l'homme charnel à partir de la terre selon l'image de leur corps et la ressemblance de l'Homme pour que celui-ci s'éprenne de ce modelage et qu'il les serve (Ecr sT, p. 112,31-113, 5). Et le texte précise que tout cela arriva conformément à la prescience de Pistis pour la condamnation des archontes (Ecr sT, p. 113,6-10). C'est donc pour préserver sa propre souveraineté sur le monde et sur les siens que l'Archonte leur suggère de créer l'homme charnel.

C'est à partir de cette opposition entre l'Homme céleste et l'homme charnel que notre auteur va se livrer à un véritable travail d'exégèse en interprétant certains épisodes néo-testamentaires à la lumière du mythe de création. Il assimile d'abord l'incarnation de Jésus, sa vie publique et les réactions qu'il provoque parmi les Juifs à l'apparition de l'Homme céleste dans le monde inférieur (p. 51,20-52,29). Puis il compare le complot des prêtres et des pharisiens au conseil des archontes et leur présentation d'un sauveur charnel aux Juifs à la création de l'homme charnel (p. 52,30-54,14). Ainsi, notre auteur entend, dans un premier temps, établir la véracité de sa propre christologie et, dans un second temps, démontrer la fausseté de celle de ses adversaires.

Parmi les motifs développés dans cette partie du traité, on distingue des allusions *à la vie de Jésus*:

p. 52,1-10 : Vie publique de Jésus.
p. 52,14-16 : Quelques-uns sont convaincus.
p. 52,17-29 : Division des Juifs à son sujet : les uns fuient, les autres s'acharnent contre lui.

[27] Cf. M. TARDIEU, *Trois mythes gnostiques, Adam, Éros et les animaux d'Égypte dans un écrit de Nag Hammadi* (II,5) (*Études Augustiniennes*), Paris, 1974, p. 309-316.

p. 52,30-36 : Complot et procès contre Jésus.
p. 53,12-19 : Jésus est montré aux Juifs.
p. 53,20-27 : Mort apparente de Jésus et raison de cette mort.
p. 53,32-34 : (Rire du Sauveur.)
p. 53,24-54,14 : Moqueries des Juifs et des soldats,

à un mythe anthropogonique :

p. 51,24-52,1 : Apparition de l'Image de l'homme et trouble chez les archontes.
p. 52,10-14 : Trouble chez les archontes.
p. 52,13-14 : Conseil des archontes.
p. 53,5-12 : Création de l'homme charnel.
p. 53,27-31 : L'Archonte se proclame Dieu,

et enfin, à un *mythe théogonique* :

p. 52,20-24 : La division entre Adonaios et Ialdabaoth.
p. 53,12-54,14 : La rébellion des anges.

Véritable mode de l'incarnation du Sauveur (p. 51,20-52,29)

Dans cette première section, notre auteur expose sa christologie en assimilant l'incarnation du Christ, sa vie publique et les réactions qu'il provoque parmi les Juifs au premier acte du récit anthropogonique, soit l'apparition de l'Homme dans le monde inférieur.

p. 51,20-24 (Incarnation du Sauveur)

Le Sauveur céleste, investi d'une mission par le Plérôme, cherche une «maison corporelle», désignation habituelle du corps (cf. p. 51,3-10). Il s'agit là évidemment du corps de Jésus que le Christ vient habiter pour apparaître dans le monde. Il en chasse l'occupant pour y entrer, à la manière dont les évangiles racontent que Jésus chassait les démons [28]. Cet occupant était «un homme de ce monde» (cf. p. 51,34-52,1), probablement l'âme, la «ψυχή» de Jésus que chasse le Christ pour habiter son corps. Le texte ne nous dit pas à quel moment intervient cet événement dans la vie de Jésus [29], pas plus qu'il ne précise à quel

[28] Le verbe employé ici, ⲛⲟⲩϫⲉ ⲉⲃⲟⲗ traduit ἐκβάλλειν, qui exprime l'action de Jésus chassant les démons (cf. M. Wilmet, *Concordance du Nouveau Testament sahidique* II, 1 (*CSCO*, 173, Subsidia, 11) Louvain, 1957, p. 585-588).

[29] On peut supposer que c'est au baptême, comme le soutiennent par exemple Marcos (cf. Irénée, *Adv. Haer.*, I,15,3) ou Cérinthe (Id., *ibid.*, 26,1).

moment le Christ se retire de ce corps. La seule chose qui soit claire, c'est que le Christ se manifeste aux hommes dans ce corps (cf. p. 51, 31-52,10 et comm. *ad loc.*) et qu'il n'y est plus au moment de la crucifixion.

Une telle formulation de l'incarnation ne serait pas docète en soi. Elle établit seulement une dichotomie radicale entre le Christ, d'origine céleste, et le corps qu'il revêt pour accomplir sa mission salvifique. Toutefois, la suite du texte jusqu'à la p. 52,10 ne laisse aucun doute : les termes ⲛⲁⲩ (voir), ⲉⲓⲛⲉ (apparence, ressembler), εἰκών (image) et ⲟⲩⲱⲛϩ (apparaître) sont clairs. Le Sauveur se manifeste sous une apparence et cette apparence est trompeuse, masque la réalité autant qu'elle la dévoile (cf. p. 52,1-10 et comm. *ad loc.*). Ce sont bien là les caractéristiques du docétisme, du moins si nous faisons nôtre la définition qu'en donne U. Bianchi[30].

p. 51,24-30 (Trouble des archontes à l'apparition de l'image de l'Homme)

Le motif du trouble[31] des archontes et des puissances nées de la terre[32] à l'apparition de l'image de l'Homme nous transporte au niveau de l'anthropogonie. La raison de l'introduction de ce motif ici est claire : l'incarnation du Sauveur est en quelque sorte la répétition de l'apparition de l'Homme au temps des origines. Il est lui-même cet Homme céleste. Il apparaît dans une image (εἰκών, p. 51,30), mode normal de l'intervention céleste dans la matière. C'est le caractère composite de cette image, pas tout à fait terrestre ni tout à fait céleste, qui trouble les archontes[33].

[30] Cf. Introduction, note 38.

[31] Le trouble (ϣⲧⲟⲣⲧⲣ) est caractéristique de la rédaction du monde inférieur lors de l'apparition d'une entité céleste (ApocrJn II, p. 14,24-30 et aussi PrôTri, p. 42,17-44,29, cf. Y. Janssens, *La Prôtennoia Trimorphe*, Commentaire, p. 74).

[32] ⲛⲓϭⲁⲙ ⲛϫⲡⲟ ⲙⲡⲕⲁϩ (p. 51,28-29). En *Lev.*, 11,29, ϫⲡⲟ ⲙⲡⲕⲁϩ traduit χερσαῖος (Crum, 779), ce qui n'est évidemment pas le sens ici. Cependant, en EvEgypt IV, p. 71,15 on trouve l'expression ⲛϫⲡⲟ ⲛϣⲁϫⲉ qui correspond en EvEgypt III, p. 60,6 à l'adjectif ⲛⲗⲟⲅⲟⲅⲉⲛⲏⲥ (cf. A. Böhlig et F. Wisse, *The Gospel of the Egyptians* [*NHS*, 4], Leiden, 1975, p. 130-131). L'expression ⲛϫⲡⲟ ⲙⲡⲕⲁϩ rend donc probablement l'adjectif γηγενής comme en EvEgypt IV, p. 71,1 : ⲛⲓ ⲉⲱⲛ ⲛϫⲡⲟ ⲛⲕⲁϩ (cf. Id., *ibid.*, p. 129).

[33] L'expression «ⲡⲓⲉⲓⲛⲉ ⲛⲧⲉ ϯϩⲓⲕⲱⲛ ⲉⲥⲙⲟϫϭ» (p. 51,30-31) est particulièrement intéressante car elle déplace légèrement le sens qu'on donne généralement à l'εἰκών. Dans de nombreux contextes en effet, on retient de l'εἰκών plutôt son caractère céleste et c'est en tant que telle qu'elle provoque le trouble dans le monde inférieur. À propos de l'εἰκών, image céleste dans le valentinisme, cf. F.M.M. Sagnard, *La gnose valentinienne*, Index, p. 638-639). Dans d'autres contextes par contre, l'εἰκών cache tout à fait la nature céleste de celui qui la revêt, p. ex. en PrôTri, p. 47,13-19 : «La troisième fois,

p. 51,31-52,1 (L'apparence composite de cette image)

Le Sauveur lui-même, il est important de le noter, n'est pas cette image, contrairement à ce qu'affirme J.A. Gibbons[34]. Il habite ou il se manifeste en elle (p. 51,31-32). Elle est donc l'apparence, la demeure dans laquelle il apparaît dans le monde inférieur. Et la raison du caractère composite (ⲙⲟϫϭ, p. 51,30) de son apparence, c'est que le Christ qui est en elle, c'est-à-dire l'Homme, ne ressemble pas à celui qu'il en a chassé qui n'était qu'un «homme de ce monde» (p. 51,34-52,1). Nous voyons déjà se profiler ici l'opposition entre l'Homme céleste qu'est le Sauveur et l'homme de ce monde pour lequel on voudra bientôt le faire passer.

L'allusion au caractère composite de cette image comme origine du trouble des archontes ne relève pas de l'anthropogonie. Elle tire plutôt son origine de la présentation que Jean fait de Jésus, constant sujet d'étonnement pour les Juifs[35].

p. 52,1-10 (Vie publique de Jésus)

L'introduction de l'origine céleste de Jésus immédiatement après l'allusion à l'homme charnel rappelle le témoignage que Jean le Baptiste rend à Jésus en *Jn*, 3,31 : «Celui qui vient d'en haut est au-dessus de tout. Celui qui est de la terre est terrestre et parle de façon terrestre». C'est cette origine céleste que le Sauveur dévoile en ne refusant pas d'être un Christ (ou peut-être leur Christ?)[36]. Bien qu'il laisse ainsi transparaître son origine transcendante, le Sauveur ne manifeste cependant pas sa nature profonde, l'Amour (ἀγάπη, p. 52,6), qui est également la nature de la véritable Église (cf. p. 60,8; 62,26; 67,17). Il

je me suis manifesté à eux dans leurs tentes, étant Logos. Je me suis manifesté sous l'aspect de leur image (ⲡⲓⲉⲓⲛⲉ ⲛⲧⲟⲩϩⲓⲕⲱⲛ) et j'ai porté le vêtement de chacun d'eux et je me suis caché moi-même en eux. Et [ils] n'ont pas connu celui qui me donne puissance.» (cf. Y. Janssens, *La Prôtennoia Trimorphe*, p. 43). Ici, c'est son caractère «composite» (ⲙⲟϫϭ), à la fois céleste et terrestre, qui provoque le trouble.

[34] Cf. J.A. Gibbons, *A Commentary*, p. 170.

[35] Cf. p. ex. *Jn*, 6,42 : «Et ils ajoutaient : «N'est-ce pas Jésus, le fils de Joseph? Ne connaissons-nous pas son père et sa mère? Comment peut-il déclarer maintenant : Je suis descendu du ciel?»

[36] La proposition ⲙⲡⲓⲣ ⲁⲣⲛⲉⲥⲑⲁⲓ ⲙⲉⲛ ⲛⲁⲩ ⲁⲩⲱ ⲉⲧⲣⲁϣⲱⲡⲉ ... paraît difficile à traduire. En fait, ἀρνέομαι se construit normalement avec l'infinitif (Liddell - Scott, 244b). Quant au ⲁⲩⲱ, il s'agit d'un καί adverbial mal traduit (cf. J.A. Gibbons, *A Commentary*, p. 173). Enfin, l'opposition μέν-δέ laisse clairement entendre qu'en se manifestant comme Christ le Sauveur ne révèle pas pour autant sa véritable nature.

se manifeste seulement comme un «étranger» (ϣⲙⲙⲟ, p. 52,9), c'est-à-dire quelqu'un qui n'est pas de ce monde (cf. par ex. *Jn*,18,36) et dont on ignore l'origine (cf. *Jn*,9,29).

p. 52,10-14 (Conseil des archontes)

À nouveau, notre auteur revient à l'anthropogonie et au motif du trouble (ϣⲧⲟⲣⲧⲣ, p. 52,10) des archontes auquel il ajoute cependant ceux du mélange ou de la confusion (ⲧⲱϩ, p. 52,13) et de la fuite (ⲡⲱⲧ, p. 52,13). Le mélange ou la confusion sont caractéristiques des temps qui précèdent la κρίσις, le jugement (cf. par exemple AuthLog, p. 25,11-25)[37]. La fuite, quant à elle, est caractéristique des temps eschatologiques eux-mêmes (cf. par ex. *Mt.*, 24,16), mais aussi de l'attitude des disciples dans les récits de la passion et de la découverte du tombeau vide[38]. L'introduction des motifs du mélange et de la fuite juste avant celui du conseil des archontes a pour but de montrer que celui-ci, ou plutôt, dans les temps historiques, le conseil des prêtres et des pharisiens contre Jésus inaugure le début des temps eschatologiques. La passion à laquelle il aboutit en effet est le jugement et la condamnation des archontes (cf. p. 55,36-56,4 et comm. *ad loc.*).

Le rapprochement entre le conseil des archontes et celui des Juifs n'est pas artificiel dans l'optique d'une exégèse gnostique. En effet, dans un cas comme dans l'autre, il s'agit de s'emparer d'une entité céleste qui se manifeste dans le monde inférieur afin de neutraliser son pouvoir[39]. Dans l'anthropogonie gnostique en effet, la manifestation de l'image est avant tout un thème sotériologique. Il n'est donc pas surprenant que le conseil des archontes devienne le type de celui des pharisiens et des prêtres dans les récits de la passion. De plus, le «conseil des archontes» servira à introduire le motif de la division entre Adonaios et Ialdabaoth qui deviendra ainsi le type de la division des Juifs devant le Sauveur (cf. *Jn*, 7,40-44; 9,13-16; 10,19-21).

p. 52,14-29 (Trois réactions devant Jésus)

Cette section expose les trois types de réaction que suscite le passage du Sauveur parmi les Juifs. «Quelques-uns» seulement, étaient convaincus à la vue des miracles qu'il accomplissait (p. 52,14-16). On pense tout de suite ici à *Jn*, 2,23 : «Tandis que Jésus séjournait à Jérusalem,

[37] Cf. J.É. Ménard, *L'Authentikos Logos*, p. 15.
[38] Cf. M. Wilmet, *Concordance* II, 2, p. 638-641.
[39] Cf. ApocrJn II, p. 15,1-5; HypArch, p. 87,23-26; Ecr sT, p. 112,25-113,6.

durant la fête de la Pâque, beaucoup crurent en son nom à la vue des signes qu'il opérait.» (cf. aussi par ex. *Jn*, 8,30; 17,45). Contrairement à Jean qui emploie toujours le terme «πολλοί» (beaucoup) dans ces passages, notre auteur ne parle que de quelques-uns (ϩⲟⲉⲓⲛⲉ). Ce sont sans doute ceux qu'il considérait comme ses ancêtres dans la foi et, à ses yeux, leur conviction signifiait probablement qu'ils avaient reconnu la nature céleste du Sauveur. Deux autres réactions sont provoquées par la manifestation du Sauveur dans le monde : un premier groupe prend la fuite devant lui (p. 52,17-19), alors qu'un second fait tomber sur lui «toute espèce de châtiment» (p. 52,25-29). Dans les récits évangéliques, la fuite est caractéristique des apôtres et des disciples lors de l'arrestation de Jésus (*Mt.*, 26,47-56; *Mc*, 14,50-52). De même, les femmes prennent la fuite à la découverte du tombeau vide (*Mc*, 16,8). Notons que cette fuite est susceptible de deux interprétations différentes, positive ou négative, selon qu'elle est perçue comme un rejet de l'enveloppe charnelle dans laquelle le Sauveur s'est manifesté, ou comme une fuite devant le Sauveur véritable. Nous y reviendrons. Quant à l'acharnement contre le Sauveur, il est propre aux pharisiens et aux prêtres, ou encore à ceux que Jean désigne globalement comme les «Juifs» et qui complotent contre Jésus et veulent le faire mourir[40].

En bref, le texte nous met en présence de trois groupes caractérisés par trois attitudes différentes devant la manifestation du Sauveur : un premier groupe, peu nombreux, est caractérisé par la conviction, un deuxième, par la fuite, un troisième, par l'agression. Si nous nous référons aux récits évangéliques, le premier groupe est anonyme, le deuxième peut être identifié aux apôtres et aux disciples, et le troisième, aux «Juifs». On doit sans doute rattacher cette division des hommes devant la manifestation du Sauveur à la doctrine des trois races[41], les pneumatiques étant figurés par ceux qui sont convaincus, les psychiques par ceux qui fuient et les hyliques par ceux qui s'acharnent contre le Sauveur.

Le passage du Sauveur parmi les hommes a donc bien eu pour effet d'opérer la κρίσις[42], de séparer les races, ce qui est l'un des aspects de sa mission (cf. p. 50,1-7 et comm. *ad loc.*).

La doctrine de notre texte est cependant plus complexe. Il associe en effet cette division, plus précisément l'opposition entre ceux qui

[40] Cf. *Jn*, 5,15-18; 7,11.19.32.44-45; 8,20.59; 10,31-32; 11,8.45-53.57.
[41] Cf. F.M.M. Sagnard, *La gnose valentinienne*, Index, p. 635.
[42] Autre thème johannique, cf. *Jn*, 7,40-44; 10,20-21.

fuient et ceux qui s'acharnent contre le Sauveur, ou encore entre les apôtres et les disciples d'une part et les «Juifs» d'autre part, à un motif de la théogonie : l'opposition entre Adonaios et son père Ialdabaoth. Ceux qui s'acharnent contre le Sauveur (les «Juifs») sont associés au Cosmocrator et aux siens (p. 52,25-29). Quant à ceux qui fuient (les apôtres et les disciples), ils sont associés à Adonaios dont ils constituent la race (p. 52,17-25). Les comportements respectifs des deux groupes rééditent en effet dans les temps historiques le comportement de leur archonte dans les temps protogoniques. Tout comme Ialdabaoth et ses archontes cherchent à s'emparer de l'Homme dans l'anthropogonie (cf. par ex. HypArch, p. 87,24-88,3), les «Juifs» cherchent à s'emparer de la manifestation du Sauveur dans les temps historiques. De même, la fuite des apôtres et des disciples répète dans l'histoire le comportement de l'archonte Adonaios dont la «conversion» dans la théogonie est ici exprimée comme une fuite «loin du Trône (Ialdabaoth) vers Sophia, l'Espérance» qui avait été la source d'une première révélation céleste (p. 52,19-24). Cependant, la fuite des apôtres et des disciples répète celle d'Adonaios en l'inversant. En effet, celui-ci s'était éloignée d'une entité inférieure (Ialdabaoth) pour se rapprocher d'une entité céleste (Sophia), alors que notre texte affirme que les apôtres et les disciples, par leur fuite, se sont associés à la race inférieure[43] (la race de Ialdabaoth). Le texte fournit donc la réponse au problème que nous soulevions plus haut. Contrairement à la fuite d'Adonaios, celle des apôtres et des disciples a une valeur négative puisqu'elle les assimile à la race inférieure. Cette fuite constitue donc de leur part un refus du Sauveur en tant qu'entité céleste manifestée dans le monde.

Cet aspect de la doctrine du GrSeth revêt une grande importance dans le contexte de la polémique qu'il entretient. En effet, disqualifiant en termes voilés les apôtres et les disciples, c'est bien sûr ceux

[43] Ce passage (p. 52,17-22) que J.A. Gibbons (*A Commentary*, p. 175-176, cf. aussi F.F. Fallon, *The Enthronement of Sabaoth* [*NHS*, 10], Leiden, 1978, p. 122-123) corrige en supposant une erreur du traducteur copte doit pourtant être traduit tel quel. Bien que la construction ⲉⲓ ⲙⲛ- ne soit pas rapportée par Crum, il faut la comprendre ici comme la traduction de συνάγω ou de συνέρχομαι, bien attestée dans le N.T. copte (cf. M. Wilmet, *Concordance du NT sahidique* II. *Les mots autochtones*, 1 [*CSCO*, 173], Louvain, 1957, p. 153-172). Dans la littérature patristique, συνάγω (Lampe, 1295a, b) et συνέρχομαι (Lampe, 1324b) rendent habituellement l'idée de rassemblement, et plus particulièrement du rassemblement des chrétiens. Par ailleurs, le Trône (p. 52,20) peut désigner soit Adonaios-Sabaoth (Adonaios = Sabaoth : EvEgypt III, p. 58,14-16) p.ex. dans l'Ecr sT, p. 103,30-104,13, soit Ialdabaoth p.ex. dans l'ApocrJn II, p. 10,14-20. Ici, il représente Ialdabaoth.

qui se réclament de leur succession, i.e. la hiérarchie, qu'il atteint et qu'il associe ici aux hyliques.

Fausse interprétation de l'incarnation du Sauveur (p. 52,30-54,14)

Dans la première section de ce développement (p. 51,20-52,30) étaient décrits l'apparition du vrai Sauveur (p. 51,20-52,10) et les trois types de réaction qu'elle suscita parmi les Juifs (p. 52,10-30) ; dans la seconde section, l'auteur démontre que l'origine de la croyance en un sauveur charnel est à mettre au compte du troisième groupe, formé de ceux qui s'acharnèrent contre Jésus, c'est-à-dire les représentants de la Loi et du culte juifs.

Il appuiera sa démonstration sur une exégèse allégorique de *Jn*, 19,1-16 et de *Jn*, 11,45-53. Davantage encore que dans la section précédente, l'auteur y mettra en lumière l'opposition entre l'Homme céleste qu'est le Sauveur et l'homme terrestre que les prêtres et les pharisiens vont lui substituer.

p. 52,30-53,5 (Le complot et le faux témoignage contre Jésus)

Ceux qui «se hâtaient d'appliquer leur esprit à ce qu'ils décideraient» au sujet du Sauveur (p. 52,30-33), sont évidemment les prêtres et les pharisiens qui complotent pour faire mourir Jésus. La raison de ce complot est donnée en *Jn*,11,45-53. Ils craignent que les Romains ne prennent ombrage de la popularité de Jésus et qu'ils ne détruisent le culte de leur dieu (cf. p. 53,20-27 et comm. *ad loc.*), dont ils croient qu'il est «toute la Grandeur» (p. 52,33-34)[44].

De ce fait, ils prononcent un «faux témoignage» contre l'Homme et contre la Grandeur de l'Église (p. 52,34-53,1). Le faux témoignage porté contre l'Homme est certainement une allusion à celui apporté au Sanhédrin contre Jésus selon lequel il pouvait détruire le Temple et, en trois jours, le reconstruire (*Mt.*, 26,59-61). Jean donne l'interprétation de cette phrase : «Mais lui parlait du Temple de son corps.» (*Jn*,2,19-22). La fausseté de ce témoignage, dans l'exégèse de notre auteur, réside donc dans l'affirmation du caractère corporel de la résurrection de Jésus,

[44] J.A. GIBBONS souligne qu'à la p. 52,33-34 ⲉⲩⲙⲉⲉⲩⲉ ϫⲉ ϯⲙⲛⲧⲛⲟϭ ⲧⲏⲣⲥ ⲧⲉ pourrait s'appliquer à Sophia (cf. HypArch, p. 87,1-23; IRÉNÉE, *Adv. Haer.*, I,30,5). Nous croyons cependant comme lui, qu'il s'agit plutôt de l'Archonte dont les archontes pensent qu'il est toute la Grandeur. Compte tenu de l'importance de Ialdabaoth dans le traité et dans cet épisode en particulier, cette interprétation nous semble la meilleure (cf. J.A. GIBBONS, *A Commentary*, p. 181-182).

ce qui équivaut à affirmer que le Sauveur soit un homme charnel et à nier qu'il soit l'Homme céleste. Et notre auteur de conclure ce passage en remarquant que ces gens ne pouvaient pas connaître la Grandeur qui est le Père de la Vérité, l'Homme de la Grandeur (p. 53,2-5), ce qui est normal puisqu'ils croyaient que l'Archonte (= le Dieu de l'A.T.) était le seul Dieu.

p. 53,5-12 (Le crucifié est un homme de chair)

On retrouve ici le mythe anthropogonique. La dernière allusion qui y avait été faite portait sur le motif du conseil (p. 52,13-14). Notre auteur introduit maintenant le motif de la création de l'homme charnel, ce «vase» que les archontes ont «façonné pour la corruption d'Adam, pour revêtir ceux qui sont leurs en toute égalité» (p. 53,8-12)[45]. Pour lui, le faux témoignage porté contre le Sauveur d'après lequel il était un homme charnel constitue la répétition dans l'histoire de ce qui s'est passé aux temps protogoniques, c'est-à-dire l'usurpation du Nom de l'Homme par l'Archonte pour l'appliquer à une créature charnelle.

Cette référence à l'anthropogonie éclaire singulièrement la perception que notre auteur avait de la christologie de ses adversaires. À ses yeux, leur erreur réside dans le fait qu'ils prennent l'enveloppe charnelle revêtue par le Sauveur céleste pour se manifester dans le monde pour le Sauveur lui-même, confondant ainsi l'homme charnel et l'Homme céleste. En d'autres termes, ils prennent le contenant pour le contenu, l'extérieur pour l'intérieur et ainsi, ils méconnaissent la nature véritable du Sauveur.

[45] ⲛⲏ ⲇⲉ ⲛⲧⲁⲩϫⲓ ⲙⲡⲓⲣⲁⲛ ⲉⲧⲃⲉ ⲟⲩϫⲱϩ⟨ⲙ⟩ ⲙⲛ ⲟⲩⲙⲛⲧⲁⲧⲥⲟⲟⲩⲛ· ⲉⲧⲉ ⲟⲩⲣⲱⲕϩ ⲙⲛ ⲟⲩⲥⲕⲉⲩⲟⲥ (p. 53,3-8). Littéralement : «Mais ceux-ci ont pris le nom pour l'appliquer à une ⟨souillure⟩ et une ignorance qui est un brasier et un vase». Prise isolément, la phrase reste obscure. Le contexte cependant montre que le feu et le vase ne peuvent que se référer à l'homme charnel. L'emploi de σκεῦος pour désigner le corps est fréquent, aussi bien chez Paul ou dans les apocryphes du Nouveau Testament que dans la Bibliothèque de Nag Hammadi (EvEgypt, p. 60,6; Ecr sT, p. 163,10; EvVer, p. 26-8-15; 36,21-23 et surtout EvPhil, p. 65,5-11 où les thèmes du vase et du feu sont associés). En ApocrJn II, p. 20,35-21,13, le corps est modelé à partir du feu, de la terre et de l'eau comme un vase d'argile. Nous pourrions donc paraphraser le passage de la façon suivante : Les archontes ont pris le nom de l'Homme pour l'appliquer à un produit de souillure et d'ignorance qui est un brasier et un vase, un homme terrestre. L'usurpation du Nom par les archontes pour l'appliquer à leur créature en vue de tromper les hommes apparaît en EvPhil, p. 54,18-31 (cf. J.É. Ménard, *L'Évangile selon Philippe*, p. 52-53). Quant à la correction ϫⲱϩ⟨ⲙ⟩ (l. 6), qu'adopte également Gibbons dans sa traduction et son commentaire (*A Commentary*, p. 184), elle suppose une erreur du copiste, occasionnée par le ⲙ qui suit.

p. 53,12-54,14 (Présentation de Jésus à la foule)

Sous le couvert des archontes appartenant au Lieu de Ialdabaoth[46] qui présentent à leurs anges un homme charnel pour les détourner de l'Homme de la Vérité[47], c'est la présentation de Jésus aux Juifs par les prêtres (*Jn*, 19,1-16) qui est évoquée. Cette scène est interprétée comme une ruse de ces derniers pour détourner les Juifs du véritable Sauveur et ainsi les maintenir dans le culte de leur dieu (cf. p. 52,33-34). Ils présentent donc aux Juifs celui qu'ils recherchaient (l'Homme céleste, le Sauveur) sous sa forme humaine (l'homme charnel) afin qu'ils ne connaissent pas l'Homme de la Vérité car il leur est présenté sous la forme façonnée par les archontes (p. 53,15-19).

Et notre auteur d'expliquer : ils craignaient que les «anges» qui les entouraient ne se lèvent «contre ceux qui rendaient gloire» (p. 53,20-24)[48]. Cette explication nous reporte au texte de *Jn*, 11,47-53 :

> Les grands prêtres et les pharisiens réunirent alors un conseil et dirent : «Que faisons-nous? Cet homme opère beaucoup de signes. Si nous le laissons continuer ainsi, tous croiront en lui, les Romains interviendront et ils détruiront notre Saint Lieu et notre nation».

Ici, «les anges qui les entouraient», sont une allusion aux Romains dont les prêtres craignent les représailles éventuelles contre le Temple (ou Jérusalem) et la nation (= ceux qui rendent gloire, p. 53,24) si le

[46] Le «lieu» de Ialdabaoth représente sans doute ici le Temple de Jérusalem (cf. CRUM, 153a).

[47] R.A. BULLARD traduit ainsi les l. 12-19 : «But they, the archons, those of the place of Yaldabaoth, reveal the realm of the angels, which humanity was seeking in order that they may not know the Man of Truth. For Adam, whom they had formed appeared to them.» («*The Second*», p. 331 ; H.G. BETHGE, «*Zweiter*», 101 et M. KRAUSE, «*Der zweite*», p. 115 lisent de la même façon). J.A. GIBBONS commente ainsi : «The archons told mankind about their angelic realm in order to confuse mankind and keep them from believing in the Man of Truth» (*A Commentary*, p. 186). Cependant, il sera question dans les lignes suivantes, non pas des hommes qui ne connaissent pas l'Homme, mais des anges qui ne connaissent pas l'Homme. La traduction que nous proposons respecte davantage ce contexte : ϭωλπ = ἀποκαλύπτειν + dat (CRUM, 819a) et νϭι = «sous la forme de» (WESTENDORF, p. 137-138).

[48] Pour J.A. GIBBONS (*A Commentary*, p. 187) la proposition «Je ne suis pas mort en réalité» (ⲁⲉⲓⲙⲟⲩ ⲛϩⲣⲁⲓ ϩⲛ ⲟⲩⲧⲁϫⲣⲟ ⲁⲛ, p. 53,24-25) serait une glose qui aurait été introduite dans la phrase et en aurait fait sauter un membre. En fait, la phrase n'est pas corrompue et le texte est clair. Cependant, il ne faut pas donner à ⲁϫⲛ (p. 53,23) le sens de «sans» comme le font M. KRAUSE (GrSeth, p. 115), H.G. BETHGE qui corrige aussi le texte («*Zweiter*», 102) et R.A. BULLARD («*The Second*», p. 331). Il faut plutôt le traduire en liaison avec ⲱϩⲉ ⲛⲃⲟⲗ. Bien que la forme ⲱϩⲉ ⲛⲃⲟⲗ ⲉϫⲛ- ne soit pas attestée, W.E. Crum cite la forme ⲱϩⲉ ⲛⲃⲟⲗ ⲉ- avec le sens de ἀνθίστημι (CRUM, 537a). Le traducteur a introduit le complément avec la préposition ⲉϫⲛ- («contre», CRUM, 757b) qu'il écrit ici ⲁϫⲛ-.

peuple suit Jésus. Et le Sauveur précise que s'il est mort, en apparence évidemment, c'est afin que leur Archange ne soit pas vain (p. 53,24-27). Leur Archange, c'est Caïphe «qui était grand prêtre cette année-là» (*Jn*, 11,49) et qui avait dit :

> «Vous ne comprenez rien et vous ne réfléchissez même pas que votre avantage, c'est qu'un seul homme meure pour le peuple et que la nation ne périsse pas toute entière.» (*Jn*, 11,49-50)

Et le texte de *Jn* précise :

> «Ce n'est pas de lui-même qu'il prononça ces paroles, mais, comme il était grand prêtre en cette année-là, il fit cette prophétie qu'il fallait que Jésus meure pour la nation et non seulement pour elle mais *pour réunir dans l'unité les enfants de Dieu qui sont dispersés.*» (*Jn*, 11,51-53).

Jésus est mort (en apparence) pour que leur Archange ne soit pas vain, c'est-à-dire pour que la prophétie du grand prêtre se réalise. En effet, sans le savoir, Caïphe avait annoncé le sens véritable de la mission du Sauveur qui est de rassembler les ennoias qui sont dispersées dans les régions (cf. p. 50,1-7 et comm. *ad loc.*). L'auteur du traité reprend donc à son compte la valeur prophétique que Jean donne aux paroles de Caïphe.

Dans le contexte de la présentation de Jésus à la foule, l'allusion abrupte au blasphème de l'Archonte paraît surprenante (p. 53,30-32). Si on en juge par la façon dont notre auteur utilise ces références mythologiques, elle doit pourtant éclairer un élément du récit johannique. Cette référence ne peut s'appliquer qu'à la réponse que firent les prêtres à Pilate qui leur présentait Jésus comme le roi des Juifs : «Nous n'avons pas d'autre roi que César.» (*Jn*, 19,13-16). La reconnaissance par les prêtres de l'unique souveraineté de César, signifie pour notre auteur la reconnaissance de leur assujettissement à la matière, donc à l'Archonte. Et en tant que les prêtres sont eux-mêmes serviteurs de l'Archonte, ils se trouvent ainsi à reproduire le blasphème de leur maître. Le blasphème de l'Archonte, dans l'anthropogonie, exprime d'ailleurs son refus de reconnaître la suprématie de l'Homme, tout comme la reconnaissance de l'autorité de César par les prêtres dans le récit de Jean exprime leur refus de reconnaître la royauté du Sauveur.

En réponse à cette prétention de l'Archonte et de ses prêtres, le texte introduit le motif du rire du Sauveur qui appartient à l'exégèse docète de la passion (cf. 56,14-19 et comm. *ad loc.*) pour mettre en évidence la vanité de l'Archonte et de ses serviteurs.

La seconde intervention de l'Archonte, présentée sous forme de question : «Qui est l'homme?» (p. 53,34-54,1), est une référence directe au «*Ecce homo*» de Pilate en *Jn*, 19,5. En mettant ces deux interventions dans la bouche de l'Archonte, l'auteur nous propose de les comprendre l'une par l'autre. L'affirmation par l'Archonte de sa propre divinité va de pair avec son refus de reconnaître la nature véritable de l'Homme qu'il réduit à son enveloppe charnelle. C'est du moins le sens que la suite du texte donne à la question de l'Archonte :

> «Toute l'armée de ses anges, qui avaient vu Adam et sa maison (= son corps), se moquait de sa petitesse et ainsi, leur pensée fut détournée de la Grandeur des cieux, l'Homme de la Vérité, celui dont ils ont vu habiter le Nom dans une maison de petitesse.» (p. 54,1-10).

L'allusion à l'armée et aux moqueries pourrait bien ici nous reporter à la scène du prétoire où Jésus est tourné en dérision par les soldats (*Jn*, 19,1-4; *Mt.*, 27,27-31; *Mc*, 15,16-20; *Lc*, 23,11). Mais au-delà de cette allusion, l'auteur nous livre encore une fois son interprétation de la christologie des adversaires. C'est une usurpation du Nom d'Homme pour l'appliquer à une créature charnelle (cf. p. 53,5-12), usurpation qui a pour effet de détourner les hommes de l'Homme de la Vérité «dont ils ont vu le nom habiter dans une maison de petitesse». (p. 54,11-12).

A travers cette exégèse allégorique de *Jn*, 19, ce n'est donc pas le peuple juif ou ses prêtres que notre auteur entend démasquer, mais ceux qui prêchent un Sauveur mort sur la croix, dont il fait ainsi les héritiers directs des prêtres juifs (cf. Intr., p. 20-21). Et il conclut en dénonçant la déraison de ceux qui ont cru se moquer de l'Homme, déraison qui caractérise aussi les adversaires qui s'acharnent contre les gnostiques (cf. p. 59,25-30) et leur doctrine christologique.

SOMMAIRE
(p. 54,14-55,8)

La reprise presque textuelle des premières phrases du prologue du traité, qui intervient ici entre les deuxième et troisième parties, et le sommaire qui suit constituent un des indices les plus nets de l'utilisation par l'auteur du cadre de composition des traités scolaires de l'âme (cf. Intr., p. 8-10). Le caractère concis et allusif de ce résumé rend cependant difficile son interprétation. Toutefois, nous savons que l'auteur du traité établit fréquemment des correspondances entre les récits protogoniques et ceux de la vie de Jésus, ou encore, ceux de l'histoire du salut[49]. Nous proposons donc des éléments qui constituent ce résumé, différentes interprétations possibles selon les niveaux auxquels on les situe sans pouvoir déterminer lequel (ou lesquels) l'auteur avait à l'esprit.

p. 54,14-18. Ce passage résume la p. 49,10-25[50] et en fait ressortir le thème principal, celui de l'origine céleste du Sauveur et de son appartenance à la triade. Il nous reporte donc dans les temps primordiaux, avant la fondation du monde.

p. 54,18-22. Dans cette phrase est évoquée l'origine plérômatique du Sauveur en des termes qui rappellent la p. 50,1-24[51]. L'émission plérômatique du Sauveur, son envoi en mission, supposent une sortie antérieure des ennoias qui est passée sous silence ici mais qui avait été évoquée à la p. 50,1-24. Les deux premières phrases du résumé mettent donc en place les conditions préliminaires à la réalisation du salut, qu'on l'envisage sous l'angle de l'anthropogonie ou de la théogonie, de l'histoire de l'humanité, ou de la vie de Jésus.

p. 54,23-27 (J'ai envoyé dans le monde la petite Pensée)

Dans l'anthropogonie, cet envoi dans le monde de la petite Pensée et le trouble qui en découle pourraient faire allusion à l'envoi de la femme spirituelle à Adam et à la réaction que cet envoi provoque chez les archontes (cf. HypArch, p. 84,11-17; Ecr sT, p. 115,30-116,8; ApocrJn II, p. 23,4-26).

Dans l'histoire du salut, il pourrait faire référence à l'envoi d'une aide dans le monde inférieur, par exemple la co-ressemblance de la Mère (cf. ApocrJn II, p. 25,2-16 et GrSeth, p. 50,25-51,20) ou Noréa (cf. Hyp Arch, p. 91,34-92,4).

Dans l'histoire de Jésus, cet envoi pourrait faire allusion à l'incarnation du Sauveur dans le corps de Jésus (cf. p. 51,20-24), incarnation

[49] De la même façon dans l'HypArch, l'histoire de l'humanité et celle d'Adam se confondent (cf. B. BARC, *L'Hypostase des Archontes*, p. 45-48).

[50] Il faut noter cependant que le traducteur n'a pas conservé ⲙⲉⲅⲉⲑⲟⲥ comme à la p. 49,11, mais l'a traduit par ϯⲙⲛⲧⲛⲟϭ. Manifestement ici, les deux termes sont équivalents. Dans la suite du texte, le traducteur a accordé les pronoms sur le genre de leur antécédent grec.

[51] Comme le souligne J.A. GIBBONS (*A Commentary*, p. 193), la Pensée (ἔννοια) paraît être la mission du Sauveur qui serait ici personnalisée. Son émanation du Plérôme reflète la doctrine valentinienne,selon laquelle Jésus est le fruit du Plérôme, cf. F.M.M. SAGNARD, *La gnose valentinienne*, p. 432-433.

qui provoque le trouble chez les Juifs. Si vraiment l'auteur assimilait l'«incarnation» de Jésus à ces épisodes de l'anthropogonie ou de l'histoire du salut, nous devons admettre alors que cette incarnation ne constitue pas l'événement décisif du salut et qu'elle devra être suivie d'une autre descente du Sauveur.

p. 54,27-30 (Et Moi, je les éprouvais tous par le feu et la flamme)

Dans l'histoire du salut, cette épreuve par le feu et la flamme pourrait faire allusion à la destruction de l'arche par Oréa (cf. HypArch, p. 92, 14-17), destruction qui va avoir pour résultat la création d'une seconde arche, c'est-à-dire l'inauguration de la religion juive (cf. HypArch, p. 92,17-18) ou du culte de Sabaoth [52].

Dans l'histoire de Jésus, ceci pourrait faire allusion à la première κρίσις (séparation) que la venue du Sauveur opère dans le monde, le feu et la flamme étant les symboles de cette κρίσις aussi bien dans le N.T. (cf. par ex. *Lc*, 12,49 ou *Jn*, 15,6) que dans le GrSeth (cf. p. 68,16-24).

À la suite de la manifestation du Sauveur dans le monde, en effet, trois groupes apparaissent : ceux qui sont convaincus (les parfaits), ceux qui fuient, qui sont identifiés à la race d'Adonaios, et ceux qui s'acharnent contre le Sauveur, la race du Cosmocrator (cf. p. 52,14-29). Quant à la mention par le Sauveur de sa pensée, son ennoia, elle fait sans doute allusion aux ennoias qui sont dans le monde et que le Sauveur a reçu mission de «séparer». Son ennoia serait donc identifiée aux parfaits, à ceux qui sont convaincus à la vue des merveilles qu'il accomplit.

p. 54,30-32 (Résistance devant le Sauveur)

Dans l'histoire de Jésus, évidemment, cette mention ne peut faire allusion qu'au complot dirigé contre lui, à sa passion et à sa mort. Nous avons déjà vu à propos de l'allusion au conseil des archontes à la p. 52, 14-15, que notre auteur associait la résistance des «Juifs» devant Jésus aux tentatives faites par les archontes dans la protogonie pour se rendre maîtres d'une entité céleste (cf. p. 52,14-15 et comm. *ad loc.*).

p. 54,32-34 (Le trouble et le combat)

Dans la théogonie, ceci pourrait faire référence au combat qui intervient entre Ialdabaoth et Sabaoth après la «conversion» de ce dernier (cf. par. ex. Ecr sT, p. 104,3-17).

[52] A propos du déluge comme inauguration de la religion juive et du règne de la Loi, cf. B. Barc, *L'Hypostase des Archontes*, p. 110-113.

Dans l'histoire du salut, cet épisode pourrait être associé aux événements de 70 et de 140 qui se solderont par la ruine du Temple et la fin du culte juif inauguré lors du Déluge (cf. comm. ad 50,30-51,10). Les anges ici désignés comme les Chérubins et les Séraphins représenteraient les Juifs et les Romains comme à la p. 53,20-27 (cf. comm. *ad loc.*).

Dans l'histoire de Jésus, le combat pourrait faire allusion à l'arrestation de Jésus au Jardin des Oliviers et à l'intervention de Pierre (cf. par ex. *Jn*, 18,10-11).

p. 54,35-55,5 (Leur gloire allait être anéantie...)[53]

Dans la théogonie, l'anéantissement de «leur gloire», de «leur maison jusqu'au Cosmocrator» pourrait faire allusion à la précipitation de Ialdabaoth dans l'abîme (cf. HypArch, p. 143,10-13).

Dans l'histoire du salut, l'anéantissement de «leur gloire», de «leur maison jusqu'au Cosmocrator» et de «celui qui disait: «Emparons-nous de lui» (= le grand prêtre, cf. p. 53,20-28 et commentaire *ad loc.*) pourrait faire allusion à la destruction de Jérusalem et du Temple ainsi qu'à la fin du sacerdoce juif. De même, la fin de la «confusion qui règne dans la maison d'Adonaios» pourrait faire allusion à l'abandon des pratiques juives par les chrétiens durant la même période, la maison d'Adonaios étant, pour notre auteur, l'Église des apôtres qui, comme Adonaios, n'a qu'une connaissance partielle du Sauveur (cf. p. 52,17-25 et comm. *ad loc.*).

Dans l'histoire de Jésus, la ruine de «leur gloire» et de «leur maison jusqu'au Cosmocrator» correspond à la crucifixion qui marque la fin de la domination des archontes sur le monde (cf. p. 58,13-59,9 et comm. *ad loc.*).

p. 55,5-8 (D'autres au contraire...)

Cette dernière phrase du sommaire, en réaffirmant la division qui apparaît dans le monde inférieur conclut le résumé en nous ramenant plus immédiatement à l'histoire de Jésus.

Dans la théogonie, elle fait évidemment référence au repentir manifesté par Sabaoth lorsqu'il entendit la voix de Sophia ou Pistis (cf. par ex. Ecr sT, p. 103,32-104,3) et, *dans le récit de la vie de Jésus*, à la résistance de Pierre lors de l'arrestation de Jésus (cf. par ex. *Jn*, 18,10-11) ou

[53] Notre interprétation rend inutile, croyons-nous, l'hypothèse selon laquelle une ligne aurait sauté au début de la p. 55, rendant le texte incompréhensible (cf. J. A. GIBBONS, *A Commentary*, p. 197-198). C'est la superposition de plusieurs niveaux auxquels notre auteur peut faire appel qui rend particulièrement difficile l'interprétation de cette phrase.

peut-être aussi à la résistance que Pilate tente d'opposer au plan des Juifs (cf. par ex. *Jn*, 18,28-19,16)[54].

III. SORT DU SAUVEUR ET DES ÂMES INCARNÉES (p. 55,10-65,33)

Cette troisième partie, la plus longue du traité, expose le sort du Sauveur et des âmes incarnées dans le monde terrestre. De façon plus marquée que dans les traités hellénistiques, elle est clairement divisée en deux section; la première concerne le Sauveur (p. 55,9-59,19), la seconde, les âmes individuelles c'est-à-dire, les sauvés. Cette division, outre qu'elle n'est pas étrangère au cadre de composition[55] que l'auteur a choisi, met en relief un élément essentiel de sa doctrine: l'unité du Sauveur et des sauvés.

1. LE SORT DU SAUVEUR INCARNÉ (p. 55,9-59,9)

La seconde section de la deuxième partie du traité (p. 51,20-54,14) portait sur la manifestation du Sauveur en la personne de Jésus. Dans un premier temps, elle insistait sur le véritable mode de l'incarnation du Sauveur, son origine céleste et le caractère composite de sa manifestation dans un corps (p. 51,20-52,30). La seconde partie démontrait l'erreur de ceux qui ont pris ce corps, qui n'est qu'un vase (p. 53,8) ou une maison (p. 52,20-24), pour le Sauveur lui-même et qui ont ainsi confondu «l'extérieur» et «l'intérieur».

Dans la troisième partie du traité, l'auteur continue à dépeindre le sort du Sauveur dans l'ordre de la manifestation. Il décrit d'abord (p. 55,9-56,13) les souffrances qui lui sont infligées par ses adversaires. Dans cette première section, sa terminologie reste ambiguë et reflète

[54] La possibilité d'une référence à Pilate ici nous amène à nous interroger sur le lien que notre auteur aurait pu faire entre Rome, représentée par Pilate, et l'Église, héritière des apôtres et plus précisément de Pierre, en les associant l'une et l'autre à Adonaios. Compte tenu de la date de rédaction du traité et de la polémique qu'il mène contre une conception de l'Église qui paraît se rapprocher de la conception romaine, il n'est pas impossible qu'il ait considéré les apôtres et les représentants de Rome dans les évangiles comme formant une seule et même race.

[55] On trouve la même division ainsi que le passage du singulier au pluriel dans la troisième partie du *Poimandrès* qui expose le sort des âmes individuelles après avoir dépeint celui de l'Âme.

le caractère «composite» de ce Sauveur. Tour à tour, il affirme et nie ses souffrances, tantôt il ne meurt qu'en apparence, tantôt, c'est un autre qui souffre à sa place.

Pendant ce temps, le Sauveur véritable est toujours dans le monde céleste et se moque de ceux qui croient le saisir (p. 56,14-20). Cette «bilocation» du Sauveur ne doit pas surprendre. En étant présent à la fois dans le monde céleste et le monde inférieur, il partage une caractéristique du Noûs qui se déploie ou se répand comme une lumière sans toutefois cesser d'être un (cf. p. 66,12-22; 66,32-67,1 et comm. *ad loc.*).

Puis, le Sauveur céleste descend à travers les sphères et ramène dans la hauteur le Fils de la Grandeur, c'est-à-dire le Sauveur apparu dans la manifestation, son double (p. 56,20-57,27).

Enfin, après une digression sur la remontée de l'âme (p. 57,27-58,13), l'auteur nous présente une interprétation allégorique du récit matthéen de la passion. Le Sauveur apparu dans la manifestation ayant été ramené dans la hauteur, le récit de la crucifixion n'est plus fait à la première personne mais à la troisième. Celui qui est crucifié n'est que le corps qu'avait emprunté le Sauveur pour se manifester (p. 58,13-59,9).

La passion du Sauveur manifesté (p. 55,9-56,19)

L'auteur met tout ce passage dans la bouche du Sauveur. Il s'agit évidemment du Sauveur en tant qu'il est manifesté dans le monde et non du Sauveur en tant qu'il est céleste. Or le Sauveur manifesté dans le monde est «composite» d'aspect (cf. p. 51,30). Il est une entité céleste revêtue d'une enveloppe charnelle. Pour rendre le caractère composite de ce Sauveur, l'auteur rédige son texte sous la forme d'une série d'affirmations accompagnées, soit de leur négation, soit d'une interprétation restrictive.

p. 55,10-16 («Et Moi, j'étais dans la gueule des lions».)

Cette affirmation indique clairement que ce qui arrive au Sauveur manifesté est le fait des archontes. Dans l'HypArch, l'Archonte est assimilé à une «bête arrogante à la ressemblance du lion» (HypArch, p. 94,14-19). Le lion est par excellence l'image des persécuteurs du juste, en particulier du diable (1 *Pi.*, 5,8). Le Sauveur manifesté est donc aux prises avec les archontes ou leurs créatures qui cherchent à le faire périr.

Le plan qu'ils ont conçu est évidemment le complot raconté en *Jn*, 11,44-53, complot qui consiste, d'après l'exégèse de notre auteur, à faire périr un homme en croyant faire mourir le Sauveur. Mais ce plan se retournera contre ses auteurs. C'est «en vue de la destruction de leur erreur et de leur déraison» (p. 55,12-13) qu'ils l'ont conçu. C'est là un point capital de l'interprétation que donne notre auteur de la passion et plus particulièrement de la crucifixion : elle marque la ruine de la domination des archontes sur le monde (cf. p. 58,13-59,9 et comm. *ad loc.*). Ce que les prêtres tentent contre Jésus se retourne contre eux. «Ils ont cloué leur homme pour leur propre mort.» (p. 55, 34-35). La passion est donc interprétée conformément à la conception johannique comme un jugement, et comme le terme de la domination de l'Archonte sur le monde[56], conception que l'on retrouve également dans *Le concept de notre Grande Puissance* (GrPuis), p. 41,14-34[57]. Finalement, le Sauveur affirme qu'il n'était «nullement affligé» (p. 55, 15-16) indiquant clairement la vanité du combat que lui livrent les prêtres juifs.

p. 55,16-25 («Ils m'ont châtié ces gens-là...»)

Cette affirmation, comme la précédente, exprime l'ambiguïté du Sauveur dans la manifestation. Elle s'applique au Sauveur, non pas en réalité, mais seulement dans celui «qui est manifesté» (p. 56,18-19 et p. 53,24-25). Bien que différentes traductions soient possibles pour le texte de la p. 55,20-21[58], nous traduisons à la lumière de la p. 53,

[56] Cf. p. ex. *Jn*, 12,31-33 : «'C'est maintenant le jugement de ce monde, maintenant le prince de ce monde va être jeté dehors. Pour moi, quand j'aurai été élevé de terre, j'attirerai à moi tous les hommes'. Par ces paroles, il indiquait de quelle mort il allait mourir».

[57] Cf. F.E. Williams, F. Wisse, D.M. Parrot, «The Concept of our Great Power (VI,4)», in *The Nag Hammadi Library*, p. 286-287.

[58] La traduction de la p. 55,20-21 est problématique : ϫⲉ ⲛⲉⲩϯ ϣⲓⲡⲉ ⲛⲁⲓ ⲉⲃⲟⲗ ϩⲓⲧⲟⲟⲧⲟⲩ ϫⲉ ⲟⲩⲁ ⲉⲃⲟⲗ ⲙⲙⲟⲓ ⲛⲉ ⲛⲁⲓ». Ces deux propositions expliquent comment le Sauveur n'est pas mort réellement. La première proposition ne présente pas de difficulté. Quant à la deuxième, J.A. Gibbons (*op. cit.*, p. 205-206) avance trois hypothèses de traduction : 1) ⲟⲩⲁ = ἕτερος (Crum, 469a) et ⲉⲃⲟⲗ ⲙⲙⲟ= rend un génitif de comparaison ; 2) ⲟⲩⲁ serait une déformation de ⲟⲩⲉ «être éloigné» (Crum, 470a) qui serait ici employé comme substantif; 3) enfin, ⲟⲩⲁ ⲉⲃⲟⲗ ⲛ- indiquerait l'origine. Compte tenu du contexte, nous retenons cette dernière traduction à la suite de R.A. Bullard, «*The Second*», p. 332. À l'appui de la première traduction cependant, on peut citer PiPhil, p. 139,21-22 : «Mes frères, Jésus est étranger à cette souffrance» (ⲛⲁⲥⲛⲏⲩ ⲟⲩϣⲙⲙⲟ ⲙⲡⲉϊϫⲓ ⲙⲕⲁϩ ⲡⲉ ⲓⲥ), cf. J.É. Ménard, *La Lettre de Pierre à*

24-26 (cf. comm. *ad loc.*) où Jésus affirme qu'il est mort non pas réellement «afin que leur Archange ne soit pas vain», c'est-à-dire afin que se réalise la prophétie de Caïphe en *Jn*, 11,49-53. En effet, Jean précise au sujet de cette prophétie : «Ce n'est pas de lui-même qu'il prononça ces paroles...» (*Jn*, 11,51)[59]. Pour notre auteur, la mort du Sauveur dans la manifestation est voulue par lui, afin que se réalise la prophétie du grand prêtre.

p. 55,26-56,4 («Et Moi, j'ai souffert...»)

Le Sauveur n'a souffert que dans l'esprit de ses adversaires et à leurs yeux. Cette affirmation doit être rapprochée de l'*Apocalypse de Pierre* où Pierre est pris de crainte à la vue des prêtres et du peuple s'élançant vers lui et Jésus. Le Sauveur lui conseille donc de se boucher les yeux (?) et alors, il voit une lumière «plus forte que la lumière du jour» se poser sur le Sauveur (ApocPi, p. 72,4-29)[60]. Ce qui se passe n'arrive donc qu'aux yeux de la chair. «L'erreur et l'aveuglement» des adversaires de Jésus (p. 55,33-34; 55,36-56,2) s'applique tout aussi bien aux Juifs qui croient le faire mourir qu'aux fondateurs de la communauté adverse (p. 69,7-14), les uns et les autres confondant le Sauveur avec son enveloppe charnelle.

«Ils ont cloué leur homme pour leur propre mort.» (p. 55,34-35). Leur homme, c'est évidemment celui que les prêtres juifs ont présenté au peuple, croyant qu'il était le Sauveur véritable (cf. p. 53,12-19 et comm. *ad loc.*), alors qu'ils ne tenaient qu'une créature charnelle. Celui qu'ils ont crucifié, c'est l'enveloppe charnelle que le Sauveur a prise pour se manifester, un «substitut» (ApocPi, p. 81,21), le «fils de leur gloire» (ApocPi, p. 82,1-2), «le premier-né de la maison des démons» (ApocPi, p. 82,22-23)[61]. Finalement, le Sauveur reprend le thème du jugement comme à la p. 55,12-13 (cf. comm. *ad loc.*). En faisant cela, ils se condamnaient (p. 56,3-4).

Philippe (*BCNH*, 1), Québec, 1978, p. 26-27. A l'appui de la seconde, bien que grammaticalement moins défendable, on peut aussi citer ApocrJac, p. 5,36-6,1 : «Seigneur, ne nous parle pas de la croix et de la mort, car elles sont loin de toi.» (ⲛⲉⲉⲓ ⲅⲁⲣ ⲥⲉⲟⲩⲏⲟⲩ ⲙⲙⲁⲕ), cf. M. Malinine, H.-Ch. Puech, G. Quispel, W. Till, R. Kasser, *Epistula Jacobi Apocrypha*, Zurich, 1968, p. 10-13. Les deux premières traductions, quoique différentes, sont très proches l'une de l'autre quant au sens.

[59] Cf. à ce propos W. Bauer, *Das Johannes-Evangelium* (*HNT*, 6), Tübingen, 1933, p. 156-157.

[60] Cf. J.D. Dubois, *L'Apocalypse de Pierre*, traduction manuscrite.

[61] Id., *ibid.*

p. 56,4-13 («C'était un autre»)

Ce passage reprend différents éléments du récit de la passion qui chez Marc, *précèdent la crucifixion*. L'auteur entend démontrer, texte évangélique à l'appui, que ce n'est pas le Sauveur véritable qui a souffert mais un autre, marquant davantage encore que dans les passages précédents la distinction entre la nature véritable du Sauveur et le corps qu'il revêt dans l'ordre de la manifestation. Il ne lève cependant pas complètement l'ambiguïté de la nature de ce Sauveur manifesté dans une image «composite», passant constamment dans son récit de la première à la troisième personne. Voici les rapprochements que l'on peut établir entre le texte de Marc et le GrSeth, p. 56,4-13[62].

GrSeth	Marc
Ils m'ont vu, ils m'ont infligé un châtiment, mais c'était un autre, *leur père* (p. 56,4-6)	... *le père* d'Alexandre et de Rufus (*Mc*, 15,21)
Celui qui buvait le fiel et le vinaigre, ce n'était pas Moi. (p. 56,6-8)	Ils voulurent lui donner du vin mêlé de myrrhe, mais il n'en prit pas (*Mc*, 15,23)
Ils me flagellaient avec le roseau, ⟨c'était⟩ un autre. (p. 56,8-9)	Ils lui frappaient la tête avec un roseau. (*Mc*, 15,19)
Celui qui portait la croix sur son épaule, c'était Simon. (p. 56,10-11)	Ils réquisitionnèrent pour porter sa croix un passant ... Simon de Cyrène (*Mc*, 15,21)

[62] Tel quel, le texte de la p. 56,4-13 porte un contresens qu'il faut certainement corriger bien qu'aucun traducteur ne l'ait fait. Comment comprendre autrement qu'à travers une série d'énoncés négatifs, on affirme que le Sauveur a bien été flagellé? Nous proposons donc la restitution d'un ⲡⲉ qui aura sauté à la fin de la ligne 9 et le découpage suivant :

ⲁⲩⲛⲁⲩ ⲉⲣⲟⲓ ⲁⲩⲣ ⲕⲟⲗⲁⲍⲉ ⲙⲙⲟⲉⲓ·
ⲛⲉⲕⲉ ⲟⲩⲁ ⲡⲉ ⲡⲉⲩⲉⲓⲱⲧ·
ⲡⲏ ⲉⲛⲉϥⲥⲱ ⲙⲡⲥⲓϣⲉ ⲙⲛ ⲡⲓϩⲙⲝ
ⲛⲉⲁⲛⲟⲕ ⲁⲛ ⲡⲉ·
ⲛⲉⲩϩⲓⲟⲩⲉ ⲛⲥⲱϊ ⲙⲡⲓⲕⲁϣ·
ⲛⲉⲕⲉⲟⲩⲁ ⟨ⲡⲉ⟩
ⲡⲉⲧⲧⲱⲱⲛ ϩⲁ ⲡⲓⲥ⳨ⲟⲥ ϩⲛ ⲧⲉϥⲛⲁϩⲃ
ⲉⲧⲉ ⲥⲓⲙⲱⲛ ⲡⲉ·
ⲛⲉⲕⲉⲟⲩⲁ ⲡⲉ
ⲡⲉⲛⲧⲁⲩϯ ⲙⲡⲓⲕⲗⲟⲙ ⲉϫⲱϥ ⲛϣⲟⲛⲧⲉ·

Cette correction permet de restituer le rythme de la série où chaque énoncé est accompagné de son attribution à «un autre», sauf à la ligne 11 où, conformément à l'enseignement des synoptiques, cet autre est identifié à Simon.

C'était un autre qui portait la couronne d'épines (p. 56,12-13)	... et ils lui mettent sur la tête une couronne d'épines (*Mc*, 15,17)

Ce texte (p. 56,4-13) pourrait bien avoir fait partie d'une source écrite indépendante. Il est constitué d'une succession rapide de courtes phrases nominales, ce qui lui donne une cadence qui tranche nettement sur le style du reste du traité. Nous sommes donc d'accord avec J.A. Gibbons sur ce point[63].

L'allusion à *Mc*, 15,21 («le père d'Alexandre et de Rufus») à la p. 56,6, identifiant l'autre, qui souffre à la place du Sauveur, à «leur père», pourrait bien être une glose. Si on en retire cette mention, le texte reste complet. A l'origine, il aurait pu se lire ainsi :

> Ils m'ont vu, ils m'ont infligé un châtiment,
> c'était un autre.
> Celui qui buvait le fiel et le vinaigre,
> ce n'était pas Moi.
> Ils me flagellaient avec le roseau,
> c'était un autre.
> Celui qui portait la croix sur son épaule,
> c'était Simon.
> C'était un autre
> qui recevait la couronne d'épines.

Un tel texte est cohérent avec la doctrine générale du traité. Celui qui souffre, c'est un autre, c'est-à-dire l'enveloppe charnelle prise par le Sauveur pour se manifester. De plus, il reste fidèle au texte de Marc selon lequel c'est Simon qui porte la croix de Jésus (*Mc*, 15,21). Un glossateur aura introduit dans la première phrase «leur père», allusion à Simon qui est présenté par Marc comme le père d'Alexandre et de Rufus (*Mc*, 15,21) pour tirer le passage dans le sens de la doctrine basilidienne[64]. Enfin, il faut le souligner, il n'est pas question ici de la mort du Sauveur, ni de sa crucifixion et encore moins de celle de Simon. On ne peut donc prétendre que le texte affirme la crucifixion de Simon comme le fait J.A. Gibbons[65].

Toutefois, il est clair que notre auteur avait à l'esprit l'enseignement de Basilide en introduisant ce texte dans son traité et en le faisant immédiatement suivre de la mention du rire du Sauveur (p. 56, 14-19). Il est d'ailleurs probable, comme le souligne J.A. Gibbons[66],

[63] Cf. J.A. Gibbons, *A Commentary*, p. 34.
[64] Cf. Irénée, *Adv. Haer.*, I,24,4 et Épiphane, *Pan.*, 24,3,2-5.
[65] Cf. J.A. Gibbons, *A Commentary*, p. 207.
[66] Id., *ibid.*, p. 209.

que l'exégèse basilidienne de *Mc*, 15 soit très vite devenue un bien commun des différentes traditions gnostiques.

p. 56,14-19 (Le rire du Sauveur)

L'auteur, enfin, conclut ce passage en reprenant le thème du rire du Sauveur déjà évoqué à la p. 53,30-33. Ce thème attribué par Irénée[67] et Épiphane[68] à Basilide se retrouve à plusieurs reprises dans les textes de Nag Hammadi et particulièrement dans l'ApocPi[69] où il apparaît dans le contexte de la passion. Dans tous les cas il souligne l'aveuglement et l'ignorance des archontes ou de leurs créatures et leur incapacité à distinguer le réel de l'illusoire[70]. Ici, il met en relief le fait que le Sauveur est présent à la fois sur terre dans sa manifestation et dans le monde céleste, hors d'atteinte des puissances de ce monde.

Descente victorieuse du Sauveur céleste (p. 56,20-57,27)

Après avoir donné son interprétation des faits qui précèdent immédiatement la crucifixion, notre auteur délaisse les récits évangéliques pour raconter la descente victorieuse du Sauveur céleste à travers les sphères des archontes (p. 56,20-57,7) et sa remontée avec le Fils de la Grandeur (p. 57,7-27).

Cette rupture apparente dans le fil du récit n'en est pas une. En nous présentant la descente du Sauveur céleste et sa remontée avec le Fils de la Grandeur, son double dans l'ordre de la manifestation (cf. Intr., p. 17-19), notre auteur dévoile le sens véritable de la passion et de la crucifixion. En effet, la passion est le moment crucial où tout se joue. Elle marque la condamnation des archontes et de leurs créatures (cf. p. 55,12-13.34; 56,3-4). Après la remontée du Sauveur avec le Fils de la Grandeur, le récit de la crucifixion se fera sans ambiguïté. On n'y

[67] Cf. IRÉNÉE, *Adv. Haer.*, I,24,4.

[68] Cf. ÉPIPHANE, *Pan.*, 24, 3,2-5.

[69] ApocPi, p. 81,29-82,9 : «Je t'ai dit : «Les aveugles, laisse-les tranquilles, et toi, vois comment ils ne comprennent pas ce qu'ils disent. Car le fils de leur gloire a été donné en exemple à la place de mon serviteur». Mais moi, j'en ai vu un qui allait s'approcher de nous; il lui ressemblait, et il ressemblait à celui qui riait sur le bois.» (Cf. J.D. DUBOIS, *L'Apocalypse de Pierre*, traduction manuscrite).

[70] Dans le schéma anthropogonique de l'HypArch (p. 89,23-26) et de l'Ecr sT (p. 116,26-30), le rire est attribué à la femme spirituelle se moquant de l'aveuglement des archontes qui cherchent à la souiller.

retrouvera plus ce constant passage de la première personne à la troisième, de l'affirmation à la négation ou à la restriction. Il ne restera plus sur la scène que la dépouille charnelle qui a servi à la manifestation du Sauveur dans le monde.

p. 56,20-27 (Changement de forme)

La première phrase de cette section : «Toutes leurs Puissances, je les ai réduites en esclavage», se présente comme un résumé de la descente du Sauveur développée dans le reste du récit et introduite par un γάρ explicatif. La descente du Sauveur, tout comme la crucifixion, marque donc la fin de la domination des archontes sur le monde.

Au cours de sa descente, le Sauveur se métamorphose (p. 56,21-27), prenant sans doute la forme des différents archontes gardiens des «portes» (p. 56,26). Ce passage est à rapprocher du ch. 10 de l'*Ascension d'Isaie* :

> «Sors et descends tous les cieux, puis tu descendras au firmament et à ce monde, jusqu'auprès de l'ange qui est dans le Schéol tu descendras; néanmoins, tu n'iras pas jusqu'à Hagal. Et tu te transformeras selon la forme de tous ceux qui sont dans les cinq cieux, et tu veilleras à te transformer selon la forme des anges du firmament et aussi des anges qui sont dans le Schéol. Et qu'aucun des anges de ce monde ne sache que tu es avec moi le Seigneur des sept cieux et de leurs anges, et qu'ils ne sachent pas que tu es avec moi, jusqu'à ce que j'aurai appelé à haute voix les cieux, leurs anges et leurs lumières au sixième ciel, afin que tu juges et que tu anéantisses les princes et les anges et les dieux de ce monde et le monde qui est dominé par eux»[71].

Le rapprochement de ces deux textes est intéressant. En effet, outre le changement de forme destiné à ne pas se faire reconnaître, ce passage de l'*Ascension d'Isaie* intègre les motifs du jugement et de l'anéantissement des princes, des anges et des dieux de ce monde. Or l'auteur de notre traité introduit le récit de la descente et la remontée du Sauveur entre deux passages où il interprète la passion comme jugement et comme destruction du monde des archontes (cf. p. 58,17-28 et comm. *ad loc.*). Ce rapprochement nous permet donc de penser que pour notre auteur, le récit de la descente et de la remontée du Sauveur ne constitue pas une parenthèse dans le déroulement de son texte. Au contraire, la descente du Sauveur céleste et sa remontée avec son double constituent avec la crucifixion les deux faces d'un seul et même événement : le jugement et la destruction des archontes.

[71] Cf. E. TISSERANT, *L'Ascension d'Isaie*, Paris, 1909, p. 193-197.

p. 56,28-32. La facilité avec laquelle le Sauveur traverse les portes, son innocence, l'absence de crainte et de honte sont caractéristiques de la traversée des sphères archontiques par les entités célestes, et plus particulièrement de la remontée de l'âme. Dans *L'Évangile selon Marie* par exemple, sans que les mêmes termes soient repris, l'âme proteste de son innocence devant les gardiens des portes qui veulent la retenir prisonnière[72]. A première vue, ces thèmes contrastent avec la suite du texte où l'auteur introduit celui du combat[73]. Il faut noter cependant que ce n'est pas le Sauveur lui-même qui combat. Il le fait par l'intermédiaire des siens (p. 56,34-35). Quant à sa descente «sans crainte et sans honte», elle est le type de la remontée de l'âme à travers les sphères, remontée qui est décrite en termes comparables à la p. 58,7-13.

p. 56,32-57,2. C'est par l'intermédiaire des siens que le Sauveur combat les archontes (p. 56,32-34). Il y a sans doute là une allusion à la descente collective des éons du Plérôme qui sera décrite à la p. 59,9-19 (cf. comm. *ad loc.*). La dureté et la jalousie sont généralement caractéristiques des archontes. Quant au feu, il n'est évidemment pas celui de la κρίσις. C'est le feu inférieur, un des attributs des puissances archontiques (p. 58,17-22), et de leurs œuvres, qu'il s'agisse de l'homme charnel (p. 53,5-12) ou de leur Église (p. 68,32-69,6). Dans le contexte, le feu qui est éteint lors de la descente du Sauveur pourrait être une allusion aux ténèbres qui s'emparent de la terre au moment de la passion (cf. p. 58,17-22 et comm. *ad loc.*).

p. 57,2-7. Enfin, en conclusion de ce récit de la descente du Sauveur, notre auteur précise qu'ainsi, le Sauveur accomplit la volonté du Père. Toute intervention salvifique dans le monde doit évidemment se faire avec le consentement du Père. La tentative de Sophia a échoué parce qu'elle n'avait pas demandé l'autorisation du Père (cf. p. 50,30-51,10).

[72] Cf. «Das Evangelium nach Maria», p. 15,1-17,7, in H. M. Schenke, *Die gnostischen Schriften des koptischen Papyrus Berolinensis* 8502 (*TU*, 60,2) Berlin, 1972, p. 70-75.

[73] «ⲁⲩⲱ ⲛⲉⲓϣⲁϫⲉ ⲛⲙⲏⲁⲩ· ⲉⲓⲙⲟϫϭ ⲛⲙⲙⲁⲩ ⲉⲃⲟⲗ ϩⲓⲧⲛ ⲛⲉⲧⲉ ⲛⲟⲩⲉⲓ· ⲁⲩⲱ ⲉⲉⲓϩⲱⲙ ⲉϫⲛ ⲛⲉⲧⲛⲁϣⲧ̀ ⲛⲧⲟⲟⲧⲟⲩ· ⲙⲛ ⲡⲓⲕⲱϩ ⲁⲩⲱ ⲡⲓⲕⲣⲱⲙ ⲉⲓ̈ϫⲛⲉ ⲙⲙⲟϥ ⲉⲃⲟⲗ» (p. 56,32-57,3). Dans le contexte, traduire ϣⲁϫⲉ ⲙⲛ- par «parler avec» est un contresens. ϣⲁϫⲉ ⲙⲛ- peut avoir le même sens que ϣⲁϫⲉ ⲟⲩⲃⲉ «parler contre, invectiver» (Crum, 613b, cf. *Ac.*, 28,25). Quant à ⲙⲟϫϭ ⲙⲛ-, il rend ici συμμιγνύναι «combattre» (Crum, 214a). Quant à la correction de ⲕⲱϩ («jalousie») en ⲕⲱϩⲧ («feu») que font J.A. Gibbons (*A Commentary*, p. 216) et H.G. Bethge («*Zweiter*», 103), elle ne respecte pas la structure grammaticale de la phrase et est d'autant moins justifiée qu'on retrouve le couple ⲕⲱϩ et ⲕⲣⲱⲙ à la p. 69,1-2.

Dans un texte aussi étroitement relié à l'évangile de Jean, il rappelle aussi le thème johannique de l'accomplissement de la volonté du Père (cf. *Jn*, 4,34; 5,30; 6,38; 7,17; 9,31; 17,4).

Remontée avec le Fils de la Grandeur (p. 57,7-27)

Le récit de la remontée du Sauveur avec le Fils de la Grandeur suivant immédiatement celui de sa descente victorieuse n'est pas étranger aux spéculations chrétiennes sur la passion et la résurrection comme en fait foi cet extrait de Méliton de Sardes: «C'est moi ... le Christ, c'est moi qui ai détruit la mort, qui ai triomphé de l'Ennemi, qui ai foulé aux pieds l'Hadès, qui ai lié le Fort et qui ai ravi l'homme vers les hauteurs des cieux»[74].

p. 57,7-16. Le Fils de la Grandeur qui est «caché dans la région inférieure» (p. 57,7-9), c'est le Sauveur apparu dans l'ordre de la manifestation dans un corps de chair. Il est en même temps une représentation collective des ennoias qui sont dans les régions inférieures (cf. p. 50, 1-7.13-17) et qui habitent elles aussi, dans des corps (cf. p. 51,10-20). Son retour dans les hauteurs, lieu de l'habitation du Sauveur avec les éons, est donc une figure de l'œuvre de salut accomplie par le Christ. Ces hauteurs sont le lieu du Plérôme et le lieu de l'accomplissement du mariage céleste (cf. p. 65,33-67,11).

p. 57,17-27. Cette entrée dans le Plérôme est accompagnée d'une révélation dont l'objet est l'unité comme à la p. 68,7-24 où il est dit que les élus recevront «un enseignement au sujet de l'Un...». Les trois lieux font sans doute allusion aux trois membres de la triade qui, tout en étant trois, sont cependant un. Le Sauveur lui-même est la Pensée du Père (p. 49,25-28). Il est aussi le Père lui-même. L'unité du Père, de la Pensée et du Sauveur est manifestée lors de l'accomplissement du mariage céleste (cf. p. 66,12-15). C'est là le sens de la révélation faite ici au Fils de la Grandeur: il existe trois lieux dans un seul Esprit qui est «sans division». C'est là sans doute le sens de la désignation du Sauveur comme «mystère» (p. 57,20; 65,31-32): il est l'Unité[75].

[74] *Sur la Pâque* §102 (cf. O. PERLER, *Méliton de Sardes, Sur la Pâque* [*SC*, 123], Paris, 1966, p. 122-123).

[75] A propos du Christ comme «mystère», cf. *L'Évangile selon Philippe*, p. 56,13-15 et le Commentaire de J.É. MÉNARD, *L'Évangile de Philippe*, Paris, 1967, p. 139-140.

La remontée de l'âme (p. 57,27-58,13)

Cette section introduite par un γάρ explicatif apparaît comme une application du thème mythologique développé dans le passage précédent à l'âme individuelle qui, elle aussi, est d'origine céleste (p. 57,27-28). Ce passage est doublement intéressant car il précise les conditions pour atteindre au salut (p. 57,32-34) en même temps qu'il associe la remontée de l'âme à la descente du Sauveur décrite précédemment (p. 58,7-13).

p. 57,27-34 (La condition du salut)[76]

L'âme qui vient d'en haut n'aura pas à passer en jugement pour avoir séjourné hors des éons quand elle sera ramenée dans la hauteur à condition qu'elle soit «libre et se comporte noblement dans le monde» (p. 57,32-34). Or la liberté est un attribut de l'Église parfaite que les archontes cherchent à imiter (p. 60,23-25) mais que leurs créatures ne pourront jamais connaître (p. 64,7-12). Seuls les gnostiques ont été libérés par le Sauveur (p. 59,30-31). Quant à l'Église adverse, sa doctrine est une doctrine d'esclavage (p. 60,26-35; 61,18-24). La «noblesse de la Vérité» est inaccessible à ses membres car ils sont «petits et ignorants» (p. 60,26-35), comme ceux qui se sont laissés tromper par la présentation d'un sauveur charnel (cf. p. 54,1-14 et comm. *ad loc.*). La condition du salut est donc d'appartenir ou de se rallier à une communauté qui soit à l'image de l'Église céleste et de ne pas tomber sous le joug de ceux que dénonce le traité.

p. 57,32-34. Le salut auquel l'âme aura ainsi accès est ensuite décrit en termes de repos et d'unité : «Elle se tiendra[77] sans peine devant le Père»

[76] «ⲥⲛⲁϣⲁϫⲉ ⲁⲛ ϩⲁ ϯⲡⲗⲁⲛⲏ ⲉⲧⲙⲡⲓⲙⲁ· ⲟⲩⲧⲉ ⟨ϩⲁ ⲡⲉⲥ⟩ ⲟⲩⲱⲧⲃ ⲉⲃⲟⲗ ⲉⲃⲟⲗ ϩⲛ ⲛⲉⲓⲁⲓⲱⲛ» (p. 57,28-31). Il ne faut pas traduire ϣⲁϫⲉ ϩⲁ par «parler de» (cf. M. Krause, «*Der Zweite*», p. 123; R.A. Bullard, «*The Second*», p. 333) ou «parler à» (cf. H.G. Bethge, «*Zweiter*», 103) mais par «se défendre de» (ἀπολογεῖσθαι περί, Crum, 613b, cf. *Ac.*, 24,10). Vraisemblablement, il faut suppléer quelque chose après ⲟⲩⲧⲉ (p. 57,29). M. Krause («Der Zweite», p. 122) propose le préfixe du conjonctif ⲛⲥ. Nous proposons ⟨ϩⲁ ⲡⲉⲥ-⟩ et traduisons ⲟⲩⲱⲧⲃ ⲉⲃⲟⲗ par «séjour» (παροικία, cf. Crum, 497a). Il s'agit de la captivité de l'âme ou de son séjour loin des éons, c'est-à-dire hors du Plérôme. Voir à ce sujet l'emploi de παροικῶ dans Clément de Rome, *Épître aux Corinthiens*, p. 98-99, note 1 Jaubert.

[77] ⲉⲥⲁϩⲉⲣⲁⲧⲥ (p. 57,34-58,1) est probablement la forme A^2 du futur II qu'il faudrait corriger pour ⲉⲥⲁ⟨ⲁ⟩ϩⲉⲣⲁⲧⲥ, (cf. W.C. Till, *Koptische Dialektgrammatik*, §252). Quant à la forme ⲥⲁ (p. 58,2), c'est la forme A^2 du futur I (Id., *ibid.*, § 183). Pour l'emploi de ces formes dans le traité, cf. Intr., note 15.

(p. 57,30-58,1). Le repos est caractéristique du lieu d'où vient le Sauveur (cf. p. 59,10-14) et à la possession duquel il invite les siens (cf. p. 70,8-10). Quant à son union avec le Noûs, elle est caractéristique du mariage céleste (cf. p. 66,32-67,1) de même que la production par émanation (p. 58,2) est caractéristique du monde de l'unité (cf. p. 54, 18-22).

p. 58,4-13. La mention du Noûs et de l'unité, donc, du mariage céleste amène notre auteur à introduire une allusion au rôle que tient le Sauveur dans le mariage céleste qui n'est plus représenté comme l'union individuelle de l'âme et du Noûs, mais plutôt comme une cérémonie collective où le Sauveur occupe une place centrale[78] puisqu'il est vu «de toute part» (p. 58,4). Il est celui en qui se réalise l'unité de tous (cf. p. 66,3-32 et comm. *ad loc.*). Ceux qui auront accès au mariage céleste sont ceux qui n'ont pas «couvert de honte» le Sauveur (ϯ ϣιπε, p. 58,7-8). Ce terme désigne l'action de ceux qui se sont acharnés contre le Sauveur dans la manifestation à la p. 55,20 et qui avaient été identifiés à la race de Ialdabaoth (cf. p. 52,25-29 et comm. *ad loc.*). Ce sont aussi ceux qui n'ont pas eu peur devant le Sauveur (ⲣ ϩⲟⲧⲉ, p. 57,9-10), sans doute ceux qui n'ont pas fui devant lui et que le texte identifie à la race d'Adonaios (cf. p. 52,17-25 et comm. *ad loc.*). En conséquence, comme le Sauveur lui-même, ils passeront toutes les portes sans crainte (cf. p. 56,22-32) et atteindront la perfection dans la troisième Gloire. Bien que notre auteur soit discret sur le sujet, on peut penser que la mention de la «troisième Gloire» (p. 58,12-13) suppose différents degrés dans la réalisation du salut comme en *Sophia Jesu Christi* (SJC, p. 123,2-124,9)[79].

La crucifixion (p. 58,13-59,9)

Après une longue parenthèse sur la descente victorieuse du Sauveur et sa remontée avec le Fils de la Grandeur et sur la remontée de l'âme

[78] Nous traduisons ⲉϫⲙ ⲙⲟⲥⲧⲉ (p. 58,5) par «sans haine». La haine est la caractéristique des adversaires qui s'acharnent contre les gnostiques (cf. p. 59,22.32; 60,33). Toutefois, on pourrait aussi supposer que le texte grec avait παρὰ τοῦ μέσου référant à la position centrale du Sauveur qui est vu de toute part (cf. p. 66,3-11). Le traducteur aurait alors lu παρὰ τοῦ μίσους et il aurait donné à παρά un sens adversatif. Dans ce cas, il faudrait traduire: «De toute part, ils me verront au centre» ou «en leur centre».

[79] Cf. H.M. Schenke, «*Die Sophia Jesu Christi*», in *Die gnostischen Schriften des koptischen Papyrus Berolinensis* 8502, Berlin, 1972, p. 286-289.

(p. 56,20-58,13), notre auteur reprend son interprétation des événements de la vie de Jésus là où il l'avait laissée, soit à la crucifixion. Le récit qui va suivre n'est donc pas «un autre récit de la passion» comme le prétend J.A. Gibbons[80], il en est la suite. En effet, bien qu'il passe facilement d'un texte évangélique à l'autre, ici, à Matthieu, notre auteur n'en respecte pas moins la chronologie dans l'interprétation qu'il donne des faits. Si nous établissons la liste des passages du N.T. qu'il interprète, nous obtenons la séquence suivante :

Vie publique (p. 51,20-52,29, cf. *Jn*, 1,19-11,44)
Complot des prêtres et des pharisiens (p. 52,30-53,14, cf. *Jn*, 11,45-54)
Présentation de Jésus à la foule (p. 53,14-54,14, cf. *Jn*, 19,1-16)
Le prétoire et la montée au calvaire (p. 56,4-13, cf. *Mc*, 15,16-23)
La crucifixion (p. 58,13-59,9, cf. *Mt.*, 27,45-54)

p. 58,13-17 (L'élévation manifestée)

Avant de livrer le sens véritable de la crucifixion, le Sauveur précise que le monde n'a pas compris son «élévation manifestée»[81]. La désignation de la crucifixion comme une élévation rappelle évidemment Jean (cf. *Jn*, 8,38; 12,34). Le fait que le Sauveur en parle à la première personne du singulier montre bien que c'est à lui qu'elle s'applique. Elle représente, dans l'ordre de la manifestation, sa remontée avec le Sauveur céleste décrite précédemment. Ce que le «monde n'a pas compris» (p. 58,13-14), c'est que l'élévation apparente du Sauveur sur la croix était la manifestation de sa remontée dans la hauteur.

[80] Cf. J.A. Gibbons, *A Commentary*, p. 227.

[81] ⲡⲁϣⲉ ⲉⲡϫⲓⲥⲉ (p. 58,14-15), dans le contexte de la passion, rend le concept johannique de l'élévation. Dans les péricopes ayant trait à l'élévation du Fils de l'homme, le verbe ὑψωθῆναι est rendu en sahidique par le verbe ϫⲓⲥⲉ (cf. G. Horner, *The Coptic Version of the New Testament, Southern Dialects* III, Osnabrück, 1969, p. 136 et 212). Quant à la construction de l'expression avec le verbe ϣⲉ substantivé, il s'agit sans doute d'un jeu sur les deux sens de «aller» (Crum, 544a) et «bois» (Crum, 546a) et plus particulièrement, «croix» (Crum, 546a, cf. *Mt.*, 27,40B). ϣⲉ sera d'ailleurs employé quelques lignes plus bas pour désigner la croix (cf. p. 58,24-25). On retrouve de semblables jeux de mot ailleurs dans la Bibliothèque de Nag Hammadi, par exemple sur ⲧⲱϩ «paille» et ⲧⲱϩ «être mélangé» (AuthLog, p. 25,11; cf. J.É. Ménard, *L'Authentikos Logos*, p. 15) et sur ϫⲱⲙⲉ «livre» et ϫⲱⲙⲉ «génération» (OgdEnn, p. 52,29; 61,18; cf. J.P. Mahé, *Hermes en Haute-Égypte* I, [*BCNH*, 3], Québec, 1978, p. 42). Enfin, le relatif ⲉⲧⲟⲩⲟⲛϩ qui pourrait signifier «révélé» ou «apparent» (Crum, 486a), doit être traduit à la lumière d'un autre passage de notre texte ayant trait à la crucifixion. À la page 55,17-19, le Sauveur dit: «Je ne suis pas mort en réalité mais en celui qui est manifesté (ⲁⲗⲗⲁ ϩⲙ ⲡⲉⲧⲟⲩⲟⲛϩ)». Il s'agit donc bien ici, non pas de la «montée du Sauveur dans la hauteur révélée» (cf. R.A. Bullard, «*The Second*», p. 333), mais de sa crucifixion désignée selon une terminologie johannique et dans la perspective christologique de notre auteur.

La crucifixion est encore désignée comme un «baptême» (p. 58,15-17) selon un thème commun à Marc (cf. *Mc*, 10,35) et à Luc (*Lc*, 12,49)[82]. Quant à sa qualification de *troisième* baptême, étrangère à la tradition synoptique et à son exégèse, il faut sans doute la comprendre dans la ligne d'une réinterprétation de la crucifixion comme baptême à la lumière de *Mt.*, 13,11 «Moi je vous baptise dans l'eau en vue de la conversion, mais celui qui vient après moi ... il vous baptisera dans l'Esprit Saint et le feu» (cf. aussi *Lc*, 3,16). Or dans notre traité, le Sauveur utilise «le feu et la flamme» pour opérer la κρίσις, le jugement (cf. p. 54,28-32), et toujours dans le traité, la passion est le moment du jugement (cf. 55,30-56,4), en même temps que celui de l'extinction du feu des archontes[83] (cf. p. 58,17-23 et 56,32-57,3). Notre auteur ferait donc du baptême de feu le troisième baptême[84] en l'associant à la crucifixion. Encore une fois cependant, notre auteur précise que ce baptême se réalise au moment de la passion dans une «image manifestée» (cf. p. 58,15-17)[85]. La répétition de ce qualificatif indique clairement que notre auteur ne déroge pas à la doctrine qu'il défend depuis le début[86]. Toutefois, il faut remarquer que la suite du récit de la crucifixion sera faite non plus à la première, mais à la troisième personne du singulier. Ce changement montre que si la crucifixion s'applique bien à lui comme image de son élévation ou de son troisième baptême, ce n'est pas lui qui est crucifié.

[82] Cf. D.A. BERTRAND, *Le baptême de Jésus, Histoire de l'exégèse aux deux premiers siècles* (*Beiträge zur Geschichte der biblischen Exegese*, 14), Tübingen, 1973, p. 4-16.

[83] Notre auteur opposerait ainsi le feu qui est l'instrument du jugement au feu des archontes éteint par le Sauveur lors de sa descente, extinction manifestée par les ténèbres de la passion. Cf. à propos de cette opposition M. TARDIEU, *Trois mythes gnostiques, Adam, Éros et les animaux d'Égypte dans un écrit de Nag Hammadi* (*Études Augustiniennes*), Paris, 1974, p. 254 à propos d'*Extraits de Théodote*, 81,1-3 (cf. CLÉMENT D'ALEXANDRIE, *Extraits de Théodote* [*SC*, 23], éd. F.M.M. SAGNARD, Paris, 1970, p. 254-257).

[84] Le fait que le baptême de feu soit identifié au troisième baptême et non au deuxième comme on s'y attendrait (cf. M. TARDIEU, *op. cit.*, p. 253) ne doit pas surprendre. Pour les valentiniens par exemple, Jésus reçoit au Jourdain le baptême d'eau, c'est-à-dire le baptême de Jean pour la rémission des péchés, et le baptême de l'Esprit (cf. IRÉNÉE, *Adv. Haer.*, I,21,2 et F.M.M. SAGNARD, *La gnose valentinienne*, p. 421-422). Dans la ligne de cette interprétation, l'autre baptême que doit recevoir Jésus à la crucifixion (cf. *Mc*, 10,35; *Lc*, 12,49) peut être identifié au baptême de feu.

[85] Cf. note 72.

[86] Le récit qui est donné de la crucifixion ici n'est donc nullement en contradiction avec le passage de la p. 55,15-56,20, selon lequel Jésus n'a souffert que dans «la manifestation» contrairement à ce que pensent K. KOSCHORKE (*Die Polemik der Gnostiker gegen das kirchliche Christentum*, p. 45) et F. WISSE («The 'Opponents' in the New Testament in Light of the Nag Hammadi Writings», in *Colloque International sur les Textes de Nag Hammadi* [Québec, 22-25 août 1978], éd. B. Barc [*BCNH*, section «Études», 1], Québec, 1981, p. 118.)

p. 58,17-22 («A partir de la sixième heure, il y eut des ténèbres sur toute la terre», *Mt.*, 27,45)

Le «feu des sept Dominations»[87] doit être identifié au «soleil des puissances planétaires» (cf. p. 69,27-29 et comm. *ad loc.*), feu que le Sauveur a éteint lors de sa descente victorieuse à travers les sphères (cf. p. 56,28-57,2). Ainsi, les ténèbres qui couvrent la terre au moment de la crucifixion sont donc le signe de la fin de la domination des archontes (les puissances planétaires) sur le monde.

p. 58,22-26 (La mise en croix, *Mt.*, 27,35)

Comme nous l'avons noté plus haut, la crucifixion elle-même est décrite par le Sauveur non plus à la première personne du singulier, mais à la troisième. Le Sauveur apparu dans l'ordre de la manifestation n'est plus en cause ici, il est remonté dans la hauteur avec son double céleste. C'est donc l'homme charnel qui est crucifié, la demeure corporelle empruntée par le Sauveur lors de son «incarnation» (cf. p. 51, 20-24).

«Et le monde devint pauvre alors qu'il était enserré dans une multitude de liens» (p. 58,22-24). La construction de la phrase, le fait que son seul sujet explicite soit le monde (ⲡⲕⲟⲥⲙⲟⲥ), donnent à penser que le corps qui est crucifié est la figure du monde. On retrouve cet enseignement dans *L'Évangile selon Philippe* où il est écrit que Jésus vient, «crucifiant le monde» (EvPhil, p. 63,24)[88]. Ce serait donc leur propre monde que les archontes crucifieraient à travers «leur homme» (p. 55,30-35). Peut-être faut-il voir là une interprétation de la crucifixion du même type que celle de *Col.*, 2,14-15 :

> «... il a annulé le document accusateur
> que les commandements retournaient
> contre nous, il l'a fait disparaître,
> il l'a cloué à la croix,
> il a dépouillé les Autorités et les Pouvoirs,
> il les a publiquement livrés en spectacle,
> il les a traînés dans son triomphe par la croix.»

[87] Bien qu'il ne nous soit pas possible de le démontrer, il est probable que la proposition «quand fut chassé le feu des sept Dominations» (p. 58,17-19) soit une interprétation de «à partir de la sixième heure» (*Mt.*, 27,45). En effet, c'est pendant la *septième* heure que le soleil s'obscurcit.

[88] Cf. J.É. Ménard, *L'Évangile selon Philippe*, Paris, 1967, p. 71 et Commentaire, p. 169-170.

Quant à la «multitude de liens» (p. 58,23-24), l'allusion reste pour nous obscure, de même que la crucifixion au moyen de quatre clous de bronze.

p. 58,26-27 («Et voici que le voile du Sanctuaire se déchira en deux du haut en bas», *Mt.*, 27,51)

C'est l'Archonte lui-même qui déchire le voile de son Temple, indiquant par là la fin de la période de servitude sous la Loi inaugurée par le déluge (cf. p. 50,3-10 et comm. *ad loc.*). La suite du texte d'ailleurs, qui interprète la résurrection des morts comme une «libération», suggère cette interprétation. Il est tentant de rapprocher ce passage de *L'Évangile selon Philippe* où il est écrit : «Son voile se déchire de haut en bas. Car il convenait que quelques-uns montent de bas en haut» (EvPhil, p. 70,1-4)[89]. Le voile du Temple déchiré pourrait aussi faire allusion à la remontée du Sauveur céleste avec le Fils de la Grandeur et à leur entrée dans la «chambre nuptiale nouvelle» (p. 57,17-18) identifiée au Saint des Saints dans l'EvPhil (p. 84,22-85,29)[90].

À un autre niveau d'interprétation, le voile pourrait représenter le crucifié lui-même. En effet, l'homme charnel a été façonné pour «revêtir» (ϩⲱⲃⲉⲥ, p. 53,10) les hommes, ce qui les empêche de connaître les mystères célestes (p. 70,1-3). Le voile déchiré pourrait exprimer la fin du règne de la chair sur l'homme (cf. *Gal.*, 5,24 : «Ceux qui sont au Christ ont crucifié la chair avec ses passions et ses désirs.»)

p. 58,28-59,3 («... la terre trembla, les rochers se fendirent; les tombeaux s'ouvrirent, les corps de nombreux saints défunts ressuscitèrent...» *Mt.*, 27,52-53)

La reprise du thème du tremblement de terre indique bien que pour notre auteur comme pour Matthieu, la crucifixion est une théophanie. L'anéantissement de l'homme charnel et le voile du temple déchiré, quel que soit le niveau d'interprétation choisi, ouvrent l'accès à la connaissance de l'Homme véritable. Les âmes qui gisaient dans «l'oubli inférieur» (p. 58,31-32) sont les ennoias descendues dans le monde inférieur (cf. p. 50,1-17) qui ont oublié leur origine tout comme les éons du Plérôme les avaient eux-mêmes oubliées (cf. p. 50,13-14 et comm. *ad loc.*). Elles habitent dans des corps et vivent sous le

[89] Id., *ibid.*, p. 85 et 113-115 et Commentaire, p. 196-200 et 242-244.

[90] Id., *ibid.*, p. 113 et Commentaire, p. 242-244.

règne de la Loi (cf. p. 51,3-20 et comm. *ad loc.*). Elles ont dépouillé jalousie ignorante et sottise, «vertus» caractéristiques des archontes et de leurs créatures, auprès de sépulcres de mort, référence sans doute aux corps[91].

p. 59,4-9. Les âmes ont donc dépouillé le vieil homme pour «revêtir l'Homme nouveau» (p. 59,4, cf. *Eph.*, 4,22-24). Elles ont reconnu le Bienheureux, c'est-à-dire le véritable Sauveur. Elles ont reconnu que le Sauveur est d'origine céleste, «issu du Père éternel et insaisissable et de la Lumière infinie» (p. 59,4-9), c'est-à-dire qu'il n'est ni un homme charnel, ni, comme le pensent les adversaires de notre auteur, le fils du dieu de l'Ancien Testament (cf. p. 62,27-64,30 et comm. *ad loc.*).

Ce passage qui conclut la première section de la troisième partie du traité, plus que tout autre, illustre la valeur exemplaire qu'avait pour notre auteur la manifestation du Sauveur dans le monde. Comme lui, les âmes d'origine céleste qui «gisaient dans l'oubli» doivent abandonner leur corps. Comme il a été ramené dans la hauteur qui est la chambre nuptiale (p. 57,7-27) par son double céleste, les âmes doivent revêtir l'Homme nouveau. Et le chemin qui mène à cette libération, c'est la reconnaissance que le Sauveur véritable est issu du Père éternel et de la Lumière infinie.

2. LE SORT DES SAUVÉS (p. 59,9-65,33)

La première section de la troisième partie du traité nous a dévoilé le sens véritable de la manifestation du Sauveur dans le monde. Il a pris une enveloppe charnelle, l'a quittée pour remonter dans la hauteur, la chambre nuptiale, avec son double céleste et le corps qui lui a servi de demeure a ensuite été cloué à la croix. De même en est-il de l'âme.

La seconde section de cette troisième partie nous montrera que le sort des âmes dans le monde est comparable à celui du Sauveur et que comme lui, elles doivent se dépouiller de la chair pour accéder à la libération. Le principal obstacle dans cette voie sera l'Église adverse qui, par son enseignement fidèle à l'Ancien Testament, perpétue l'esclavage de la Loi et de la chair.

Cette seconde section constitue un tout cohérent. Aux fins du commentaire, nous l'avons divisée en sept parties :

[91] Cf. p.ex. CLÉMENT D'ALEXANDRIE, *Stromates*, III,11 : II, p. 230,25 Stählin.

Origine plérômatique des sauvés (p. 59,9-22).
Persécution par les adversaires (p. 59,22-60,12).
Les adversaires fondent leur doctrine sur l'Ancien Testament (p. 60,13-61,10).
L'Église adverse est esclavage (p. 61,11-28).
Les véritables chrétiens sont libres et égaux (p. 61,28-62,26).
Critique de l'Ancien Testament (p. 62,27-65,18).
Conclusion (p. 65,18-33).

Origine plérômatique des sauvés (p. 59,9-22)

Ce passage reprend le thème de l'envoi du Sauveur par le Plérôme (cf. p. 50,1-24) sous une forme nouvelle : ce n'est plus le Sauveur seul qui descend, mais tous les éons du Plérôme. Nous passons en quelque sorte du temps de la révélation du salut à celui de son actualisation ou, si l'on veut, au temps de l'Église.

p. 59,9-14 («Quand je suis venu vers les miens...»)

Ceux que le Sauveur appelle les siens sont les éons du Plérôme avec lesquels il habite dans la hauteur (cf. p. 57,7-16) et à qui il avait rappelé la sortie des ennoias (p. 50,13-17). Ils sont les conjoints de ces ennoias comme le Sauveur est le conjoint de Sophia (cf. p. 50,25-51,3 et comm. *ad loc.*).

La réciprocité de l'union du Sauveur et des éons du Plérôme dépasse l'unité que manifeste le Plérôme devant le Sauveur (p. 50,18-20). Ici, il ne s'agit plus de l'unité des éons du Plérôme entre eux, mais de l'union de ces éons avec le Sauveur auquel ils s'identifieront. C'est cette identité du Sauveur avec les éons du Plérôme qui explique d'ailleurs le passage du singulier au pluriel dans la suite du texte. L'absence de «nombreuses paroles» (p. 59,11-12) entre le Sauveur et les éons se fonde sur leur communion de Pensée.

p. 59,14-22. Tout comme les prêtres et les pharisiens tenaient conseil (ϣⲟϫⲛⲉ) afin de détruire le Sauveur (p. 52,30-33), le Sauveur et les éons délibèrent (ϣⲟϫⲛⲉ) au sujet de la destruction des archontes (p. 59,14-17). Cette destruction des archontes est réalisée par la descente des éons qui viennent «habiter dans des corps» (p. 59,21-22), c'est-à-dire par la réalisation individuelle du salut. En effet, selon la p. 51,10-20, ceux qui sont dans le monde (= les ennoias) habitent dans les maisons corporelles façonnées par les archontes, de sorte que la descente des éons du Plérôme dans les corps actualise la réunion de l'ennoia et de l'éon sauveur en chaque individu (cf. Intr., p. 16-17)[92].

[92] Cette descente des éons du Plérôme dans les corps, à première vue absolument étrangère à la doctrine néo-testamentaire, pourrait cependant fort bien se fonder sur une interprétation de *Jn*, 14,23 : «Si quelqu'un m'aime, il observera ma parole, et mon Père l'aimera ; nous viendrons à lui et nous établirons chez lui notre demeure».

Persécution des gnostiques par les archontes et leurs créatures (p. 59,22-60,12)

Cette section du GrSeth est peut-être celle qui illustre le mieux la violence de la polémique que notre auteur mène contre le groupe adverse en même temps qu'elle nous permet de mieux identifier ce groupe.

p. 59,22-31 (Persécution des gnostiques)

Les gnostiques en qui l'éon-sauveur et l'ennoia sont réunis et qui, de ce fait, ont reconnu leur origine divine, ont été persécutés «non seulement par ceux qui sont dans l'ignorance, mais aussi par ceux qui pensent être riches du Nom du Christ...» (p. 59,24-26). Les gnostiques feraient donc face à une double persécution. L'un des groupes visés est clairement identifié, il s'agit du groupe de chrétiens contre lequel la polémique du traité est dirigée[93]. Au contraire, l'identité de «ceux qui sont dans l'ignorance» (p. 59,24) demeure obscure : peut-être s'agit-il des païens ou des Juifs, à moins que cette mention ne soit simple artifice littéraire destiné à faire paraître plus odieuse encore la persécution par des chrétiens.

Le reproche formulé à l'égard de ces chrétiens est de ne pas savoir qui ils sont. En cela, ils sont comparés à «des animaux sans raison» (p. 59, 27-30)[94]. En des termes presque identiques, l'*Authentikos Logos*, lui aussi, compare les persécuteurs à un autre groupe, qu'il identifie toutefois aux païens (AuthLog, p. 33,4-11)[95].

[93] La formule se rapproche d'un passage du *Témoignage de Vérité* : «The foolish —thinking [in] their heart [that] if they confess, 'We are Christians', in word only (but) not with power while giving themselves over to ignorance, to a human death, not knowing where they are going nor who Christ is, thinking that they will live, when they are (really) in error — hasten towards the principalities and the authorities.» (TemVer, p. 31,23-32,6, cf. B.A. Pearson, S. Giversen, «*The Testimony of Truth* (IX,3)», in *The Nag Hammadi Library*, éd. J.M. Robinson, San Francisco, 1977, p. 407). La connaissance que ces chrétiens ont du Christ se limite en effet à la connaissance d'une apparence charnelle et c'est pour cette raison qu'ils tombent aux mains des puissances. «Et ils seront greffés sur le nom d'un mortel alors qu'ils pensent qu'ils seront purifiés, ils seront souillés au contraire et ils tomberont sur un nom de l'erreur ...» (ApocPi, p. 74,13-17, traduction manuscrite de J.D. Dubois).

[94] Ceux qui ne se sont pas plongés dans le baptême de l'intellect sont comparés à des animaux sans raison (ἀλόγων ζῴων) dans le traité IV (*CH*, IV,5) du *Corpus Hermétique* (cf. A.D. Nock et A.J. Festugière, *Hermès Trésmegiste* I, Paris, 1945,

[95] «Mais ceux qui sont ignorants ne cherchent pas Dieu. Ils ne s'inquiètent pas non plus de leur demeure qui est dans le repos, mais ils se conduisent d'une manière animale. Ceux-là sont pires que les païens...» (AuthLog, p. 33,4-11). Puis le texte

Ceux qui souffrent cette persécution sont ceux qui ont été libérés par le Sauveur (cf. p. 57,32-34 et comm. *ad loc.*). Ils ont été libérés par la destruction de l'empire des archontes lors de la crucifixion de l'homme charnel (cf. p. 58,31-59,3 et comm. *ad loc.*). Ils sont persécutés comme le Sauveur lui-même a été persécuté par haine. Cette mention de la haine n'est sans doute pas étrangère à Jean qui associe la haine que le monde a portée au Sauveur à celle qu'il manifestera ensuite contre ses disciples[96].

p. 59,32-60,3 (Châtiment des persécuteurs)

Les thèmes de la «porte fermée» et des «gémissements» appartiennent à la symbolique du châtiment final et font probablement référence à la parabole des invités (*Mt.*, 22,1-14) et à celle des dix vierges (*Mt.*, 28,1-13)[97]. Le reproche qui est fait aux persécuteurs de n'avoir pas connu le Sauveur «parfaitement», les identifie à ceux qui en 51,20-52,10 reconnaissent en Jésus, le Christ, sans pour autant connaître sa véritable nature[98].

«Ils ont servi deux maîtres» (p. 60,2-3). Cette affirmation s'inspire de *Mt.*, 6,24. Sa formulation positive ici est cependant paradoxale[99]. Alors que Matthieu nie la possibilité de servir deux maîtres, ici la chose

continue en donnant les deux raisons pour lesquelles ils sont pires que les païens: la première, est qu'ils ne recherchent pas Dieu, et la seconde, qu'ils persécutent ceux qui le recherchent (cf. J.É. Ménard, *L'Authentikos Logos* [*BCNH*, 2], Québec, 1977, p. 31).

[96] «Si le monde vous hait, sachez qu'il m'a haï le premier. Si vous étiez du monde, le monde aimerait ce qui lui appartiendrait; mais vous n'êtes pas du monde: c'est moi qui vous ai mis à part du monde et voilà pourquoi le monde vous hait» (*Jn*, 15,18-19) et «Je leur ai donné ta parole et le monde les a pris en haine ...» (*Jn*, 17,14).

[97] On retrouve ces mêmes thèmes dans ApocPi: «... et des gens comme cela, ce sont des ouvriers (qui) seront jetés dans les ténèbres extérieures hors des fils de la lumière ...» (ApocPi, p. 78,23-26, traduction manuscrite de J.D. Dubois qui rend cependant ϣⲏⲣⲉ par «enfants») et dans Silv: «Therefore, foolish one, you should mourn for yourself.» (Silv, p. 90,29, cf. M.L. Peel, J. Zandee, F. Wisse, «The Teachings of Silvanus (VII, 4)», in *The Nag Hammadi Library*, éd. J.M. Robinson, San Francisco, 1977, p. 347).

[98] Ceux qui persécutent les chrétiens le font, selon Jean, parce qu'ils n'ont connu ni le Christ ni le Père (cf. *Jn*, 16,1-4).

[99] Chez Matthieu en effet, la formule est négative: «Nul ne peut servir deux maîtres». *L'Évangile selon Thomas*, ainsi que le *Témoignage de Vérité* reprennent dans le même sens: «Il n'est pas possible à un homme de monter deux chevaux, de tirer deux arcs, et il n'est pas possible à un serviteur de servir deux maîtres: ou bien il honorera l'un et il offensera l'autre». (EvTh, p. 41,13-17, cf. J.É. Ménard, *L'Évangile selon Thomas* [*NHS*, 5], Leiden, 1975, p. 64) et «For no one who exists under the law will be able to look up to the truth, for they will not be able to serve two masters.» (TemVer, p. 29,23-26, cf. B.A. Pearson, S. Giversen, *op. cit.*, p. 407).

est affirmée. Les deux maîtres visés ici sont probablement les deux archontes qui, d'après Basilide, présideraient aux destinées du monde inférieur[100] et qui seraient nés des spéculations dans les milieux juifs hellénisés d'Alexandrie, sur les deux fonctions de Yahwé comme Seigneur (κύριος) et Créateur (ποιητής)[101]. Quant à la multitude, elle se réfère sans doute aux anges dispensateurs de la Loi de l'Ancien Testament (cf. p. 64,1-6) selon un enseignement courant[102]. Ainsi, d'après ce passage, la raison de la condamnation de ces chrétiens qui poursuivent les gnostiques serait d'avoir reconnu le dieu de l'A.T. comme le vrai Dieu.

p. 60,3-12 (Victoire des gnostiques)

Le combat est une des conséquences du choix que doit faire l'âme dans le monde[103]. Ce thème occupe une place centrale dans l'*Authentikos Logos*[104]. Ce combat consiste en une «séparation de jalousie et colère» (p. 60,6-7)[105]. La jalousie est la caractéristique du dieu de l'A.T. (p. 64,23-26), mais aussi de l'Église adverse (p. 68,32-69,6). Le rejet du dieu de l'Ancien Testament et de la tendance chrétienne qui le reconnaît

[100] C'est ce que rapporte Hippolyte selon lequel Basilide reconnaîtrait deux archontes présidant aux destinées du monde inférieur, l'un sur la sphère des fixes, l'autre sur celle des planètes (cf. HIPPOLYTE, *Ref.*, 23,3-25,1).

[101] A ce propos, cf. B. BARC, *L'Hypostase des Archontes*, p. 39-42.

[102] Cf. *Gal.*, 3,19 et *He.*, 2,1.

[103] Cf. A.J. FESTUGIÈRE, *La révélation d'Hermès Trismégiste* III, *Les doctrines de l'âme*, Paris, 1953, p. 113.

[104] Ce combat est institué par le Père afin que «les lutteurs se révèlent» (AuthLog, p. 26,8-20, cf. J.É. MÉNARD, *L'Authentikos Logos*, p. 17 et Commentaire, p. 50-51).

[105] «ⲁⲗⲗⲁ ⲧⲉⲧⲛⲁϫⲣⲟ ϩⲛ ϩⲱⲃ ⲛⲓⲙ ϩⲣⲁⲓ ϩⲛ ⲟⲩⲡⲟⲗⲉⲙⲟⲥ ⲙⲛ ϩⲉⲛⲙⲗⲟⲟϩ· ⲙⲛ ⲟⲩⲡⲱϣⲉ ⲛⲧⲉ ⲟⲩⲕⲱϩ ⲙⲛ ⲟⲩϭⲱⲛⲧ...» (p. 60,3-7). La traduction de H.G. BETHGE : «Ja, ihr werdet obsiegen immerdar in Krieg und in Kämpfen und in einer Spaltung, die Neid und Wut verursacht haben...», («*Zweiter*», 104) et celle de R.A. BULLARD : «But you will become victorious in everything, in war and battles, jealous division and wrath...» («*The Second*», p. 334), ne rendent pas le sens du texte. La «séparation» des ennoias qui sont dans le monde inférieur est un des aspects de la mission du Sauveur (cf. p. 50,1-7 et comm. *ad. loc.*) et une des conséquences de son passage sur terre (cf. p. 52,14-29 et comm. *ad loc.*). Le terme ⲡⲱϣⲉ «séparation» est encore employé de façon positive à la p. 68,19 où il apparaît comme un attribut du Père qui est «Noûs, Parole, Séparation, ⟨Flamme⟩ et Feu» (cf. p. 68,16-24 et comm. *ad loc.*). La séparation et la réunion sont les deux aspects de la réalisation du salut. Il faut donc traduire comme le fait M. KRAUSE : «Ihr aber werdet in allen Angelegenheiten siegreich sein, in einem Kampf und Schlachten und einer Trennung von Neid und Zorn...» (cf. «*Der zweite*», p. 129). Le passage de la 2ᵉ pers. du plur. (p. 60,3-7) à la 1ᵉ (p. 60,7-12) s'explique par le fait que le Sauveur qui parle, n'a pas à s'inclure dans cette séparation. Par contre, l'amour (ἀγάπη, p. 60,7-12) est une caractéristique qu'il partage avec les gnostiques à qui il s'adresse (cf. p. 52,1-7).

comme Père du Sauveur est donc une des conditions de la victoire finale. La seconde condition est l'amour fraternel (ἀγάπη, p. 60,7-8) que doivent pratiquer les gnostiques entre eux puisqu'ils sont «sans déficience» (cf. p. 50,1.29 et comm. *ad loc.*), possédant en propre la Pensée du Père (p. 60,10-11). L'amour est la nature véritable du Sauveur (cf. p. 52,6), Pensée du Père qui habite en chaque gnostique (cf. p. 59,9-22 et comm. *ad loc.*)[106].

Les adversaires fondent leur doctrine sur l'A.T. (p. 60,13-61,10)

L'Église adverse est une contrefaçon comme tout l'A.T. (cf. p. 62,27-64,29 et comm. *ad loc.*) sur lequel elle fonde sa doctrine. Elle est suscitée par les archontes pour maintenir les hommes dans l'esclavage et la servitude. Ces thèmes qu'on retrouve à l'état diffus tout au long du traité (cf. p. 49,25-29; 65,14-18; 68,28-69,19) vont recevoir ici leur principal développement.

p. 60,13-25. Le thème de la moquerie apparaît dans le traité chaque fois que les archontes prétendent imiter les réalités célestes, que ce soit l'Homme (cf. p. 53,32-33; 56,14-19; 62,27-64,29) ou, comme ici, l'Église. Notre auteur s'en sert ici pour introduire un élément essentiel de sa polémique. La communauté adverse tire son origine de l'initiative des archontes qui ont voulu créer une contrefaçon de l'Église plérômatique (celle des fils de la Lumière, p. 60,19) sans savoir qu'il existait déjà sur terre une Église qui est une «réunion indicible de la vérité sans tache». Et, comble d'ironie, les archontes (ou leur Église) profèrent l'enseignement d'un mort, c'est-à-dire, d'un sauveur charnel mort sur la croix, pour imiter la *liberté* et la pureté de l'Église parfaite. Or nous savons que cette doctrine conduit à l'esclavage (cf. p. 49,25-28), et plus précisément au maintien de la servitude de la Loi (cf. p. 54,1-4 et comm. *ad loc.*).

p. 60,26-35. L'Église adverse «entraîne ses fidèles dans la mort» par une doctrine «de crainte et d'esclavage» (p. 60,26-27)[107]. Dans la mesure

[106] Encore une fois, notre auteur paraît ici faire écho à un texte de Jean: «Je leur ai fait connaître ton nom et je le leur ferai connaître encore, afin que l'amour dont tu m'as aimé soit en eux, et moi en eux». (*Jn*, 17,26).

[107] «ⲉⲩϩⲱⲧⲃ ⲙⲙⲟⲟⲩ ϩⲛ ⲧⲉⲩⲥⲃⲱ· ⲉⲩϩⲟⲧⲉ ⲙⲛ ⲟⲩⲙⲛⲧϩⲙϩⲁⲗ· ⲙⲛ ϩⲉⲛϩⲁⲣⲉϩ ⲛⲕⲟⲥⲙⲓⲕⲟⲛ ⲙⲛ ⲟⲩϣⲙϣⲉ ⲉϥⲛⲏϫ ⲉⲃⲟⲗ» (p. 60,25-30). R.A. BULLARD («*The Second*», p. 334), corrigé ϩⲱⲧⲃ en ϩⲱⲧⲡ (cf. J.A. GIBBONS, *A Commentary*, p. 245). La correction n'est pas nécessaire. Dans l'*Authentikos Logos*, les adversaires de l'âme

où cette Église prône une doctrine perçue comme la continuation de l'Ancien Testament, et la suite du texte l'indique clairement, on peut penser que notre auteur avait à l'esprit les passages de Paul sur le rôle de la loi (*Gal.*, 3,15-29) et surtout *Rm.*, 7 où il écrit : «le commandement est venu, le péché a pris vie et moi je suis mort : le commandement qui doit mener à la vie s'est trouvé pour moi mener à la mort». (*Rm.*, 7,9-10). Les «observances de ce monde» (p. 60,28), c'est la Loi dispensée par les anges, Loi qui porte entre autres sur des «observances alimentaires» (cf. p. 64,2-3 et comm. *ad loc.*).

Quant au culte «rejeté», (p. 69,29), il ne s'agit évidemment pas du culte du Temple comme tel, ni du culte de la synagogue, mais de celui des chrétiens contre lesquels le traité est dirigé. En faisant du Sauveur le fils du dieu de l'Ancien Testament, l'Église adverse perpétue un culte qui n'a plus sa raison d'être.

La noblesse (p. 60,32) à laquelle les adversaires ne participent pas est, avec la liberté, une des caractéristiques de l'Église plérômatique (p. 69,4-6), de l'origine des élus (cf. p. 61,28-32) et de la communauté gnostique elle-même (cf. p. 58,32-34 et comm. *ad loc.*).

Les membres de cette Église à laquelle s'oppose notre auteur «détestent ce qu'ils sont et aiment ce qu'ils ne sont pas» (p. 60,33-35). Cet état est caractéristique de ceux qui vivent dans l'illusion. Les opposants se croient riches du Nom du Christ alors qu'ils ne savent même pas qui ils sont (p. 59,25-30). Bien qu'on ne puisse le citer comme un parallèle, la formule rappelle le paradoxe de Tertullien à propos des païens et des hérétiques, les premiers croyant tout en ne croyant pas, les seconds ne croyant pas tout en croyant[108]. Pour notre auteur, les chrétiens auxquels il s'oppose sont des hérétiques[109] qui pensent croire mais qui ne croient pas, qui pensent connaître le Sauveur (p. 59,25-30)

qui cherche, la tuent par leur dureté (AuthLog, p. 33,16-25, cf. J.É. MÉNARD, *L'Authentikos Logos*, p. 31). Il faut donc conserver ϩⲱⲧⲃ et faire de ⲉⲩϩⲟⲧⲉ (p. 60,27-28) le complément, non pas de ϩⲱⲧⲃ, mais de ⲥⲃⲱ comme en 64,1-4 (cf. CRUM, 435a).

[108] «Nous n'en attendons pas moins des païens, pas moins non plus des hérétiques! Y aurait-il une différence entre eux, sinon que les païens croient en ne croyant pas, tandis que les hérétiques ne croient pas en croyant?» (*De Carne Christi* XV,4, cf. J.P. MAHÉ, *Tertullien, La chair du Christ* I [*SC*, 216], Paris, 1975, p. 274-275).

[109] Le terme n'est pas employé par notre auteur. Celui de *L'Apocalypse de Pierre* en revanche, l'applique à des gens auxquels il adresse les mêmes reproches : «... et ils seront greffés sur le nom d'un mortel alors qu'ils pensent qu'ils seront purifiés, ils seront souillés au contraire, et ils tomberont sur un nom de l'erreur et aux mains d'un mauvais artisan avec un dogme polymorphe, en étant gouvernés par une secte (ⲉⲩⲣ ⲁⲣⲭⲉⲓ ⲉϫⲱⲟⲩ ϩⲛ ⲟⲩⲙⲛⲧϩⲉⲣⲉⲥⲓⲥ)» (ApocPi, p. 74,13-22, traduction manuscrite de J.D. Dubois).

alors qu'ils se réclament d'un homme mort (p. 60,21-22), qui prétendent à la liberté (p. 60,23-25) alors qu'ils sont maintenus dans la servitude (p. 64,1-12).

p. 60,36-61,7. Ce que notre auteur reproche ici à ses adversaires, c'est de faire de l'Ancien Testament une source de la révélation. Ils n'ont pas compris que la connaissance devait venir d'en haut et ne pouvait donc venir «de l'esclavage ni de la jalousie, ni de la crainte, ni de ⟨la⟩ volonté d'une matière de ce monde» (p. 61,4-7).

L'esclavage évidemment fait allusion à la servitude de la Loi. La crainte est une caractéristique de l'Ancienne Alliance[110]. Quant à la jalousie, on sait qu'elle est une des principales caractéristiques attribuées à l'Archonte par les gnostiques. Ce qui est contesté ici, c'est donc qu'on recherche la Vérité dans l'Ancien Testament. Enfin «la volonté (ou le désir?) d'une matière de ce monde» (p. 61,6-7) renvoi peut-être à l'homme charnel mis en croix.

p. 61,7-10 (La licence des hérétiques)

«Ce qui n'est pas à eux et ce qui est à eux, ils l'utilisent sans crainte et avec licence». (p. 61,7-10). J.A. Gibbons interprète cette affirmation dans une perspective morale[111]. Toute cette section du traité porte sur l'usage que fait l'Église adverse de l'Ancien Testament, et c'est dans ce contexte que cette phrase doit être comprise. C'est la «licence des hérétiques», que Tertullien reproche aux Marcion, Apellès et Valentin[112], que notre auteur impute à son tour à ses opposants. Ceux-ci se croient riches du Nom du Christ alors qu'ils ne connaissent pas sa véritable nature. Ce dont ils disposent et qu'ils ont en propre c'est une doctrine dispensée par des anges (p. 64,1-12), c'est l'Ancien Testament. Ce qui ne leur appartient pas, c'est le Nouveau Testament, la révélation de Jésus-Christ, qu'ils n'ont jamais connue ni comprise (p. 63,32-63,15; 65,4-13 et comm. *ad loc.*). C'est une argumentation comparable à celle de Tertullien que notre auteur sous-entend ici. Ses adversaires ne peuvent prétendre à la propriété de la révélation de

[110] Cf. JUSTIN, *Dialogue avec Tryphon*, LXVII,9-10 (Archambault I, p. 322-324).

[111] D'après lui, ce passage ferait référence au caractère non encratite de la morale des adversaires (cf. J.A. GIBBONS, *A Commentary*, p. 246). Cependant, rien ne nous permet de croire que notre auteur soit encratite lui-même. De plus, l'ensemble du traité montre que le conflit porte sur la doctrine, et non sur la morale.

[112] *De Carne Christi* I, 3-4 (cf. J.P. MAHÉ, *La chair du Christ* I, p. 212-213).

Jésus-Christ puisqu'ils la méconnaissent[113] et l'interprètent à la lumière de l'Ancien Testament.

L'Église adverse est esclavage (p. 61,11-28)

Cette section distingue deux groupes au sein de l'Église adverse : ceux qui égarent et ceux qui sont égarés. Les termes utilisés pour décrire la situation interne de cette Église : Loi et autorité (p. 61,12-13), joug, contrainte, crainte, esclavage (p. 61,21-24), violence et menace (p. 61, 26) et surtout, surveillance (ϩⲁⲣⲉϩ, p. 61,23.27 et aussi 30 bis) sont autant d'indices d'une organisation hiérarchique que notre auteur refuse[114].

p. 61,11-17. L'auteur montre de l'étonnement devant l'attitude de ses adversaires. Pour lui, ceux qui ne possèdent pas ont l'habitude de quémander ce qu'ils n'ont pas et de le désirer (p. 61,15-17). Or ses adversaires qui ne connaissent pas la Vérité (cf. par ex., p. 60,36-61,3) ne la désirent pourtant pas[115]. La raison en est qu'ils se sont donné à eux-mêmes une «autorité» (ἐξουσία) et une «Loi» (νόμος)[116] au sujet de ce qu'ils pourraient désirer (p. 61,12-14).

Cette «Loi» et cette «autorité» renvoient sans doute à la discipline ecclésiale et à la hiérarchie que dénonce l'auteur de l'*Apocalypse de*

[113] «Mais comment se fait-il que leur foi, d'un canon différent de la nôtre, emprunte pour appuyer ses propres argumentations, les Écritures de la foi qu'elle combat? Pourquoi se soucie-t-elle de Moïse puisqu'elle rejette le Dieu de Moïse?» (ID., *ibid.*, VI, 4, MAHÉ, p. 234-235).

[114] Notre interprétation de ce passage nous amène à penser que l'un des éléments essentiels qui opposent notre auteur à ses adversaires est celui de l'autorité dans l'Église. Il refuse en particulier la surveillance (ϩⲁⲣⲉϩ) que cette Église impose à ses fidèles, allusion probable au rôle et au titre des épiscopes. Cf. à ce sujet, E. PAGELS, «'The Demiurge and his Archons' — A Gnostic View of The Bishop and Presbyters?», *HTR* 69 (1976) 303.

[115] Nous retrouvons le même grief fait aux adversaires dans l'*Authentikos Logos* : ils ne cherchent pas la vérité et s'insurgent contre ceux qui la cherchent (AuthLog, p. 33,4-25, cf. J.É. MÉNARD, *L'Authentikos Logos*, p. 31 ; K. KOSCHORKE, «'Suchen und Finden' in der Auseinandersetzung zwischen gnostischem und kirchlichem Christentum» in *Wort und Dienst*, N.F. 14 [1977] 54-58).

[116] La relation qui est faite entre l'autorité et la Loi n'est peut-être pas étrangère à la légitimation apportée à la hiérarchie des fonctions dans l'Église par le recours au modèle lévitique. Cf. *Ad. Cor.*, 40-41 (A. JAUBERT, *Clément de Rome, Épître aux Corienthiens* [*SC*, 167], Paris, 1971, p. 166-170 et Introduction, p. 80-83).

Pierre chez des chrétiens qui professent la même doctrine que ceux que combat notre traité[117].

> «Et il y en aura d'autres parmi eux — qui ne sont pas de notre nombre — qui reçoivent le nom d'évêque alors que d'autres (reçoivent celui de) diacre, comme s'ils avaient reçu leur autorité (ἐξουσία) de Dieu...» (ApocPi, p. 79,22-27)[118].

Ce serait donc la hiérarchie ecclésiale et sa discipline qui empêcheraient ces chrétiens de désirer et de connaître la vérité. L'auteur de l'*Apocalypse de Pierre* écrit d'ailleurs à propos de ces évêques et ces diacres, que ce sont des «canaux sans eau» (ApocPi, p. 79,30-31)[119].

p. 61,18-28 («Ils égarent ceux qui sont parmi eux...»)

La distinction de deux groupes chez les adversaires confirme l'interprétation que nous donnons du passage précédent. Notre auteur vise surtout chez ses adversaires ceux qui jouissent de quelque autorité, morale ou institutionnelle et qui s'en servent pour égarer les fidèles[120]. Ces membres du groupe adverse agissent comme s'ils étaient maîtres de la liberté de leurs fidèles. L'image qui se profile derrière cette comparaison est celle des marchands d'esclaves[121]. Elle rappelle aussi l'avertissement de Paul aux Galates: «C'est pour que nous soyons vraiment libres que le Christ nous a libérés. Tenez donc ferme et ne vous laissez pas remettre sous le joug de l'esclavage.» (*Gal.*, 5,1).

Après avoir rappelé à ses destinataires qu'ils sont eux aussi menacés de tomber sous la coupe des adversaires qu'il dénonce[122], l'auteur

[117] Les deux traités s'élèvent en effet contre la doctrine de la crucifixion et de l'incarnation en des termes parfois fort rapprochés. Toutefois, l'auteur du GrSeth s'en prend surtout à l'utilisation que font de l'Ancien Testament ses adversaires pour fonder cette doctrine alors que celui de l'ApocPi paraît surtout en avoir contre le fait même de l'organisation hiérarchique.

[118] J. D. Dubois, *L'Apocalypse de Pierre*, traduction manuscrite.

[119] Id., *ibid.*

[120] Le thème de l'égarement est l'un des thèmes favoris de l'auteur de l'*Apocalypse de Pierre* (cf. ApocPi, p. 73,23-75,26; 76,24-77,3; 77,17-78,6; 79,32-80,7).

[121] Dans l'*Authentikos Logos*, les adversaires de l'âme sont comparés à des «négociants de corps» (AuthLog, p. 32,16-33,3, cf. J. É. Ménard, *L'Authentikos Logos*, p. 29-31, Introduction, p. 3 et Commentaire, p. 59).

[122] ⲛⲑⲉ ⲛⲧⲁⲩϣⲱⲡⲛ ϩⲁ ⲟⲩⲛⲁϩⲃ (p. 61,21-22). Bien qu'il ne soit pas impossible que cette phrase réfère à un état antérieur ou actuel des gnostiques, nous préférons traduire en supposant derrière ce texte un ὥς final suivi d'un aoriste du subjonctif (cf. Intr., p. 3). La proposition désignerait alors l'intention finale de l'action des adversaires qui serait de réduire leurs fidèles et les gnostiques eux-mêmes en esclavage. Dans la mesure où nous situons notre texte à l'intérieur d'un processus d'organisation en cours dans l'Église (cf. Intr., p. 4-7), cette traduction nous paraît meilleure.

avertit que «celui qu'ils entraînent par contrainte, violence et menace est sous la surveillance de dieu». Puisque dans le traité le titre de dieu ne s'applique qu'au dieu de l'Ancien Testament, celui que le groupe adverse reconnaît comme Seigneur et Père de Jésus-Christ (cf. p. 64,20-23 et comm. *ad loc.*), être sous la surveillance de dieu signifie donc être sous la domination de l'Archonte. Le thème se réfère sûrement au rôle de pédagogue que remplit la Loi de Moïse (*Gal.*, 3,23-25)[123] mais aussi au rôle de surveillance des épiscopes[124].

Enfin, que notre auteur distingue deux groupes dans la communauté adverse et qu'il évoque le danger pour lui et ses destinataires de tomber sous le joug des adversaires qu'il dénonce, éclaire singulièrement sa perception de la situation. Il ne fait pas de distinction radicale entre les fidèles qui sont dans l'esclavage et ceux à qui il s'adresse, qui pourraient eux aussi y succomber. Ce sont les membres de la hiérarchie adverse, c'est l'«autorité» et la «Loi» qu'il dénonce et non les fidèles eux-mêmes.

Les vrais chrétiens sont libres et égaux (p. 61,28-62,26)

Par opposition à l'esclavage et à la surveillance qui prévalent dans la communauté adverse, ce sont la liberté et l'égalité qui caractérisent l'état du vrai chrétien.

p. 61,28-62,14 (La génération sans roi)

Les véritables chrétiens n'ont besoin d'aucune autorité au-dessus d'eux car ils savent veiller aux choses spirituelles, à ce qui est leur (p. 61,30-31)[125]. Ils sont nobles (εὐγενής, p. 61,29), c'est-à-dire libres et égaux (p. 62,6-7). Ce sont les caractéristiques de la «génération sans roi» d'après la *Sophia Jesu Christi* (SJC, p. 91,17-92,11)[126].

[123] «Avant la venue de la foi, nous étions gardés en captivité sous la loi, en vue de la foi qui devait être révélée. Ainsi donc, la loi a été notre surveillant, en attendant le Christ, afin que nous soyons justifiés par la foi. Mais après la venue de la foi, nous ne sommes plus soumis à ce surveillant» (*Gal.*, 3,23-25).

[124] On trouve par exemple, cette comparaison entre l'évêque et Dieu le Père, chez Ignace d'Antioche : «Et à vous, il convient de ne pas profiter de l'âge de votre évêque, mais par égard à la puissance de Dieu le Père, lui accorder toute vénération ; je sais en effet que vos saints presbytres n'ont pas abusé de la jeunesse qui paraît en lui, mais comme des gens sensés en Dieu, ils se soumettent à lui, non pas à lui, mais au Père de Jésus-Christ, à l'évêque de tous.» (*Magn.*, III, 1, cf. Th. CAMELOT, *Ignace d'Antioche, Lettres* [*SC*, 10], Paris, 1969, p. 82-83).

[125] Ce qui est sien, ce sont les réalités pneumatiques par opposition à celles du monde de l'Archonte (cf. J.É. MÉNARD, *L'Authentikos Logos*, p. 55).

[126] Cf. SJC p. 123,11-124,9 (H.M. SCHENKE, *Die gnostischen Schriften des koptischen*

La raison de cet état est que par le baptême qui identifie le parfait au Sauveur (cf. p. 49,29-50,1), sa volonté a été totalement assimilée à celle du Père[127]. Comme le Sauveur (cf. par ex., p. 57,3-7), le parfait est donc celui qui accomplit en tout la volonté du Père. Il est le bon (ἀγαθός, p. 62,10-11) et c'est le Sauveur qui agit en lui.

C'est sur cet état d'union des parfaits avec le Sauveur que se fonde leur égalité (p. 61,6-10)[128] et l'absence d'autorité dans la communauté. Par le baptême, ils sont en mesure de s'édifier mutuellement[129], non seulement en écoutant la Parole, c'est-à-dire passivement, mais de façon active, en proclamant la parole (ⲟⲩϣⲁϫⲉ ⲉϥϫⲏⲕ ⲉⲃⲟⲗ, p. 62,1-5)[130].

Enfin, cette égalité à l'intérieur de la communauté empêche l'éclosion de rivalités (p. 62,9-10.13-14) comme cela arriverait dans une communauté dont l'ordre serait hiérarchique. Cette idée rappelle un passage de l'*Apocalypse de Pierre* qui reproche aux évêques et aux diacres leur penchant pour les premières places (ApocPi, p. 79,22-30).

p. 62,14-26 (Mise en garde)

Dans une telle communauté où l'égalité de tous se fonde sur la capacité de chacun d'accomplir la volonté du Père, établir des distinctions (p. 62,14-15) serait ne pas accomplir cette volonté. Celui qui serait partisan d'introduire une telle division dans la communauté ne vivrait donc dans la communauté fraternelle que partiellement et par position et non totalement ni par nature comme le parfait[131].

Papyrus Berolinensis 8502, p. 222-225). A propos de la «génération sans roi», cf. M. TARDIEU, *Trois mythes gnostiques*, p. 81, note 236.

[127] Nous corrigeons ⲉⲧⲣⲉⲥϣⲱⲡⲉ en ⲉⲧⲣⲉ⟨ϥ⟩ϣⲱⲡⲉ à la p. 61,35. Le sujet du verbe ne peut être ϯⲉⲛⲛⲟⲓⲁ, la Pensée du Père (p. 61,33), puisqu'il est question du baptême du parfait. C'est donc la volonté du parfait (ⲡⲉϥⲟⲩⲱϣⲉ, p. 61,33) qui est le sujet du verbe. Le traducteur aura accordé le verbe sur le genre du grec θέλημα en rendant conformément à l'usage le neutre par un pronom féminin (cf. L. STERN, *Koptische Grammatik*, §487).

[128] Nous traduisons ⲥⲙⲛⲧⲟⲩ (p. 62,6) sur le grec ἴσος εἶναι (CRUM, 337a).

[129] H.G. BETHGE («*Zweiter*», 105) coupe la phrase qui va de la p. 61,32 à 62,5 en 62,1. Nous croyons au contraire que 62,1-5 est intimement lié à ce qui précède. En effet, le baptême est le sacrement qui consacre l'unité : unité des gnostiques avec le Sauveur et le Père (p. 49,29-50,1), mais aussi unité des gnostiques à l'intérieur de l'Église. Nous adoptons donc le même découpage que R.A. BULLARD («*The Second*», p. 334) et M. KRAUSE («*Der zweite*», p. 133).

[130] ⲟⲩϣⲁϫⲉ ⲉϥϫⲏⲕ ⲉⲃⲟⲗ (p. 62,5) pourrait signifier simplement la mise en pratique de la parole. Toutefois, le contexte nous incite à donner à cette expression un sens plus fort. C'est probablement du droit de tous à proclamer la parole qu'il s'agit. Pour ce sens, cf. CRUM, 761a : «ⲡϫⲱⲕ ⲙⲡⲉⲓϣⲁϫⲉ ⲛⲕⲉⲙⲁ» (ShBor, 246,61).

[131] Le terme «καθολικός» (p. 62,26) avait déjà à l'époque où le traité a été écrit le sens d'«orthodoxe» (cf. E.C. BLACKMAN, *Marcion and his influence*, Londres, 1948,

L'opposition (p. 62,22-23) «par nature» (φύσει) et «par position» (θέσει) a une origine grammaticale[132]. Elle est souvent utilisée chez les valentiniens à propos des trois races[133], et Héracléon l'utilise dans l'exégèse qu'il donne de *Jn*, 8,44 : «Votre père, c'est le diable et vous avez la volonté de réaliser les désirs de votre père». «Ces paroles, dit Héracléon, s'appliquent non aux fils du diable par nature, c'est-à-dire aux terrestres, mais aux psychiques qui sont devenus fils du diable par position...»[134]. Ce rapprochement avec *Jn*, 8, que notre auteur avait sans doute à l'esprit, nous fournit peut-être la raison de l'introduction de la critique de l'Ancien Testament dans la suite du texte. Les figures vétéro-testamentaires, auxquelles en appellent les Juifs contre Jésus en *Jn*, 8,31-59, représentent pour notre auteur les générations dominées par l'Archonte par opposition à Jésus et ses frères ou ses compagnons de race (ϣβρ ηгєнοс, p. 63,9) qui sont sans péché.

Critique de l'Ancien Testament (p. 62,27-65,18)

Toute cette section, introduite par un γάρ explicatif, entend démontrer que ni le Sauveur ni les siens ne sont les héritiers des générations de l'Ancien Testament. La clef en est donnée à la p. 64,23-26 : l'Archonte est objet de dérision quand il prétend reporter les péchés des pères sur les fils jusqu'à la troisième et quatrième génération. Les valentiniens auraient interprété ainsi cette phrase : «les trois lieux désignent la gauche et la «quatrième génération» indique leur propre semence (des valentiniens)» (*Ext. Théod.*, 28)[135]. Dans l'HypArch (p. 96,17-32) la quatrième génération est celle du Sauveur, alors que les trois précédentes sont dominées par l'Archonte[136]. L'Archonte est donc objet de dérision quand il entend reporter les péchés jusqu'à la quatrième génération qui est celle du Sauveur et de ses frères. Ceux-ci en effet sont «innocents»[137]

p. 15-19). Il s'agit donc probablement d'un trait polémique. Le terme est aussi employé dans *La Paraphrase de Sem* (ParaSem, p. 4,5; 12,16-18) dans un autre contexte.

[132] Cf. par exemple G. UHLIG, *Scholia in Dionysii Thracis Artem Grammaticam* (Grammatici Graeci I, I/III), Stuttgart, 1965, p. 206.

[133] Cf. F. M. M. SAGNARD, *La gnose valentinienne*, Index, p. 658-659.

[134] HÉRACLÉON, 40/46, cf. W. FOERSTER, *Von Valentin zur Herakleon* (*BZNTW*, 7), Berlin, 1928, p. 30. La traduction citée est de F. M. M. SAGNARD, *op. cit.*, p. 512.

[135] Cf. F. M. M. SAGNARD, *Clément d'Alexandrie*, *Extraits de Théodote* (*SC*, 23), Paris, 1970, p. 118-121.

[136] Cf. B. BARC, *L'Hypostase des Archontes*, Commentaire, p. 181-184.

[137] Nous avons traduit ατκαϭιa par «innocents» ici contrairement à ce que nous avons fait pour μντατκαϭιa à la p. 50,1.29 (cf. comm. *ad loc.*) à cause de la proximité du verbe «pécher» (ρ νοβє). Il ne faut pas pour autant entendre «ατκαϭιa» au sens moral.

face à lui car ils n'ont pas péché (p. 62,33-34; 63,2-3.9-11.16-17.24-25). Cette section illustre la rupture qui existe entre la «génération sans roi», c'est-à-dire les parfaits à qui le traité est adressé et les générations qui sont sous la coupe de l'Archonte. Celles-ci en effet, depuis Adam, jusqu'à Moïse et Jean le Baptiste n'ont connu ni le Sauveur ni ses frères (p. 63,32-64,6). C'est donc, dans une perspective polémique, le refus de considérer l'Ancien Testament comme source de révélation qui se trouve ainsi formulé (cf. p. 60,36-61,10 et comm. *ad loc.*)

La série de cinq strophes qui va de la p. 62,27 à 63,25 doit être attribuée à une source indépendante de notre traité. Sa forme «litanique»[138] qui tranche sur la stylistique de notre auteur en est un indice sûr. De plus, le verbe «pécher» et le titre «Hebdomade» qui apparaissent dans chaque couplet ne se retrouvent pas ailleurs dans le traité. Enfin, notre auteur a voulu compléter la «litanie». Il y ajoute deux «strophes» inspirées des précédentes (p. 63,26 à 64,29). Elles sont cependant beaucoup plus longues et le titre d'Archonte, habituel dans le traité, y remplace celui d'Hebdomade.

Il est difficile de déterminer avec exactitude l'origine de ces cinq strophes. On peut penser, comme le souligne J.A. Gibbons[139], qu'elles veulent ridiculiser quelque liste de «saints» de l'Ancien Testament du type de celle qu'on trouve chez Clément de Rome[140].

Bien que l'auteur du traité donne à cette «litanie» une orientation nouvelle si on en juge par les deux développements qu'il y ajoute (p. 63, 26-64,17 et 64,17-29, cf. comm. *ad loc.*), on peut penser qu'à l'origine, elle était orientée contre la doctrine christologique selon laquelle le Sauveur aurait été un homme charnel. Les figures évoquées dans les quatre premières strophes appartiennent en effet aux généalogies de

[138] J.A. GIBBONS (*A Commentary*, p. 255-256) a comparé la forme des couplets de cette «litanie» à celles de l'Agnus Dei prise comme type de l'invocation litanique. Il n'est cependant pas possible d'aller plus loin dans cette voie pour le moment, ni d'établir un rapprochement avec quelque forme cultuelle gnostique.

[139] ID., *ibid.*, p. 256-257.

[140] *Ad Cor.*, 17,2-18,1 : «Abraham a reçu un grand témoignage, il a été appelé ami de Dieu. Mais quand il fixe ses regards sur la gloire de Dieu, il dit avec humilité : 'Pour moi, je suis terre et cendre'. Et au sujet de Job, voici ce qui est écrit : 'Job était juste, irréprochable, véridique, religieux, éloigné de tout mal'. Et pourtant lui-même s'accuse en disant : 'Personne n'est pur de souillure même s'il n'a vécu qu'un seul jour'. Moïse a été appelé 'fidèle dans toute sa maison'; il fut le serviteur par lequel Dieu châtia les Égyptiens avec les plaies et fléaux qu'ils subirent. Et pourtant, malgré toute sa gloire, il ne s'est pas orgueilleusement vanté... Que dire de David, à qui il a été rendu témoignage? Dieu lui a dit : 'J'ai trouvé un homme selon mon cœur, David, le fils de Jessé; dans ma miséricorde éternelle je l'ai oint'...» (cf. A. JAUBERT, *Clément de Rome, Épître aux Corinthiens*, p. 128-131).

Jésus (*Mt.*, 1,1-17; *Lc*, 3,23-38). Quant aux douze prophètes évoqués dans la cinquième strophe, leur témoignage était utilisé principalement pour appuyer la doctrine orthodoxe de l'incarnation du Christ[141].

Ces différentes figures, la «litanie» les présente comme des contrefaçons ou des faux témoins suscités par l'Hebdomade (= l'Archonte)[142] qui s'imaginait exercer sa domination sur le Sauveur et les siens, c'est-à-dire la «génération sans roi». En cela, ces différentes figures sont objet de dérision comme ceux qui s'imaginent qu'un homme charnel est le Sauveur alors qu'il n'en est que la contrefaçon (cf. p. 53,32-33; 56, 14-19 et comm. *ad loc.*).

p. 62,27-34 (Adam)

Adam a été modelé comme la contrefaçon (ⲡⲁⲣⲁ ⲡϣⲱⲗϩ, p. 62,28) du type (τύπος, p. 62,29) de l'Homme. L'expression rappelle *Rm.*, 5,14. Elle se rapproche davantage du vocabulaire de l'*Épître aux Hébreux* pour qui les réalités vétéro-testamentaires ne sont pas des types, mais la copie du type, c'est-à-dire du modèle céleste[143]. Ici cependant, Adam n'est pas une «copie» du type céleste, mais sa contrefaçon.

p. 62,34-63,3 (Abraham, Isaac et Jacob)

Selon Paul, Abraham est le père des croyants (*Rm.*, 4,11-12), parce qu'ils sont réunis dans le Christ, héritier d'Abraham (*Gal.*, 3,29). De même, Luc rattache la maternité de Marie aux promesses faites à Abraham (*Lc*, 1,55) et en *Jn*, 8,56, Jésus se présente comme celui en qui se réalisent ces promesses. Enfin, Matthieu fait remonter la généalogie de Jésus à Abraham, Isaac et Jacob (*Mt.*, 1,1-3). En leur refusant le titre de pères, c'est la conception du Sauveur comme Messie, c'est-à-dire comme celui en qui se réalisent les promesses de l'Ancien Testament qui est rejetée.

p. 63,5-9 (David et son fils)

Même si c'est David qui est un objet de dérision, c'est son «fils»

[141] Cf. p. ex. *De Carne Christi*, XXI-XXII (J.P. MAHÉ, *Tertullien, La Chair du Christ*, p. 294-303).

[142] L'Hebdomade est le septième ciel, lieu du démiurge, mais elle est également le démiurge lui-même chez les valentiniens (cf. IRÉNÉE, *Adv. Haer.*, I,5,2.5).

[143] «... mais leur culte, ils le rendent à une figure, à une esquisse des réalités célestes...» (ὑποδείγματι καὶ σκιᾷ λατρεύουσι τῶν ἐπουρανίων, *He.*, 8,5) et «Ce n'est pas, en effet, dans un sanctuaire fait de main d'homme, simple copie du véritable (ἀντίτυπα τῶν ἀληθινῶν), que le Christ est entré, mais dans le ciel même...» (*He.*, 9,24).

qui est visé ou plutôt, l'application du titre du «Fils de l'Homme» qui est le Sauveur véritable (cf. p. 69,20-22) au fils de David. C'est donc encore une fois la conception du Sauveur comme étant le Messie attendu par Israël qui est rejetée. L'emploi du verbe ἐνεργεῖν à propos du fils de David pourrait bien être une allusion ironique à la réputation de magicien de Salomon[144].

p. 63,11-17 (Salomon)

Tous les rois d'Israël furent oints comme Salomon le fut (1 *Ch.*, 29, 22-25). Le roi d'Israël est l'oint de Yahwé (1 *S.*, 24,7), son «Messie». Pour notre auteur cependant, Salomon n'a pas véritablement reçu l'onction qu'il a seulement cru recevoir (p. 63,12). Encore une fois, ce passage aurait une signification christologique : ce serait la préfiguration du titre de Christ dans l'Ancien Testament qui serait ici refusée.

L'orgueil de Salomon est sans doute une allusion à son désir de magnificence ou peut-être à la sagesse qu'il aurait reçue en partage (cf. 2 *Ch.*, 1,1-17).

p. 63,17-25 (Les douze prophètes)

Le thème des faux prophètes apparaît à quelques reprises dans la Bibliothèque de Nag Hammadi[145]. Le Sauveur véritable, selon l'*Apocalypse de Pierre*, n'a pas été annoncé par les prophètes (ApocPi, p. 71, 7-9). C'est sans doute sous cet angle encore qu'on les dénonce comme faux prophètes dans le GrSeth. Que les prophètes de l'Ancien Testament aient été des créatures de l'Archonte était également répandu dans différentes sectes gnostiques d'après Irénée et Épiphane[146]. J. A. Gibbons se demande quels sont les vrais prophètes dont ceux de l'Ancien Testament furent une fausse imitation[147]. Compte tenu que les entreprises

[144] Le verbe ἐνεργεῖν est employé dans le Nouveau Testament pour désigner une influence surnaturelle bonne (cf. *Gal.*, 2,8; *Mt.*, 14,2) ou mauvaise (cf. *Rm.*, 7,5), agissant dans une personne. Au sujet de son emploi pour désigner la possession démoniaque, cf. LAMPE, 473a. A propos de la réputation de magicien de Salomon dans la Bibliothèque de Nag Hammadi, cf. S. GIVERSEN, «Solomon und die Dämonen», in *Essays on the Nag Hammadi Texts*, éd. M. Krause (*NHS*, 3), Leiden, 1972, p. 16-21. L'emploi du verbe ἐνεργεῖν pourrait aussi se fonder sur l'assimilation des archontes aux puissances planétaires, cf. p. ex. *Extraits de Théodote*, 70 (F.M.M. SAGNARD, *Clément d'Alexandrie. Extraits de Théodote*, p. 194-195). Au sujet de l'emploi d'ἐνέργεια en contexte astrologique, cf. A. ORBE, *Estudios Valentinianos* II, *En los albores de la exegesis Iohannea* (*Analecta Gregoriana*, LXV), Rome, 1955, p. 344-351.

[145] Cf. EvTh, p. 42,12-14; EvEgypt III, p. 61,13-15.

[146] Cf. IRÉNÉE, *Adv. Haer.*, I,23,3; I,24,5; I,30,1; et HIPPOLYTE, *Ref.*, 5,26,26; 6, 35,1; 7,25,1-5.

[147] Cf. J.A. GIBBONS, *A Commentary*, p. 261.

des archontes sont toujours des contrefaçons, qu'il s'agisse de leur homme (cf. p. 53,5-19) ou de leur Église (cf. p. 68,32-69,6), la mention des vrais prophètes répond à une nécessité logique. On ne peut déduire pour autant que notre auteur ait reconnu des «vrais prophètes».

p. 63,26-30 (Moïse)

Le titre de «serviteur fidèle» (ⲟⲩϩⲙϩⲁⲗ ⲙⲡⲓⲥⲧⲟⲥ, p. 63,27) attribué à Moïse rappelle *Nb.*, 12,7 : «Il n'en est pas ainsi de mon serviteur Moïse, lui est à demeure dans ma maison». (LXX : «ἐν ὅλῳ τῷ οἴκῳ μου πιστός ἐστιν») que Clément de Rome (*Ad Cor.*, 17,5) reprend : «Moïse a été appelé «fidèle dans toute sa maison; il fut le serviteur...»[148]. Et c'est en tant que serviteur que l'*Épître aux Hébreux* compare Moïse au Christ : «Or Moïse fut accrédité dans toute sa maison comme serviteur en vue de garantir ce qui allait être dit, mais Christ l'est comme Fils et sur sa maison.» (*He.*, 3,5). C'est donc probablement à titre de «figure» du Sauveur que Moïse était inscrit parmi les autres personnages de l'Ancien Testament[149]. Le titre de «compagnon» (63,28) n'est pas attribué à Moïse dans la Bible[150].

p. 63,32-64,17 («Depuis Adam jusqu'à Moïse et Jean le Baptiste, personne parmi eux ne m'a connu»)

La mention du Baptiste indique bien que c'est l'utilisation de l'Ancien Testament par des chrétiens qui est en cause ici. Aucune des figures de l'Ancien Testament, ni même Jean-Baptiste, le précurseur du «Messie» (cf. *Lc*, 1,5-25) n'a connu le Sauveur ni ses frères, c'est-à-dire les éons du Plérôme et les parfaits en ce monde (cf. Intr., p. 12-13). La raison de leur incapacité à connaître la Vérité, c'est la Loi «dispensée par leurs anges» (p. 64,2, cf. *Gal.*, 3,19)[151], donc par l'Archonte, Loi que notre auteur ravale au niveau de simples «observances alimentaires»

[148] Cf. A. Jaubert, *Clément de Rome, Épître aux Corinthiens*, p. 128-129.

[149] On peut penser qu'à l'origine, la strophe concernant Moïse était à sa place dans la liste chronologique, soit entre la deuxième et la troisième strophe. Moïse étant l'instigateur de la Loi, notre auteur en aura fait celui en qui se résume toute l'erreur de l'Ancien Testament et il l'aura reporté en fin de liste.

[150] J.A. Gibbons, (*A Commentary*, p. 262) émet à ce sujet l'hypothèse que l'attribution de cette épithète à Moïse pourrait avoir sa source dans quelque confusion introduite entre Moïse et un autre personnage (Abraham) à partir d'une liste du type de celle de *Ad Cor.*, 17 (A. Jaubert, *Clément de Rome, Épître aux Corinthiens*, p. 128-133).

[151] «ϩⲉⲛⲁⲅⲅⲉⲗⲟⲥ ⲛⲉⲧⲛⲧⲟⲟⲧⲟⲩ» (p. 64,2) signifie sans doute les anges des archontes, comme ⲡⲓⲥⲱⲛⲧ ⲉⲧⲛⲧⲁϥ (p. 50,4-5) réfère à la création de l'Archonte.

(p. 64,1-3), de même que la servitude dans laquelle ils se trouvaient sous la Loi.

L'enchaînement des thèmes de ce passage : connaissance de la vérité (p. 64,5) et de la liberté (p. 64,10), connaissance du Fils de l'Homme (p. 64,11-12) et du Père (p. 64,12-14), rappelle la réponse de Jésus à la question que lui posent les Juifs : «Toi, qui es-tu?» en *Jn*, 8,26-33 :

> «... 'celui qui m'a envoyé est véridique et ce que j'ai entendu auprès de lui, c'est cela que je déclare au monde'. Ils ne comprirent pas qu'il leur avait parlé du Père. Jésus leur dit alors : 'Lorsque vous aurez élevé le Fils de l'Homme, vous connaîtrez que 'je suis' et que je ne fais rien de moi-même : je dis ce que le Père m'a enseigné... Si vous demeurez dans ma parole, ..., vous connaîtrez la vérité et la vérité fera de vous des hommes libres'».

Tout le chap. 8 de Jean porte sur l'opposition entre Jésus et les Juifs, entre son Père et leur père. Ce chapitre se trouve donc à confirmer, pour un gnostique, la rupture entre la race du Sauveur et des siens et celles qui sont sous la domination de l'Archonte. Étant sous le joug de la Loi, les Juifs et aussi les chrétiens qui utilisent l'Ancien Testament comme source de révélation ne peuvent donc connaître le Sauveur (p. 63,3-64,4) ni par conséquent la vérité, ni la liberté. Ils ne peuvent pas appartenir à la «génération sans roi». La connaissance qui libère, c'est la connaissance du Fils de l'Homme, c'est-à-dire la reconnaissance que le Sauveur n'est pas une créature de l'Archonte (cf. p. 58,31-59,9 et comm. *ad loc.*), mais le Fils de la Grandeur. Le monde n'a pas compris qui était le véritable Père du Sauveur (p. 64,12-14), c'est-à-dire son origine céleste, d'où la persécution infligée aussi bien au Sauveur qu'aux siens. Et ce passage où on reconnaît bien la doctrine et l'inspiration johannique de notre auteur se conclut sur une reprise de la formule de conclusion des strophes précédentes.

p. 64,17-29 (L'Archonte)

La dernière strophe de cette «litanie», introduite par un γάρ explicatif, est de facture rédactionnelle. Elle attribue trois citations à l'Archonte dans lesquelles il affirme sa domination sur la «génération sans roi». «Je suis Dieu et nul n'est plus grand que moi» (p. 64,19-20) rappelle le «blasphème de l'Archonte» : «Je suis Dieu et il n'y en a pas d'autre en dehors de moi» (cf. HypArch, p. 86,30-31; 94,21-22; Ecr sT, p. 103,12-13). L'écart entre les deux formules s'explique par le fait qu'ici, ce n'est pas d'abord la vanité de l'Archonte qui est évoquée, mais sa prétention à dominer la «génération sans roi» (cf. *supra*, p. 128s.).

Dans la seconde «citation» qu'on ne retrouve nulle part ailleurs, l'Archonte prétend être le seul «Père et Seigneur» (p. 64,20-22). Il est possible que cette double prétention reflète les spéculations sur les deux fonctions ou hypostases divines (cf. *supra*, p. 119s.). Il faut la comprendre à la lumière du contexte et spécialement de la p. 64,30-38. Il n'est pas le seul Père, les parfaits en ont un autre qui est supérieur et ils sont eux-mêmes supérieurs à l'Archonte. Quant à la dernière citation, cf. *supra*, p. 128s.

p. 64,30-38 («Il n'est pas en accord avec notre Père»)

Ce passage reprend l'opposition entre le Père véritable et l'Archonte. Il affirme cependant la suprématie, non pas du Père lui-même, mais des gnostiques sur l'Archonte. C'est donc encore une fois le thème de la «génération sans roi» qui est repris au terme de cette litanie. Le débat est ramené, au niveau de la polémique, à une opposition entre deux doctrines: «nous sommes tellement supérieurs à son enseignement» (p. 64,30) et deux types d'organisation ecclésiale: «notre communauté a si bien prévalu sur sa doctrine...» (p. 64,34-35). À travers toute cette section, c'est donc toujours de l'opposition entre deux interprétations de la doctrine qu'il est question.

p. 64,39-65,2 («Dérision, jugement et fausse prophétie...»)

Tout l'Ancien Testament est dérision comme toutes les tentatives des archontes pour imiter les réalités célestes sont dérisoires (cf. comm. *ad* 56,14-19). Tout cela était fausse prophétie. La fausse prophétie dépasse le rôle des prophètes eux-mêmes. C'est l'Ancien Testament dans son entier qui est fausse prophétie car il n'annonce pas la venue du véritable Sauveur. Tout cela était aussi jugement. C'est en effet la reconnaissance de la véritable nature du Sauveur qui opère la κρίσις (cf. comm. *ad* 52,10-14 et 58,13-17). Tout comme ceux qui annoncent un Sauveur mort sur la croix sont déjà condamnés, ceux qui croient en un Sauveur héritier des promesses de l'Ancien Testament le sont aussi.

p. 65,2-18 («Aveugles, vous ne voyez pas votre aveuglement...»)

Cette apostrophe a un contenu christologique et elle s'adresse aux adversaires identifiés à ceux qui ont cru faire mourir le Sauveur sur la croix (cf. par ex. p. 55,36-56,4). Ces derniers n'ont pas prêté une oreille attentive au Sauveur lorsqu'il s'est manifesté. Voilà pourquoi ils ont persévéré dans un jugement erroné (cf. *Jn*, 8,14-15: «... vous ne savez ni d'où je viens ni où je vais. Vous jugez de façon purement humaine»).

Parce qu'ils n'ont pas connu le Sauveur, ils se sont élevés contre lui (cf. 1 *Co.*, 2,8) en vain cependant car ils ne pouvaient l'atteindre. De même, ceux qui croient que le Sauveur est mort sur la croix sont toujours esclaves de «la Loi et de la crainte», c'est-à-dire de l'Archonte[152].

Conclusion christologique (p. 65,18-32)

En guise de conclusion à cette longue section dirigée contre la doctrine christologique de ceux qui persécutent les gnostiques, le traité précise l'origine du Sauveur et le mode de l'accomplissement de sa mission dans le temps de l'Église.

p. 65,18-19 (Je suis le Christ, le Fils de l'Homme)

C'est la première fois que le Sauveur s'identifie de façon positive comme le Christ, mais il associe ce titre à celui de Fils de l'Homme qui exprime plus que tout autre, l'origine céleste du Sauveur[153], sa transcendance. Au début de l'épilogue, les deux titres seront encore une fois associés pour exprimer l'origine céleste de la révélation exposée dans le traité (cf. p. 69,20-70,1 et comm. *ad loc.*).

p. 65,19-31 (Celui qui est issu de vous)

Le Sauveur est d'origine céleste, il est le Fils de l'Homme, mais il est aussi issu de ceux à qui il s'adresse. Ces derniers en effet, ont reçu en eux les éons du Plérôme qui sont descendus s'unir aux ennoias en venant habiter dans les corps (cf. p. 59,9-22 et comm. *ad loc.*). Or le Sauveur, en tant que personne distincte est lui-même issu du Plérôme (cf. p. 50,1-24 et comm. *ad loc.*). Il est donc issu des gnostiques eux-mêmes.

Et il habite en chacun puisqu'il s'est uni aux éons du Plérôme lors de leur descente (cf. p. 59,9-22 et comm. *ad loc.*). Le sens de «pour être méprisé à cause de vous» (p. 65,20), ne nous apparaît pas clairement. Il y a là sans doute une allusion, soit à la passion, soit aux persécutions subies par les gnostiques eux-mêmes. Quoi qu'il en soi, la suite du texte est claire : «afin que vous-mêmes vous oubliiez la dualité» (p. 65,22-23) renvoie à la présence en chaque gnostique de l'ennoia et de

[152] Pour notre auteur, le projet de présenter un Sauveur charnel aux hommes, a été formé pour maintenir la domination de l'Archonte sur le monde (cf. p. 53,5-24 et comm. *ad loc.*).

[153] Cf. à ce sujet I. ENGNELL, *A Rigid Scrutiny : Critical Essays on the Old Testament*, Nashville, 1969, p. 237-241.

l'éon sauveur. Et le salut consiste en la réunion de ces deux principes. Oublier la dualité, c'est reconnaître que ces deux principes n'en font qu'un[154], c'est-à-dire devenir spirituel et échapper à la domination de la matière. Par contre, ne pas reconnaître en soi l'unité de ces deux principes, c'est tomber sous la coupe de la matière, élément féminin[155] source de tout mal[156].

Le salut est donc dépeint ici en termes de renoncement au monde de la matière et de réunion spirituelle comme à la p. 58,28-59,9 (cf. comm. *ad loc.*). Au niveau polémique, il s'agit pour le gnostique de manifester son appartenance à la «génération sans roi» en reconnaissant en lui la présence du Sauveur et en rejetant la doctrine des adversaires qui cherchent à maintenir la domination de l'Archonte sur leurs fidèles.

p. 65,31-32 («Mais Moi, je suis pour vous un mystère indicible.»)

Cette phrase conclut la troisième partie du traité. Selon l'interprétation que nous donnons du «mystère» à la p. 57,20 (cf. comm. *ad loc.*), cette courte formule ferait référence au mystère d'unité qu'est le Sauveur : son unité avec le Père et la Pensée du Père, son unité avec les éons du Plérôme, son unité avec le Sauveur manifesté dans le monde et enfin, son unité avec les élus à qui la révélation est adressée. Cette phrase résumerait donc tout l'enseignement du traité en même temps qu'elle servirait d'introduction à sa dernière partie dont le thème central sera le mariage céleste, manifestation par excellence de l'unité.

IV. ESCHATOLOGIE
(p. 65,33-69,19)

Cette quatrième et dernière partie du traité correspond à la partie des traités de l'âme consacrée à l'eschatologie (cf. Intr., 8-10). Son thème central est celui de l'unité de l'Église et son organisation obéit à la même logique que la christologie :

[154] Dans *Noréa*, par exemple, le salut consiste en la reconnaissance que les «deux noms», c'est-à-dire Noréa et Adamas ou encore, le Noûs et la Noèsis, n'en font qu'un (Nor, p. 28,28-29,6, cf. M. ROBERGE, *Noréa*, p. 162-163). De même dans l'EvPhil (p. 70,9-17), ce salut est présenté comme la réunion par le Christ du principe masculin et du principe féminin (cf. J.É. MÉNARD, *L'Évangile selon Philippe*, p. 84-85 et Commentaire, p. 197-198).

[155] Cf. CLÉMENT D'ALEXANDRIE, *Stromates* III, 6 (: II, p. 216,30-217,10 Stählin).

[156] Un semblable «catalogue de vices» apparaît aussi dans l'AuthLog, p. 30,28-31,7 (cf. J.É. MÉNARD, *L'Authentikos Logos*, p. 24-27 et comm., p. 57).

Christ	Église
existence d'un Sauveur céleste;	réalisation d'une «réunion» par l'Église céleste (p. 65,33-67,11);
manifestation du Sauveur dans le monde;	manifestation de cette «réunion» dans le monde dans la communauté gnostique (p. 67,11-19);
remontée du Sauveur apparu dans l'ordre de la manifestation avec le Sauveur céleste;	réunion finale de l'Église d'en bas avec l'Église céleste (p. 67,20-68,24);
fabrication d'un faux sauveur par les archontes (= christologie des adversaires).	fabrication d'une fausse «réunion» par les archontes (= ecclésiologie des adversaires, p. 68,25-69,20).

C'est donc le modèle anthropogonique qui fournira à notre auteur le cadre de son exposé ecclésiologique comme il avait inspiré sa christologie (cf. Intr., p. 17-21).

Lue dans une perspective doctrinale, cette partie du traité apparaît comme un discours ecclésiologique où le Sauveur est présenté comme le principe de l'unité plérômatique aussi bien que de l'unité de la communauté gnostique dans le monde et de sa réunion finale avec le Plérôme. Sous l'angle de la polémique menée par notre auteur, elle se présente comme un ultime appel lancé aux destinataires du traité à réaliser entre eux l'unité plérômatique. Elle est donc la suite logique de la section précédente (p. 59,9-65,33) dont l'objectif est, nous semble-t-il, de faire découvrir aux destinataires du traité qu'ils appartiennent à une race différente, supérieure à celle des adversaires.

Le terme-clef de cette partie du traité est le mot ϩωⲧⲡ (p. 66, 2.22.34; 67,16,20.32.36; 68,32) qui rend l'idée de réconciliation (καταλλαγή), donc de réunion d'éléments auparavant disjoints. Nous le traduisons par «réunir» ou «réunion». Cette terminologie permet de penser que notre auteur adresse son traité à des gens qui n'appartiennent pas tous à une même communauté et qu'il cherche à les réunir. C'est cette situation de fait qui lui aura dicté le choix de ce terme.

Le mariage céleste primordial (p. 65,33-67,11)

Ce mariage spirituel est bien le mariage céleste primordial. Il se passe dans un temps antérieur à la «fondation du monde» (p. 65,33-34) et à l'économie du salut, ce qui traduit bien l'idée que le salut final est un retour à l'origine[157]. Il est réalisé «au-dessus des lieux de l'Ogdoa-

[157] Cf. H.-Ch. PUECH, «Temps, histoire et mythe dans le christianisme des premiers

de»[158]. Toutefois, la proposition finale de la p. 66,6-11 permet de croire que notre auteur glisse de la description du mariage céleste primordial à celle du mariage spirituel idéal qui doit être réalisé par la communauté. La présentation de ce mariage comme une «réunion» (ϩωτπ, p. 66,3), celle du Sauveur comme le conjoint des bons (ϩενⲁⲅⲁⲑοⲛ, p. 66,23-24)[159], de même que l'insistance sur la foi (πίστις, p. 66,26-27; 67,1) nous paraissent autant d'indices qu'à travers la description du mariage céleste, c'est avant tout un modèle d'unité pour les gnostiques en ce monde que notre auteur veut proposer. Enfin, la référence à la «position centrale» (μεσότης, p. 66,7)[160] de Jésus qui «prépare» (ϫωρϫ, p. 66,8) et «conduit» (ⲁⲙⲁϩⲧⲉ, p. 66,9) les participants semble refléter des images inspirées d'une célébration concrète.

Le Plérôme réalise un mariage céleste[161] qui consiste en une «réunion» (ϩωτπ, p. 66,3). Le choix de ce terme pour décrire le mariage céleste primordial, antérieur donc à la descente des ennoias (cf. p. 50,13-17) s'explique par le fait que notre auteur veut faire de ce mariage le type de la «réunion» finale.

L'élément central de la description du mariage céleste primordial est le rôle qu'y tient Jésus, la Parole vivante. Il «réside dans la volonté unique issue de la Puissance» (p. 66,10-11). Cette phrase reflète sans doute la doctrine selon laquelle le Sauveur est le fruit commun des éons

siècles», in *En quête de la gnose* I, *La gnose et le temps*, Paris, 1978, p. 22. Cette doctrine est illustrée en particulier par *L'Évangile selon Thomas* (p. 36,9-17): «Les disciples dirent à Jésus: 'Dis-nous comment sera notre fin'. Jésus dit: 'Car vous avez découvert le commencement pour que vous cherchiez la fin? Parce que là où est le commencement, là sera la fin. Heureux celui qui se tiendra dans le commencement, et il connaîtra la fin et il ne goûtera pas la mort.'» (cf. J.É. Ménard, *L'Évangile selon Thomas* [*NHS*, 5], Leiden, 1975, p. 59 et Commentaire p. 106).

[158] L'Ogdoade n'est donc pas ici le lieu céleste lui-même, mais un lieu inférieur au-dessus duquel se trouve la chambre nuptiale comme en *Extraits de Théodote* 63-64 (cf. F.M.M. Sagnard, *Clément d'Alexandrie*, *Extraits de Théodote*, p. 184-187).

[159] Le bon, c'est le parfait en qui le Sauveur accomplit toute chose (cf. p. 62,11).

[160] ⲙⲉⲥⲟⲧⲏⲥ pourrait être une erreur du copiste pour μεσίτης. Il faudrait alors traduire «grâce à la médiation de Jésus». Nous croyons toutefois que ⲙⲉⲥⲟⲧⲏⲥ ne doit pas être corrigé. Il traduit la position de Jésus qui est à la fois au cœur du mariage céleste et auprès de chacun, principe à la fois transcendant et immanent de l'unité des éons.

[161] La représentation du salut comme un mariage spirituel est très répandue dans les écrits gnostiques en particulier chez les valentiniens (cf. F.M.M. Sagnard, *La gnose valentinienne*, Index, p. 634). Il revient à plusieurs reprises dans *L'Évangile selon Philippe* dont c'est un des thèmes centraux. Bien que quelques indices fournis par le texte puissent le laisser croire, il est difficile de déterminer si notre auteur connaissait un sacrement qui correspondait à ce mariage céleste (cf. J.É. Ménard, *L'Évangile selon Philippe*, p. 28-29).

du Plérôme[162], eux-mêmes issus d'un seul (cf. p. 50,10-24 et comm. *ad loc.*). En tant que fruit du Plérôme, le Sauveur est donc un, tout en étant présent à la fois au cœur du mariage céleste (p. 66,6-8) et auprès de chacun (p. 66,15-17) car il est le conjoint des bons (p. 66, 23-24). Le mode de cette présence de Jésus auprès de chacun n'est pas la division, mais l'épanouissement (ⲡⲓⲣⲉ, p. 66,18). L'image sous-jacente à cette expression est celle de l'arbre qui s'épanouit en de nombreuses branches sans cesser d'être un ou encore de la lumière qui se répand en de multiples rayons[163].

Cette image sera d'ailleurs reprise à propos du Noûs auquel chacun se réunit. Ce Noûs se déploie (ⲡⲱⲣϣ ⲉⲃⲟⲗ, p. 66,33)[164]. Il doit être identifié au Sauveur lui-même en tant qu'il est intérieur à chacun et que c'est dans l'âme de chacun que se réalise le mariage céleste.

Finalement, cette unité se réalise dans la Paternité, la Maternité, et la Fraternité du Logos et de Sophia. Tel est, nous semble-t-il, le sens des formules presque identiques qui apparaissent à la p. 66,29-31 et 67,3-5, qui doivent être comprises à la lumière de la doctrine générale du traité qui place au sommet du monde céleste une triade formée du Père, de la Mère et du Sauveur lui-même, le Logos, frère (cf. p. 50,27) et conjoint (p. 70,4-5) de Sophia. C'est donc à partir de cette triade (p. 66, 29-31) et à l'intérieur d'elle (p. 67,3-5) que se réalise la réunion, à la fois des éons du Plérôme et des gnostiques dans le monde, à travers le Sauveur qui est lui-même Pensée, c'est-à-dire, la Mère, première émanation du Père, et le Père lui-même (p. 66,12-15).

La «réunion» dans la communauté gnostique (p. 67,12-19)

Ce passage se situe bien dans le monde inférieur. Les termes «région» (μέρος, p. 67,14, cf. aussi p. 50,17) et «lieu» (τόπος, p. 67,14, cf. aussi

[162] On sait que pour les valentiniens, Jésus est le fruit commun du Plérôme. L'emploi ici du nom de Jésus seul, fait inhabituel dans le traité, traduit sans doute une influence valentinienne (cf. Irénée, *Adv. Haer.*, I,2,6).

[163] Le même verbe est employé dans le *Traité Tripartite* (p. 85,29) à propos de l'apparition du Sauveur issu des plérômes et comparé à une lumière (cf. R. Kasser, M. Malinine, H.-Ch. Puech, G. Quispel, J. Zandee, *Tractatus Tripartitus* I, Berne, 1973, p. 132-135).

[164] Le *Traité Tripartite* emploie la même expression qu'il oppose à la division (TracTri, p. 73,18-28): «Car certes, l'émanation des Touts qui est issue de Celui qui est, ne s'est pas produite conformément à une séparation (ⲕⲁⲧⲁ ⲟⲩϣⲱϣⲧ ⲁⲃⲁⲗ) réciproque, comme s'ils se détachaient de celui qui les a engendrés, mais leur procréation est comme un déploiement (ⲛⲛⲟⲩⲡⲱⲣϣ ⲁⲃⲁⲗ) de lui-même, le Père se déployant (ⲉϥⲡⲱⲣϣ ⲙⲙⲟϥ) en direction de ceux qu'il aime, afin que ceux qui sont issus de lui soient aussi avec lui» (Id., *ibid.*, p. 110-111).

p. 57,29) pris absolument désignent le monde inférieur. Il constitue une mise en garde contre la division qui pourrait surgir parmi les destinataires du traité et qui empêcherait la réalisation ici-bas de cette réunion (p. 67,12-16). Il est donc en contradiction avec la section suivante dont le début présente cette réunion comme déjà accomplie dans le monde inférieur (p. 67,19-20). Cette apparente contradiction s'explique par la tension qui existe entre le désir de notre auteur de présenter l'eschatologie comme étant en voie de réalisation et la situation concrète de ses destinataires qui ne sont pas encore ou pas tous réunis dans une même communauté.

Enfin, il présente cette réunion comme un «repas» d'amour fraternel (ⲟⲩϭⲱⲣϭ ⲛⲧⲉ ⲟⲩⲁⲅⲁⲡⲏ, p. 67,17)[165], référence probable à quelque liturgie eucharistique.

Réunion finale de l'Église d'en bas avec le Plérôme (p. 67,19-68,24)

p. 67,19-68,5. Après la réunion de l'Église dans le monde (p. 67,19-20)[166], l'étape finale du salut consiste en la réunion de l'Église d'en bas, formée de ceux qui ont connu le Sauveur dans l'ordre du salut (p. 67,20-21), avec l'Église céleste, c'est-à-dire le Plérôme, dont la fonction est de rendre gloire au Père (p. 67,23-24). Cette réunion reproduit la remontée du Sauveur céleste avec le Fils de la Grandeur (= le Sauveur apparu dans l'ordre de la manifestation, cf. p. 57,7-27 et comm. *ad loc.* et *supra*, p. 137). C'est le Sauveur lui-même, «Parole vivante» qui est le principe de cette réunion (p. 67,26-27) car il est présent à la fois dans le monde céleste (p. 67,28-30) et dans ceux qui, dans le monde inférieur, sont réunis par sa connaissance (p. 67,31-68,5).

p. 68,5-12 («Et ceux qui se sont conformés à mon exemple recevront la forme de ma Parole.»)

Cette phrase indique qu'il y a deux étapes dans la réalisation du salut. La première consiste à se conformer à l'apparition du Sauveur dans la manifestation[167], c'est-à-dire prendre conscience que l'élément spiri-

[165] R.A. BULLARD (*The Second*, p. 337) traduit ϭⲱⲣϭ (p. 67,17) par «mixture». Dans un contexte où il est question de vie ecclésiale, nous traduisons par «repas» (cf. CRUM, 831a). Dans la Règle de S. Pachôme, ⲡϭⲱⲣϭ désigne les mets disposés sur la table (cf. L.T. LEFORT, «La règle de S. Pachôme», *Muséon* 40 [1927] 46).

[166] Le verbe ⲉⲁⲥϣⲱⲡⲉ (p. 67,19) est accordé en genre avec le substrat grec de ϩⲱⲧⲡ, probablement καταλλαγή comme le propose J.A. GIBBONS (*A Commentary*, p. 287).

[167] À la p. 62,27-29, Adam est créé comme une contrefaçon du type (τύπος) de l'Homme, c'est-à-dire de sa manifestation dans le monde. Ici, le type renvoie probablement à l'apparition du Sauveur dans l'ordre de la manifestation.

tuel présent en chacun ne fait que séjourner dans une «demeure corporelle» (cf. p. 51,20-24) dont il doit se séparer, qu'il est «étranger» au monde (cf. p. 52,8-10). La seconde étape consiste en la réunion définitive au Sauveur céleste, en l'assimilation à la Parole du Père [168]. Et cette identification des sauvés au Sauveur céleste lui-même constitue la prise de conscience de l'Unité suprême. Au-delà des divisions, tout élément spirituel est un en Celui qui est (cf. p. 67,16-19).

p. 68,13-24 Et la réunion de l'Église d'en bas à celle d'en haut, comme la remontée du Sauveur avec le Fils de la Grandeur (cf. p. 57,18-27), se clôt sur une révélation à propos de l'Un. Toutes les émanations du Père : le Noûs, la Parole, la Séparation en tant que réalisation du salut (cf. comm. *ad* 52,14-19), la Flamme et le Feu [169], c'est-à-dire la κρίσις (cf. comm. *ad* 54,27-30), sont le Père, elles sont absorbées en lui. Et le Père est lui-même en tous, à la fois principe et terme de la réunion finale.

L'Église adverse est une contrefaçon (p. 68,25-69,20)

Après une apostrophe dirigée contre les adversaires (p. 68,25-27) qui n'ont pas connu le «mystère», c'est-à-dire l'unité des spirituels entre eux et avec le monde céleste (cf. p. 65,31-32 et comm. *ad loc.*), l'origine de l'Église adverse et de sa révélation d'un Sauveur mort sur la croix est décrite. Cette Église et cet enseignement sont évidemment une contrefaçon (p. 69,9) comme tout ce qui relève de l'Archonte.

La référence à la désobéissance de Ialdabaoth devant une intervention céleste (p. 68,28-31) indique que ce sont les temps protogoniques qui fournissent le modèle à partir duquel il faut interpréter l'ecclésiologie et la christologie des adversaires (cf. p. 52,24-54,14 et comm. *ad loc.*). L'allusion à la désobéissance des archontes de la sphère de Ialdabaoth à

[168] Ces deux étapes dans la réalisation du salut trouvent une expression semblable dans la *Sophia Jesu Christi* (p. 123,2-124,9, cf. H.M. SCHENKE, *Die gnostischen Schriften des koptischen Papyrus Berolinensis 8502*, p. 286-289). Dans la SJC, il ne s'agit plus cependant de deux étapes mais de deux niveaux différents. On trouve aussi une idée semblable dans les *Extraits de Théodote*, 63-65 (cf. F.M.M. SAGNARD, *Clément d'Alexandrie, Extraits de Théodote*, p. 184-189) où le salut se réalise en deux étapes dans le monde céleste.

[169] Compte tenu du contexte, il faut corriger ⲕⲱϩ en ⲕⲱϩⲧ. Le couple «feu» et «flamme» est déjà attesté à la p. 54,28-32 et associé à la κρίσις. La confusion ⲕⲱϩ et ⲕⲱϩⲧ est bien attestée dans les versions de *L'Apocryphon de Jean* où ⲕⲱϩ (ApocrJn II, p. 10,31) devient ⲕⲱϩⲧ (ApocrJn BG, p. 40,7 et III, p. 16,22, cf. M. KRAUSE, P. LABIB, *Die drei Versionen des Apokryphon des Johannes*, Wiesbaden, 1962, p. 138).

propos de la Pensée qui descendit vers lui venant de sa sœur Sophia fait sûrement référence au second blasphème de l'Archonte qu'on retrouve dans la théogonie de *L'Hypostase des Archontes* (p. 95,1-13)[170]. Après sa précipitation au fond du Chaos par un ange de feu et l'exaltation de Sabaoth, Ialdabaoth devient jaloux et il se crée des éons (HypArch. p. 96,4-14). Le passage correspondant de *L'Écrit sans Titre* est plus développé : Ialdabaoth se crée des puissances et des démons pour imiter l'*Église* angélique de Sabaoth (Ecr sT, p. 105,20-22), elle-même imitation de l'Église de l'Ogdoade (Ecr sT, p. 107,22-23). Puis il crée l'homme charnel à l'image et à la ressemblance de l'homme céleste (Ecr sT, p. 112,32-113,2), comme Sabaoth avait créé un homme, Jésus le Christ, qui ressemble au Sauveur de l'Ogdoade (Ecr sT, p. 105,25-29).

L'Église adverse est donc comparable à cette «réunion» (ϩωτπ, p. 68,32) créée par les archontes de Ialdabaoth avec leurs créatures. Elle n'est qu'un «mélange» (p. 68,34) qui prétend imiter le «noble plaisir» de l'Église céleste. De même, sa doctrine n'est qu'un mélange d'ignorance (p. 69,7-8) et son sauveur, une «contrefaçon de feu et de terre» (p. 69,9-11), c'est-à-dire un homme charnel (cf. p. 53,5-12), mortel[171]. Et l'erreur des adversaires est de n'avoir compris ni dans leur christologie, ni dans leur ecclésiologie, qu'il ne saurait y avoir de mélange entre le spirituel et le charnel (p. 69,11-19).

ÉPILOGUE
(p. 69,20-70,12)

Dans l'épilogue comme dans le prologue, le Révélateur s'adresse à ses destinataires à la deuxième personne, rompant avec le corps du traité où il se confond à eux. Il s'identifie (p. 69,20-23) à la fois comme Jésus-Christ, c'est-à-dire le Sauveur apparu dans l'ordre de la manifestation (cf. p. 52,1-7) et le Fils de l'Homme, qui est élevé au-dessus des cieux, c'est-à-dire le Sauveur céleste. L'objet de sa révélation était le «mystère», c'est-à-dire l'unité des spirituels et du monde céleste (cf. p. 65,31-32 et comm. *ad loc.*). Et c'est cette unité qui explique que les archontes, clairement assimilés aux puissances planétaires, ne peuvent exercer aucune domination sur les parfaits[172].

[170] Cf. B. Barc, *L'Hypostase des Archontes*, Commentaire, p. 122-125.

[171] De toute évidence, il faut traduire ici ρεϥϩωτв (p. 69,11) comme ρεϥмοογт comme le propose J.A. Gibbons (*A Commentary*, p. 302).

[172] Nous traduisons ɴтаɴρ ⲇοгмаτιzε ммοу (p. 69,26-29) à la lumière de *Col.*,

A la suite de cette révélation, les parfaits seront en mesure de se faire reconnaître lorsqu'ils sortiront du monde en échangeant les «symboles d'incorruptibilité» (p. 69,32-33), signes qui permettent l'accès au monde céleste[173].

Et finalement, après avoir évoqué la condition des parfaits qui n'ont pas encore la connaissance parce qu'il sont toujours dans le monde des corps (p. 70,1-3), le Sauveur leur rappelle qu'il est le conjoint de Sophia, c'est-à-dire le conjoint de chacune des ennoias, présent en chaque gnostique (cf. p. 50,25-34; 59,9-19) en même temps qu'il est dans le repos, dans le monde céleste. Et comme l'*Authentikos Logos*, le traité se clôt sur le thème du repos (AuthLog, p. 34,32-35,21)[174].

Le colophon conservé en grec (p. 70,11-12) attribue le traité au «Grand Seth». Nous ne croyons pas que cette attribution soit postérieure à la rédaction du traité. Ce sont en effet la mythologie et la vision de l'histoire qu'on retrouve dans les traités dits «séthiens» qui fournissent à notre auteur les modèles de sa christologie et de son ecclésiologie (cf. Intr., p. 13-21). Nous avons donc tout lieu de croire que pour lui, le Sauveur céleste manifesté en Jésus-Christ doit être identifié à Seth, comme c'est le cas dans *L'Évangile des Égyptiens* (III, p. 63,22-64,3).

2,20 : «τί ὡς ζῶντες ἐν κόσμῳ δογματίζεσθε» : ⲁϩⲣⲱⲧⲛ ⲧⲉⲧⲛⲇⲟⲅⲙⲁⲧⲓⲍⲉ ϩⲙ ⲡⲕⲟⲥⲙⲟⲥ... (cf. G. Horner, *The Coptic Version of the New Testament, Southern Dialects*, V, p. 342-343). Ici, ⲇⲟⲅⲙⲁⲧⲓⲍⲉ ⲙⲙⲟⲟⲩ signifie «être soumis à leurs décrets».

[173] De même dans la *Sophia Jesu Christi*, les élus doivent présenter un «symbole» (σύμβολον) pour avoir accès au salut (SJC, p. 123,11-124,9, cf. H.M. Schenke, *Die gnostischen Schriften des koptischen Papyrus Berolinensis* 8502, p. 286-289).

[174] Cf. J.É. Ménard, *L'Authentikos Logos*, p. 32-35.

INDEX

L'ordre de classement retenu dans l'index copte est celui du dictionnaire de CRUM. Lorsque la forme type choisie par CRUM n'est pas attestée dans le texte, elle est indiquée entre parenthèses.

Les variantes orthographiques ont été relevées systématiquement; lorsque plusieurs variantes orthographiques sont attestées pour un même vocable (dans l'index copte comme dans l'index grec), elles sont identifiées par un chiffre placé en exposant.

ἀγαθός, όν[1] bon
60,10; 62,11; 66,24[1].
ἀγάπη f. amour
52,6; 60,8; 62,26; 67,17.
ἄγγελος m. ange
53,15.22.29; 54,2.27; 64,2.
ἀήρ m. air
65,13.
(αἰτεῖν) ⲣ ⲁⲓⲧⲓ ⲛⲧⲛ- demander à
50,30.
αἰών m. éon
57,11.22.30.
ἀκέραιος pur
60,9.
ⲙⲛⲧⲁⲕⲉⲣⲁⲓⲟⲥ f. pureté
60,24.
ἀλλά mais
53,12; 55,19; 57,25; 60,2.3.7
cf. οὐ μόνον
ἀνάγκη f. contrainte
61,22.26.32.
(ἀντικείμενος) ⲁⲛⲧⲓⲕⲓⲙⲉⲛⲟⲥ m. adversaire
62,13.
ἀντίμιμον m. imitation
60,20; 63,19.
(ἀπειλή) ⲁⲡⲓⲗⲏ f. menace
61,26.
ἀπόρροια f. émanation
54,19.
(ἀρνεῖσθαι) ⲣ ⲁⲣⲛⲉⲥⲑⲁⲓ nier
52,3.
(ἄρρητος), ον indicible
61,36; 69,26.
(ἀρχάγγελος) ⲁⲣⲭⲓⲁⲅⲅⲉⲗⲟⲥ m. archange
53,27 corr.
ἄρχων m. archonte, pl.[1]
51,26[1].27; 52,14[1]; 53,13[1]; 54,27[1]; 56,16[1]; 58,21[1]; 59,17[1]; 60,16[1]; 64,18; 68,28[1].
ἀφθαρσία f. incorruptibilité
67,7; 69,33.
βαπτιστής m. baptiste
63,34.
cf. ⲓⲱϩⲁⲛⲛⲏⲥ
βία f. force
61,26.
γάρ car, en effet
49,17; 50,25; 51,34; 53,18.23; 55,7.31.36; 56,1.21.23.28.32; 57,17.27; 58,6.31; 59,13.16; 60,13.36; 61,7; 62,6.12.27; 64,1.7.18.39; 68,16.
γενεά f. génération
64,26.
γένος n. race
52,19,24.
ϣⲃⲣ ⲛⲅⲉⲛⲟⲥ m. semblable
63,9.
γνῶσις f. connaissance
61,1; 68,1.
δέ mais, etc.
49,10; 50,7; 51,8.31; 52,1.5.15; 53,5.20.32.34; 54,1.28.32; 55,9.15.26; 56,3.14.20; 57,3; 60,14; 61,15.25.29; 62,14.19.35; 63,10.16.24; 64,13.16.28; 65,31; 66,12; 67,12.16.36; 68,21.28; 69,20.27; 70,4.
δεύτερος deuxième
70,11.

(δογματίζειν) ρ ⲇⲟⲅⲙⲁⲧⲓⲍⲉ ⲙⲙⲟ= donner en ordre à, se soumettre à un ordre
50,20; 69,27.
(δόκιμος) ⲇⲟϭⲓⲙⲟⲥ digne de confiance
66,35.
εἰδέα f. forme, apparence
56,25 bis; 58,4.
(εἰκών) ϩⲓⲕⲱⲛ f. image, ressemblance
51,30; 58,16.
εἰρήνη f. paix
66,23; 67,16; 68,2.
ἐκκλησία f. Église
50,2.8.33; 51,17; 53,1; 60,25; 65,36; 68,15; 69,6.
(ἐλπίς) ϩⲉⲗⲡⲓⲥ f. espérance
52,21; 55,8.
(ἐνεργεῖν) ρ ⲉⲛⲉⲣⲅⲉⲓ ⲉ- agir sur
63,6.
ρ ⲉⲛⲉⲣⲅⲉⲓ ⲉⲧⲃⲉ- agir contre
54,31.
ἔννοια f. pensée
50,6.14.18; 54,5.12.19.24.30; 55,36; 59,13 bis; 61,33; 68,30.
ἐξουσία f. autorité, Dominations[1]
58,19[1]; 61,12.
(ἐπιθυμεῖν) ρ ⲉⲡⲓⲑⲩⲙⲓ désirer
61,11.
ἐπιθυμία f. désir
65,30.
(ἔτι) ⲉⲓⲧⲉ dès
65,33.
εὐγενής noble
61,28; 69,6.
ⲙⲛⲧⲉⲩⲅⲉⲛⲏⲥ f. noblesse
60,31.
ⲛⲟⲩⲙⲛⲧⲉⲩⲅⲉⲛⲏⲥ noblement
57,33.
(εὐπορεῖν) ρ ⲉⲩⲡⲟⲣⲓ être riche
59,25.
ἤ ou
67,14.
(ἡδονή) ϩⲏⲇⲟⲛⲏ f. plaisir
69,5.
θρόνος m. trône
52,20.
θυμός m. passion
65,28.
(ἵνα) ϣⲓⲛⲁ ϫⲉ afin que
55,28.
καθολικός universel
57,26; 62,26.
(κακία) ⲕⲁϭⲓⲁ n. mal
65,25; 67,36.
ⲁⲧⲕⲁϭⲓⲁ innocent, sans déficience
60,9; 62,33; 63,3.10.16.25; 64,16.28.
ⲙⲛⲧⲁⲧⲕⲁϭⲓⲁ f. innocence, non déficience
50,29.
ϩⲛ ⲟⲩⲙⲛⲧⲁⲧⲕⲁϭⲓⲁ sans déficience
50,1.
κατά selon
55,27.
καταβολή f. fondation
65,34; 69,28.
καταπέτασμα n. voile
58,26.
(κοινωνεῖν) ρ ⲕⲟⲓⲛⲱⲛⲓ ⲉ- s'unir à
69,15.
(κολάζειν) ρ ⲕⲟⲗⲁⲍⲉ persécuter
55,16; 56,5.

κόλασις f. châtiment
52,29.
κοσμικός, όν[1] de ce monde
52,1.12[1]; 60.28[1]; 61,7[1]; 65,18[1].
κοσμοκράτωρ m. cosmocrator
52.27; 53,28; 55,3.
κόσμος m. monde
50,26; 54,23; 57,34; 58,13.22; 59,20.21; 64,13; 65,34; 69,29.31.
κρίσις f. jugement
65,1.
(λογικός) όν du Logos
66,31; 67,4.
λόγος m. traité
70,11.
μακάριος bienheureux
59,5.
μέγας grand
70,12.
μέγεθος n. grandeur
49,10; 50,9; 54,6; 57,8.
(μελετᾶν) ⲣ ⲙⲉⲗⲉⲧⲁ ϩⲛ- persévérer dans
65,9.
μέν
52,4; 56,4; 68,7.
μερικός divisé
57,23.
μέρος n. région
50,6.17; 52,9; 57,9; 67,14.
ϩⲛ ⲟⲩⲙⲉⲣⲟⲥ partiellement 62,24.
μεσότης f. position intermédiaire
66,7.
μήπως de crainte que
53,21.
μονάς f. unité
51,16; 66,14.
(μονή) ⲙⲟⲛⲁⲥ f. demeure
51,1.
μόνον cf. οὐ μόνον
μορφή f. forme
56,23.
μυστήριον n. mystère
57,20; 60,11; 65,31; 67,11; 68,26; 69,24.
νόμος m. loi
61,13; 65,17.
νοῦς m. intellect, Noûs[1]
52,31; 58,3; 64,9; 66,32[1]; 67,9; 68,18[1].
οὐ μόνον ... ἀλλά non seulement ... mais
59,23; 62,3.
ὀγδοάς f. Ogdoade
65,37.
οὐδέ ni
67,12.34.36.
οὔτε ni
50,30; 57,13.16.29; 63,35; 64,6.
οὔτε ... οὔτε ni ... ni
57,23-24; 63,31-32; 65,5-6.
παρά cf. ϣⲱⲗϩ
(παράγειν) ⲡⲁⲣⲁⲅⲉ traverser
56,28; 58,10.
(παρρησία) ϩⲛ ⲟⲩⲡⲁⲣϩⲏⲥⲓⲁ librement
58,34.
παστός n. chambre nuptiale
57,17.
πηγή f. source
61,3.
πίστις f. foi
66,27; 67,1.
πιστός fidèle
63,27.
πλάνη f. erreur
55,13.33; 56,17; 57,29; 65,10.
πλάσμα n. ouvrage
69,4.

(πλάσσειν) ⲣ ⲡⲗⲁⲥⲥⲉ modeler
53,19.
πλήρωμα n. Plérôme
50,33.
(πνεῦμα) ⲡⲛⲁ n. esprit, Esprit[1]
49,18[1]; 50,15[1]; 54,16[1]; 57,22; 67,8[1].28[1]; 68,10[1].24[1].
ϣⲃⲏⲣ ⲙⲡⲛⲁ m. compagnon dans l'Esprit
50,24; 70,9.
(πνευματικός) ⲡⲛⲓⲕⲟⲛ spirituel
66,2; 69,34.
πόλεμος m. combat
60,5.
πρός pour
69,34.
(προύνεικος) ⲡⲣⲟⲛⲓⲕⲟⲥ lascif, Prounikos
50,28.
προφήτης m. prophète
63,18.20.
ⲙⲛⲧⲡⲣⲟⲫⲏⲧⲏⲥ f. prophétie
65,1.
πύλη f. porte
56,26; 58,10.
(σαρκικός) όν charnel
70,2.
σκεῦος n. vase
53,8.
σοφία f. Sophia
50,27; 51,13; 52,21; 66,31; 67,5; 68,31; 70,4.
σπορά f. semence
56,16.
(σταυρός) ⲥⳁⲟⲥ m. croix
56,10.
στοιχεῖον n. élément
51,5.
στολή f. robe
57,14.
στρατιά f. armée
54,1.
σύμβολον n. signe
69,32.
σῶμα n. corps
59,22.
(σωματικός) όν corporel
51,7.21.
τέλειος, ⲧⲉⲗⲓⲟⲥ[1] parfait
49,15[1]; 57,18[1]; 60,25; 61,35; 62,7[1]; 66,21[1]; 69,23[1].25[1].
ⲙⲛⲧⲧⲉⲗⲓⲟⲥ f. perfection
68,3.
(τολμᾶν) ⲣ ⲧⲟⲗⲙⲁ ⲉ- oser
69,13.
τόπος n. lieu
51,2; 52,11; 54,17; 56,30; 65,37; 66,4; 67,14.19; 69,30.
τότε alors
53,27.
τύπος m. type
62,29; 68,6.
(ὕλη) ϩⲩⲗⲏ f. matière
51,26; 61,7.
φύσις f. nature
62,22.
χάος n. chaos
58,30.
(χράσθαι) ⲣ ⲭⲣⲁⲥⲑⲁⲓ se comporter
57,33.
ⲣ ⲭⲣⲁϥⲑⲁⲓ ϩⲛ- user de
61,9.
(χρεία) ⲣ ⲭⲣⲓⲁ avoir besoin
59,11.
(χρηστός) ⲙⲛⲧⲭⲣⲥ f. bonté
49,23.
χριστός cf. noms propres
ψυχή f. âme
57,27; 58,31; 64,8.
ὦ ô
65,2; 68,25; 69,23.
(ὡς) ϩⲱⲥ ⲉ- comme si
62,31.38; 63,8.14.22; 64,26; 69,4.

INDEX DES NOMS PROPRES VII,2

ⲁⲃⲣⲁϩⲁⲙ Abraham
62,35.
ⲁⲇⲁⲙ Adam
53,9.18; 54,3; 62,27; 63,33.
ⲁⲇⲱⲛⲁⲓⲟⲥ Adonaios
52,25; 55,2.8.
ⲇⲁⲩⲉⲓⲇ David
63,4.
ⲉⲓⲱⲧ, ⲙⲛⲧⲉⲓⲱⲧ cf. Index copte
ⲉⲕⲕⲗⲏⲥⲓⲁ cf. Index grec
ⲉⲛⲛⲟⲓⲁ cf. Index grec
ⲉⳅⲟⲩⲥⲓⲁ cf. Index grec
ïⲁⲕⲱⲃ Jacob
62,36.
ïⲁⲗⲇⲁⲃⲁⲱⲑ Ialdabaoth
53,13; 68,29.
(ïⲏⲥⲟⲩⲥ) ⲓⲥ Jésus
66,8.
ⲓⲥ ⲡⲉⲭⲣⲥ Jésus-Christ
69,21.
ïⲥⲁⲁⲕ Isaac
62,35.
ïⲱϩⲁⲛⲛⲏⲥ ⲡⲃⲁⲡⲧⲓⲥⲧⲏⲥ Jean le Baptiste
63,33.
ⲕⲟⲥⲙⲟⲕⲣⲁⲧⲱⲣ cf. Index grec
ⲙⲁⲁⲩ, ⲙⲛⲧⲙⲁⲁⲩ cf. Index copte
ⲙⲁⲕⲁⲣⲓⲟⲥ cf. Index grec
ⲙⲉⲉⲩⲉ cf. Index copte
ⲙⲉϩⲥⲁϣϥ cf. Index copte
ⲙⲱⲩⲥⲏⲥ Moïse
63,26.33.
ⲛⲟⲩⲥ cf. Index grec
(ⲛⲟϭ) ⲙⲛⲧⲛⲟϭ cf. Index copte
ⲟⲅⲇⲟⲁⲥ cf. Index grec
ⲡⲗⲏⲣⲱⲙⲁ cf. Index grec
ⲣⲱⲙⲉ cf. Index copte
ⲥⲁⲣⲁⲫⲓⲛ Séraphins
54,34.
ⲥⲏⲑ Seth
70,12.
ⲥⲓⲙⲱⲛ Simon
56,11.
ⲥⲟⲗⲟⲙⲱⲛ Salomon
63,11.
ⲥⲟⲫⲓⲁ cf. Index grec
ⲭⲉⲣⲟⲩⲃⲓⲛ, pl. Chérubins
54,34.
(ⲭⲣⲓⲥⲧⲟⲥ) ⲭⲥ, ⲭⲣⲥ[1] Christ
49,27; 52,5[1]; 59,26; 63,12; 65,18[1].
cf. ⲓⲏⲥⲟⲩⲥ
ϣⲏⲣⲉ cf. Index copte
ϩⲉⲗⲡⲓⲥ cf. Index grec
ϫⲟⲉⲓⲥ cf. Index copte
ϭⲁⲙ cf. Index copte

ⲁⲙⲁϩⲧⲉ saisir, dominer
58,29; 64,35; 66,9.
ⲁⲛⲟⲕ moi
49,15.32; 50,12; 51,23.31; 52,1.2.8; 53,30.31 bis; 54,17.27; 55,9.15.26; 56,4.8.13; 58,7,9,13; 59,9.18; 60,13; 64,13.19.20.22 bis; 65,18.31; 69,21; 70,3.5.
ⲛⲧⲟϥ lui
53,34; 63,31; 66,12.15.17.
ⲁⲛⲟⲛ nous
62,32; 63,2.9.16.24; 64,16.28.
ⲛⲧⲱⲧⲛ, ⲧⲏⲛⲉ[1] vous
49,14.33[1].33.35[1]; 65,20[1].21[1].22; 70,1.
ⲛⲧⲟⲟⲩ eux
51,8; 53,12.
(ⲁⲣⲏϫ⸗) ⲁⲧⲁⲣⲏϫ⸗ illimité
59,8.
ⲁⲥ vieux
57,16.
ⲁⲩⲱ et
49,14.28.33; 50,18; 51,3.23.24.26.28; 52,4.13.17.30.34; 53,27.30; 54,4.17.22.25.30; 55,10.17.23.33; 56,2.18.25.29.30.31.32.35; 57,2.7.15.18.27.32; 58,2.11.19.22.25.33; 59,2.6.7.10.17.21.22; 60,34; 61,3.5.12.17 bis.23.36; 62,7.15.17.22.23; 64,14.19.21.32.33.34; 65,11.14.24; 66,3.9.16.18.21.29.35; 67,1.2.3.5 bis.28; 68,4.5.12.13; 69,7.12.14.16.17.19.23.25; 70,7.
(ⲁϣⲁⲓ) ⲟϣ† être nombreux
50,9.
ⲁϣⲁⲓ, ⲁϣⲁⲉⲓ[1] m. multitude
50,8[1]; 51,25; 54,26; 65,35.
ⲁϣⲁϩⲟⲙ cf. ⲁϩⲟⲙ
ⲁϩⲉ cf. ⲱϩⲉ
(ⲁϩⲟⲙ) ⲁϣⲁϩⲟⲙ m. gémissement
59,34.
ⲁϫⲛ-, ⲉϫⲛ-[1] sans
58,1.5[1].11[1]; 61,10[1].31.
(ⲃⲱⲕ) ⲃⲱⲕ ⲉϩⲟⲩⲛ entrer
51,24.
(ⲃⲱⲗ) ⲃⲱⲗ ⲉⲃⲟⲗ détruire
54,35; 55,12; 58,30.
ⲃⲱⲗ ⲉⲃⲟⲗ m. destruction
59,16.
ⲉⲃⲟⲗ ⲙⲙⲟ⸗ de (origine)
49,31; 52,2; 55,21; 61,2,13; 65,19.
ⲛⲥⲁⲃⲟⲗ ⲛ- hors de
54,6.
cf. ⲧⲱⲣⲉ, ϩⲛ
(ⲃⲗⲗⲉ) pl. ⲃⲗⲗⲉⲉⲩⲉ aveugles
56,2; 65,14.
ⲙⲛⲧⲃⲗⲗⲉ f. aveuglement
65,4.
ⲃⲣⲣⲉ nouveau
57,15.17; 59,4.
ⲃϣⲉ cf. ⲱⲃϣ
ⲉⲛⲉϩ toujours
55,30; 63,31; 64,5.10; 65,6.
ϣⲁ ⲉⲛⲉϩ pour toujours, éternel[1]
54,20[1]; 59,7[1]; 66,25[1].28[1]; 68,8[1], 70,10.
(ⲉⲣⲏⲩ) ⲙⲛⲛⲉⲩⲉⲣⲏⲩ, ⲙⲛⲛⲉⲧⲛⲉⲣⲏⲩ[1] les uns les autres
62,2[1]; 68,9.

(ⲉⲥⲏⲧ) ⲥⲁⲡⲉⲥⲏⲧ partie inférieure, bas
50,7.17; 51,5; 52,9; 57,9; 58,32; 67,20.
ⲉⲧⲃⲉ-, ⲉⲧⲃⲏⲏⲧ⸗[1] à cause de, au sujet de
49,16.30[1]; 50,14.16.28; 52,22[1].33[1]; 53,6; 54,30.32[1]; 55,8.12[1].30[1]; 57,4.25[1]; 59,16; 63,29[1]; 64,12; 65,7[1]; 68,25.29; 69,24.
ⲉⲧⲃⲉ ⲡⲁⲓ c'est pourquoi
56,25; 59,14.17; 64,14; 65,9; 69,7.
ⲉⲟⲟⲩ, ⲉⲟⲩ[1] m. gloire
49,21; 50,23; 51,9[1]; 53,33; 54,35; 56,17; 58,13; 64,31.36; 67,24.
ϯ ⲉⲟⲟⲩ rendre gloire
53,24.
ⲉϣ cf. ϣ
ⲉϣⲱⲡⲉ cf. ϣⲱⲡⲉ
ⲉϫⲛ-, ⲉϫⲱ⸗ cf. ϫⲱ⸗
ⲉϫⲛ- cf. ⲁϫⲛ-
ⲏ̈ⲓ, ⲏⲉⲓ[1] m. maison
50,11; 51,6[1].10.20[1]; 53,21[1]; 54,3[1]; 55,3[1]; 59,19[1].
ⲉⲓ, ⲛⲛⲏⲩϯ[1] aller
ⲉⲓ ⲉⲩⲙⲁ se rassembler
65,35.
ⲉⲓ ϣⲁ- aller vers
59,9.
ⲉⲓ ⲉⲃⲟⲗ sortir
50,22.34; 63,19; 68,8.
ⲉⲓ ⲉⲃⲟⲗ ϩⲛ- sortir de
50,14; 52,7[1]; 59,19; 66,19; 69,30.
ⲉⲓ ⲉⲡⲉⲥⲏⲧ descendre
50,16; 52,18; 56,21[1].
ⲉⲓ ⲉϩⲣⲁ̈ⲓ ⲉ- descendre
59,20; 68,30.
ⲓⲃ cf. ⲥⲛⲁⲩ
(ⲉⲓⲙⲉ) ⲉⲓⲙⲉ ϫⲉ comprendre que
68,10; 69,14.
ⲉⲓⲙⲉ, ⲙⲙⲉ[1] ⲉ- comprendre, connaître
57,13; 59,14[1]; 65,7[1]; 67,34[1];
ⲉⲓⲛⲉ, ⲛⲧ⸗[1] porter
61,25.
ⲉⲓⲛⲉ ⲉ- porter à
57,10[1] corr.
ⲉⲓⲛⲉ ⲉϫⲛ- porter sur
52,29.
ⲉⲓⲛⲉ ⲉⲃⲟⲗ produire
49,20; 69,3[1].
ⲉⲓⲛⲉ ⲉϩⲣⲁ̈ⲓ ⲉϫⲛ- reporter sur
64,24.
ⲉⲓⲛⲉ, ⲓⲛⲉ[1] ressembler
51,32[1]; 60,23.
ⲉⲓⲛⲉ m. aspect
51,30.
ϫⲓ ⲉⲓⲛⲉ ⲛ- prendre l'apparence de
56,27; 68,5.8.
ⲉⲓⲣⲉ, ⲁⲁ⸗[1] faire, ⲟϯ[2], ⲉϯ[3] être
49,15[2]; 56,3,21[1]; 57,3.19[2]; 59,17; 61,18[3]; 62,11; 63,2[3].10[2].16[3].24[2]; 64,16[2].28[2]; 65,15[2].16[2].
ⲣ- cf. ⲙⲛⲧⲣⲉ, ⲛⲟⲃⲉ, ⲣⲙϩⲉ, ⲥⲱⲧⲙ, ⲱⲃϣ, ϣⲃⲏⲣ, ϣⲱⲣⲡ, ϩⲁⲓⲃⲉⲥ, ϩⲏⲕⲉ, ϩⲁⲗ, ϩⲣⲧⲉ, ϩⲏⲧ, ϩⲟⲧⲉ, ϫⲁϫⲉ, ϭⲁⲃϩⲏⲧ.
ⲉⲓⲱⲣϩ m. vue
55,27.
ⲙⲛⲧⲁⲧⲉⲓⲱⲣϩ f. cécité
55,33.
ⲉⲓⲱⲧ, ⲓ̈ⲱⲧ[1], pl. ⲉⲓⲟⲧⲉ[2], m. père
49,22.34[1]; 50,11[1]; 53,3[1]; 56,6; 57,6[1]; 58,1[1]; 59,7[1].18[1]; 60,11[1]; 62,25[1].38[2]; 64,12[1].21[1].24[2].33.38; 66,15.19[1]; 67,24[1]; 68,16[1]; 70,6[1].

ⲙⲛⲧⲉⲓⲱⲧ f. paternité
54,15; 61,29.34; 66,29; 67,2.
ⲉⲓϥⲧ cf. ⲱϥⲧ
ⲕⲉ, ϭⲉ[1], pl. ⲕⲟⲟⲩⲉ[2] autre
52,25[2].36; 53,31[1]; 55,5[2]; 64,22.
cf. ⲥⲉⲉⲡⲉ, ⲟⲩⲁ
(ⲕⲟⲩⲓ) ⲕⲟⲩⲉⲓ petit
69,12.
ⲙⲛⲧⲕⲟⲩⲉⲓ f. petitesse
54,4.10.
ⲕⲱ, ⲕⲁⲁ⸗[1] envoyer
54,23[1].
ⲕⲱ ⲉϩⲣⲁⲓ rejeter
58,34; 62,22.
ⲕⲁⲕⲉ m. ténèbres
58,21; 69,16.17.
ⲕⲗⲟⲟⲗⲉ f. nuée, nuage
69,1; 70,2.
(ⲕⲗⲟⲙ) † ⲕⲗⲟⲙ ⲉϫⲛ- couronner
56,12.
ⲕⲓⲙ m. mouvement
53,20.
ⲕⲟⲩⲛ⸗ sein
70,5.
ⲕⲟⲩⲣ sourd
56,1.
ⲕⲣⲱⲙ m. feu
54,30; 57,2; 58,18; 68,20; 69,1.10.
ⲕⲱⲧ m. construction
51,6.
(ⲕⲱⲧⲉ) ⲕⲱⲧⲉ ⲉ- entourer
53,23; 66,12.
ⲕⲱⲧⲉ ⲛⲥⲁ- chercher
53,15.
ⲕⲱⲧⲉ m. sphère
53,14; 54,33; 55,1; 68,29.
ⲕⲁϣ m. roseau
56,9.
ⲕⲁϩ m. terre
51,28; 58,30; 69,11.
ⲕⲱϩ m. jalousie
57,1; 59,1; 60,6; 61,5; 65,26; 69,2.
ⲣⲉϥⲕⲱϩ jaloux
64,23.
ⲕⲱϩⲧ m. feu
54,29; 68,20 corr.
ⲗⲁⲁⲩ quelqu'un, quelque chose, quelque
50,31; 55,16.29; 56,22; 57,12; 62,13; 63,35; 67,14.
ⲙⲁ m. lieu
53,13; 57,29; 66,22; 67,30; 70,6.
ⲙⲁ ⲛϣⲱⲡⲉ m. habitation
54,10.
ⲉⲩⲙⲁ ensemble
50,2.
cf. ⲉⲓ
ⲙⲉ aimer
60,34.
ⲙⲛⲧⲙⲁⲉⲓⲥⲟⲛ cf. ⲥⲟⲛ
ⲙⲉ f. vérité
53,17; 61,3.20.
ⲙⲛⲧⲙⲉ f. vérité
49,13; 50,12; 53,4; 54,8; 60,17.32; 62,12; 64,5; 66,20; 67,6.8.25.29; 68,27; 70,7.
ⲙⲙⲉ vrai
63,20.
ⲛⲁⲙⲉ vraiment
62,25.
ⲙⲟⲩ, ⲙⲟⲟⲩⲧ†[1] mourir
49,26; 53,24; 55,18; 59,3[1].
ⲙⲟⲩ m. la mort
55,30.35.
ⲣⲉϥⲙⲟⲟⲩⲧ m. mort
60,22.
(ⲙⲟⲩⲓ) ⲙⲟⲩⲉⲓ m. lion
55,10.
(ⲙⲟⲩⲕϩ) ⲙⲟⲕϩ† être affligé
55,16.

(мкаϩ) ϫι мкаϩ souffrir
55,27 corr.
(мλаϩ) pl. мλооϩ m. bataille
60,5.
ммн-, мн-[1], мнта=[2] il n'y a pas
53,31; 59,35[1]; 61,15[2]; 64,20.22.
мн- ммма=[1] avec
49,19[1].26; 50,32; 51,17; 52,18. 28; 57,11[1]; 61,10; 68,9.32; 69, 17.18.19; 70,8.
мн-, мнн-[1] et
49,19.23.27; 50,24.33; 51,1.19. 28; 52,12.13.23.36; 53,6.8; 54, 3.21.27.29.33.34; 55,1.3.4.13. 28; 56,7.16; 57,1; 59,8; 60,3.5. 6.7.23.24.27.28.29; 61,3.5.6.8. 22.26.32; 62,2.5.20.26.32.35.36; 63,2.9.15.24.33; 64,3.15.25.27. 39; 65,1.14.17.26.27.28[1].29 bis; 66,15.23.24.25.27.30.31; 67,4.7. 9.15.16.22.23.25.29; 68,2.9.15. 19 bis.20 bis; 69,2.10.11.26; 70, 9.
(маειн) † маειн donner un signe
52,22.
(моүн) мнн† continuer
57,27.
(мнтрε) р мнтрε témoigner
60,14.
р мнтрε εтвε- témoigner de
63,29.
мнтмнтрε f. témoignage
52,35.
мпϣа être digne
62,6.
мιcε engendrer
65,25.
мостε, мεстω=[1] haïr
59,22[1].32; 60,33.
мостε m. haine
58,5.
моειт m. lieu
57,20.
(матε) † мεтε ε- unir à
66,32.
† мεтε мн- s'accorder avec
64,32.38.
† мεтε m. accord
62,20; 66,26.
мтон, мотн†[1] reposer
49,10[1]; 54,16[1]; 70,8.
мтон m. repos
67,7.
(маү) ммаү là
69,32.
εтммаү celui-là
55,17; 59,6.
мааү f. mère
49,13.
мнтмааү f. maternité
66,30; 67,3.29.
мооү m. eau
49,30; 50,16; 62,1.
маүаа= seul, même
68,32.
(мεεүε) мεεүε ϫε penser que
52,33; 55,31; 59,25; 63,12; 69, 26.
мεεүε m. pensée
49,23.27; 55,28; 60,10; 66,15.
† мεεүε faire souvenir
50,13.
мннϣε m. multitude
58,23; 60,3.
мооϣε aller
58,33.
моүϣт visiter
50,3.5; 51,20; 53,33; 54,28.
(мϩааү) мϩаоү m. sépulcre
59,3.
(моүϫб) моϫк† être mélangé
51,31.

ⲙⲟϫϭ† ⲙⲛ- combattre[1], être uni
56,33[1]; 58,2.7.
ⲙⲟⲩϫϭ m. mélange
68,34; 69,8.
(ⲛⲁⲁ) ⲛⲉⲁ⸗ ⲉ- être plus grand que
64,20.
ⲛⲟⲃⲉ m. péché
64,24.
ⲣ ⲛⲟⲃⲉ pécher
62,34; 63,3.11.17.25; 64,17.29.
ⲛⲓⲙ qui?
53,35; 59,29.
ⲛⲓⲙ tout
52,29; 54,31; 58,11; 60,4; 62,9.11; 67,9; 68,11.
cf. ⲟⲩⲟⲛ
(ⲛⲁⲛⲟⲩ-) ⲛⲁⲛⲟⲩ⸗ être bon
62,10.
ⲛⲥⲁ cf. ⲥⲁ
ⲛⲟⲩⲧⲉ m. dieu
53,30; 61,28; 64,19.23.
ⲛⲧⲛ-, ⲛⲧⲟⲟⲧ⸗ cf. ⲧⲱⲣⲉ
ⲛⲧⲟϥ, ⲛⲧⲱⲧⲛ, ⲛⲧⲟⲟⲩ cf. ⲁⲛⲟⲕ
ⲛⲁⲩ voir
65,3.
ⲛⲁⲩ ⲉ- voir
51,30; 52,15; 54,3.9; 55,36; 56,4.22.29; 57,12; 58,4.6 bis; 65,3.
ⲛⲁⲩ ⲉ- ϫⲉ voir que
54,9; 65,3.
ⲁⲧⲛⲁⲩ aveugle
68,25.
(ⲛϣⲟⲧ) ⲛⲁϣⲧ† être dur
57,1.
(ⲛⲁϣⲉ) ⲛⲁϣⲱ⸗ être nombreux
66,26.
(ⲛⲟⲩϩⲃ) ⲛⲁϩⲃ f. épaule, joug[1]
56,11; 61,22[1].
ⲛⲟⲩϫ faux
52,35; 65,2.
(ⲛⲟⲩϫⲉ) ⲛⲟⲩϫⲉ ⲉⲃⲟⲗ, ⲛⲏϫ†[1] ⲉⲃⲟⲗ rejeter
51,21; 60,29[1].
ⲛⲟϭ grand
52,10; 64,7.
ⲙⲛⲧⲛⲟϭ f. grandeur
49,17; 50,32; 51,17; 52,34.36; 53,5; 54,14; 61,1; 70,8.
ⲡⲉ pl. ⲡⲏⲩⲉ[1] f. ciel
52,3[1]; 54,7[1]; 57,18[1]; 67,20; 69,22.
cf. ⲥⲁ
(ⲡⲱⲱⲛⲉ) ⲡⲟⲛⲉ† ⲉⲃⲟⲗ être détourné de
54,5.
(ⲡⲉⲓⲣⲉ) ⲡⲓⲣⲉ ⲉⲃⲟⲗ s'épanouir, fleurir
66,18.
(ⲡⲱⲣϣ) ⲡⲱⲣϣ ⲉⲃⲟⲗ se répandre
66,33.
ⲡⲟⲣϣ ⲉⲃⲟⲗ m. déploiement
66,33.
ⲡⲱⲣϫ m. rupture
67,15.
ⲡⲱⲧ courir
52,17.26.
ⲡⲱⲧ ⲛⲥⲁ- poursuivre
59,23.31.
ⲡⲱⲧ ⲉⲃⲟⲗ ϩⲛ- partir de
52,20.
ⲡⲱⲧ ⲛⲥⲁⲃⲟⲗ ⲛ- fuir
58,17.
ⲡⲱⲧ m. course
52,13.30.
(ⲡⲱϣ) ⲡⲱϣⲉ diviser
62,15.17; 67,25.
ⲡⲱϣⲉ m. division, séparation
60,6; 65,27; 67,15; 68,19.
ⲁⲧⲡⲱϣⲉ indivisible
57,26; 66,11.

ⲙⲛⲧⲁⲧⲡⲱϣⲉ f. indivisibilité
67,22; 68,11.
cf. ϩⲏⲧ
ⲡⲱϩ déchirer
58,28.
(ⲡⲱϩ) ⲡⲏϩ† ⲉ- tendre vers
49,16.
ⲣⲏ m. soleil
58,20.
(ⲣⲟ) ⲣⲟ⸗ m. bouche
55,10.
ⲣⲟ m. porte
59,34.
ⲣⲱⲕϩ m. feu
53,7.
ⲣⲓⲙⲉ pleurer
59,34.
ⲣⲱⲙⲉ m. homme
51,34; 52,36; 53,4.17; 54,1.7; 55,35; 59,4; 62,29.
ⲙⲛⲧⲣⲱⲙⲉ f. humanité
53,16.
ⲙⲛⲧⲣⲙⲙⲁⲟ f. richesse
56,15.
(ⲣⲙϩⲉ) ⲙⲛⲧⲣⲙϩⲉ f. liberté
60,23; 61,10.20; 64,10.
ⲣ ⲣⲙϩⲉ libérer
57,32; 59,30.
ⲣⲁⲛ m. nom
53,6; 54,9; 59,26.
† ⲣⲁⲛ ⲉ- ϫⲉ[1] nommer
62,36; 63,5[1].28[1].
ⲁⲧ† ⲣⲁⲛ ⲉⲣⲟ⸗ indicible
67,11.
ⲣⲡⲉ m. temple
58,27.
ⲣⲁϣⲉ m. joie
53,32.
(ⲥⲁ) ⲡⲓⲥⲁ ⲙⲛ ⲡⲁⲓ de-ci de-là
55,2.
ⲥⲁ ⲛⲧⲡⲉ en haut
52,2; 61,2.
ⲛⲥⲁ- à côté de
53,31; 64,22; 65,13.
ⲛⲥⲁ ⲥⲁ ⲛⲓⲙ de toute part
58,5.
ⲙⲡⲥⲁ ⲛϩⲣⲉ cf. ϩⲣⲁⲓ
ⲥⲱ boire
56,7.
(ⲥⲁⲃⲉ) ⲙⲛⲧⲥⲁⲃⲉ f. sagesse
62,2.
ⲥⲃⲱ f. doctrine
60,22.26; 64,1.30.35; 68,23.
ⲁⲧⲥⲃⲱ ignorant
60,30; 69,12.
ⲙⲛⲧⲁⲧⲥⲃⲱ f. ignorance
59,2.
ϫⲓ ⲥⲃⲱ enseigner
68,14.
ⲥⲱⲃⲉ rire
53,32.
ⲥⲱⲃⲉ ⲛⲥⲁ⸗ se moquer de
54,3; 56,19.
ⲥⲱⲃⲉ m. rire, dérision
54,13; 60,13.14; 62,27.34; 63,4. 11.17.26; 64,17.39.
(ⲥⲃⲟⲕ) ⲥⲟⲃⲕ† être petit
54,11.24; 60,30.
ⲥⲟⲃⲧⲉ, ⲥⲃⲧⲱⲧ†[1] préparer, être prêt
50,25; 51,1.11.13[1].
ⲥⲙⲏ f. voix
53,28.
(ⲥⲙⲓⲛⲉ) ⲥⲙⲛⲧ† être égal
62,6.
(ⲥⲟⲛ) pl. ⲥⲛⲏⲩ, ⲥⲛⲏⲟⲩ[1] m. frère
62,32; 63,2.15[1].24; 64,1[1].15.27[1]; 65,26; 70,9[1].
ⲙⲛⲧⲥⲟⲛ f. fraternité
67,4.

ⲥⲱⲛⲉ f. sœur
50,27; 68,31.
ⲙⲛⲧⲥⲱⲛⲉ f. fraternité
66,30.
(ⲙⲛⲧⲙⲁⲓⲥⲟⲛ) ⲙⲛⲧⲙⲁⲉⲓⲥⲟⲛ f. amour fraternel
62,21.
ⲥⲱⲛⲧ créer
53,8.
ⲥⲱⲛⲧ m. création
50,3.
ⲥⲛⲁⲩ deux
60,2.
(ⲙⲛⲧⲥⲛⲟⲟⲩⲥ) ⲓⲃ douze
63,18.
ⲥⲛⲁϩ m. lien
58,24.
(ⲥⲉⲉⲡⲉ) ⲡⲕⲉⲥⲉⲉⲡⲉ le reste
69,2.
ⲥⲱⲣⲙ errer, égarer
61,18.
(ⲥⲱⲧⲙ) ⲥⲱⲧⲙ ⲉ- écouter
65,8; 67,1.
ⲥⲱⲧⲙ m. écoute, obéissance
62,4; 65,8.
ⲣ ⲁⲧⲥⲱⲧⲙ désobéir
68,28.
ⲥⲧⲱⲧ m. tremblement
51,29; 58,29.
ⲥⲟⲟⲩⲛ, ⲥⲟⲩⲱⲛ-[1], ⲥⲟⲩⲱⲛ=[2] connaître
53,2[2].17[1]; 55,7.11; 59,5[1]; 60,1. 36[1]; 63,31[2].35[2]; 64,5[1].6[2].10[2]. 11[1].14[2]; 65,5.6[2]; 67,21[2]; 68,27[2]; 69,13; 70,1.
ⲥⲟⲟⲩⲛ ⲛ- ϫⲉ savoir que
59,28; 60,15; 61,2.
ⲥⲟⲟⲩⲛ m. connaissance
69,34.
ⲁⲧⲥⲟⲟⲩⲛ ignorant
59,24.
ⲙⲛⲧⲁⲧⲥⲟⲟⲩⲛ, ⲙⲛⲧⲁⲧⲥⲟⲩⲱⲛ=[1] f. ignorance
53,7; 54,21[1]; 56,19; 59,1.27; 69, 8.
ⲥⲟⲟⲩⲧⲛ m. droiture
60,7.
ⲥⲱⲟⲩϩ rassembler
50,1.
(ⲥⲱϣ) ϣⲱⲥ mépriser
65,21.
(ⲥⲓϣⲉ) ⲥⲁϣⲉ† être amer
64,4.
ⲥⲓϣⲉ m. fiel
56,7.
ⲥⲁϣϥⲉ sept
58,19.
ⲙⲉϩⲥⲁϣϥ septième, Hebdomade
62,30.37; 63,7.14.22.
(ⲥⲱⲱϥ) ⲥⲟⲟϥ† être souillé
65,12.
ⲁⲧⲥⲱⲱϥ immaculé
56,32.
ⲥϩⲁï m. écriture, marque
49,29.
ⲥϩⲓⲙⲉ f. femme
65,24.
ϯ, ⲧⲁⲁ=[1] donner
58,2; 69,20[1].31.
ϯ ϩⲓ- revêtir
59,4.
ϯ ⲉϩⲟⲩⲛ ⲉϫⲛ- lutter contre
55,14.
cf. ⲉⲟⲟⲩ, ⲕⲗⲟⲙ, ⲙⲁⲉⲓⲛ, ⲙⲉⲉⲩⲉ, ⲙⲉⲧⲉ, ⲣⲁⲛ, ϣϥⲧ, ϣⲓ, ϣⲓⲡⲉ, ϩⲁⲡ, ϩⲣⲧⲉ.
ϯ m. lutte
54,33.
(ⲧⲃⲛⲏ) pl. ⲧⲃⲛⲟⲟⲩⲉ m. animal
59,29.

ⲧⲁⲕⲟ, ⲧⲁⲕⲏⲟⲩⲧ†[1] détruire
57,16; 69,18[1].
ⲧⲁⲕⲟ, ⲧⲉⲕⲟ[1] m. destruction
51,10; 53,9[1].
ⲁⲧⲧⲁⲕⲟ impérissable
69,19.
ⲧⲉⲗⲏⲗ se réjouir
50,10 bis; 56,14; 66,34.
ⲧⲉⲗⲏⲗ m. joie
66,25.
ⲧⲁⲙⲓⲟ, ⲧⲁⲙⲓⲟ⸗[1] fabriquer
53,10[1]; 60,20; 62,28[1]; 68,32.
ⲧⲱⲱⲛ cf. ⲧⲱⲟⲩⲛ
ⲧⲏⲛⲉ cf. ⲁⲛⲟⲕ
(ⲧⲁⲛϩⲟ) ⲣⲉϥⲧⲁⲛϩⲟ vivifiant
51,15.
ⲧⲏⲣ⸗ tout
49,14.15.18; 50,8.11.19.32; 51,18.25.27; 52,12.18.23.34; 53,1.21; 54,1.14.26.28; 56,15.20; 57,3.11; 61,29; 62,15.16.19.23; 65,36; 66,9.14.17; 67,18; 68,5.13.17.21.22.23.
ⲡⲧⲏⲣϥ m. le tout
50,32; 62,23; 68,22.
ⲉⲡⲧⲏⲣϥ en tout
67,35.
(ⲧⲱⲣⲉ) ⲛⲧⲛ- ⲛⲧⲟⲟⲧ[1]⸗ par
50,31[1]; 51,7[1]; 54,31[1]; 55,31[1]; 57,1[1]; 59,3; 60,21[1]; 61,31[1]; 64,2[1].
(ϩⲓⲧⲛ-) ϩⲓⲧⲟⲟⲧ⸗ par
61,18.
ⲉⲃⲟⲗ ϩⲓⲧⲛ-, ⲉⲃⲟⲗ ϩⲓⲧⲟⲟⲧ⸗[1] hors de, grâce à
49,22[1]; 51,4[1].12[1]; 52,16[1].26[1]; 55,20[1].24[1]; 56,34; 59,24.31[1]; 61,27,36; 62,30.37; 63,7.13.21[1]; 64,34; 66,5.7.28; 67,26[1]; 68,1; 69,3[1].
(ⲧⲱⲧ) ⲧⲏⲧ† ⲛϩⲏⲧ être convaincu
52,15.
(ⲧⲁⲟⲩⲟ) ⲧⲁⲟⲩⲟ⸗, ⲧⲁⲩⲟ[1] proclamer, envoyer
50,3; 60,21[1].
ⲧⲁⲩⲟ ⲉⲃⲟⲗ envoyer
50,4.
(ⲧⲱⲟⲩⲛ) ⲧⲱⲱⲛ se lever
58,33.
ⲧⲱⲱⲛ ⲉϫⲛ- s'élever contre
64,15.
ⲧⲱⲱⲛ ⲉϩⲣⲁ̈ⲓ ⲉϫⲛ- lever sur
65,11.
ⲧⲱⲱⲛ ϩⲁ- lever, porter
56,10.
(ⲧⲱϩ) ⲧⲱϩ m. mélange
52,13; 55,1.
(ⲧⲁϩⲟ) ⲁⲧⲧⲁϩⲟ⸗ insaisissable
49,29; 59,7.
(ⲧⲁϫⲣⲟ) ⲧⲁϫⲣⲟ⸗ fixer
58,25.
ϩⲛ ⲟⲩⲧⲁϫⲣⲟ en réalité
53,25 corr; 55,18.
(ⲧⲱϭⲉ) ϣⲃⲏⲣ ⲛⲧⲱϭⲉ m. semblable
49,19; 50,23.
ⲟⲩ qui? quoi?
52,32; 60,36; 68,26.
ⲟⲩⲁ un, quelqu'un
50,4.20; 66,16; 67,2.26; 68,12.13.14.21.
ⲕⲉⲟⲩⲁ un autre
56,6.9.12; 64,22.
ⲟⲩⲁⲁ⸗, ⲟⲩⲁⲉⲉⲧ⸗[1] même, seul
49,15; 61,31.34; 64,20; 66,18; 70,4[1].
ⲟⲩⲟⲉⲓⲛ m. lumière
49,11; 51,2; 59,8; 67,9; 68,8; 69,15.16.
ⲟⲩⲛ, ⲟⲩⲛⲧⲁ⸗[1] il y a, avoir

52,10.30; 54,18[1]; 60,10[1]; 61,12[1].19[1]; 64,7.
(ⲟⲩⲟⲛ) ⲟⲩⲟⲛ ⲛⲓⲙ chacun
68,4.
ⲟⲩⲱⲛϩ, ⲟⲩⲟⲛϩ[1] apparaître
53,18; 55,19[1]; 58,15[1].17[1].
ⲟⲩⲱⲛϩ ⲉⲃⲟⲗ manifester
52,8; 69,7.
ⲟⲩⲱⲛϩ ⲉⲃⲟⲗ ⲉ- révéler à
52,5; 57,19.
ⲟⲩⲱⲛϩ ⲉⲃⲟⲗ ⲛ- révéler à, apparaître à
50,22; 66,13.
ⲟⲩⲱⲧ, ⲟⲩⲟⲟⲧⲉ[1] seul
50,18; 54,20; 68,23[1].25.
(ⲟⲩⲱⲧⲃ) ⲟⲩⲱⲧⲃ ⲉⲃⲟⲗ changer
57,30.31.
ⲟⲩⲱⲧⲃ ⲉⲃⲟⲗ ⲉ- échanger pour
56,24.
(ⲟⲩⲱϣ) ⲟⲩⲱϣⲉ, ⲟⲩⲁϣ=[1], ⲟⲩⲟϣ=[2] vouloir
50,21; 57,5[1]; 61,14[2].17[1].
ⲟⲩⲱϣ, ⲟⲩⲱϣⲉ[1] m. volonté
50,26[1]; 57,4.6; 59,18; 61,6[1].33[1]; 62,24; 66,10.
ⲟⲩⲱϣⲙ pétrir
69,5.
(ⲟⲩⲱϩ) ⲟⲩⲏϩ† ⲛϩⲏⲧ= habiter
68,15.
ⲟⲩϫⲁⲓ m. salut
67,22.
(ⲱⲃϣ) ⲣ ⲡⲱⲃϣ oublier
65,23.
ⲃϣⲉ f. oubli
58,32.
(ⲱⲛϩ) ⲟⲛϩ vivre
62,1; 66,5; 67,27.
ⲱⲛϩ m. vie
66,19.24.27.28.
(ⲱⲥϭ) ⲱϭⲥ m. souillure
54,14.
(ⲱϥⲧ) ⲱϥⲧ ⲉ- clouer, fixer à
58,24.
ⲉⲓϥⲧ m. clou
58,26.
† ⲉⲓϥⲧ ⲉϩⲟⲩⲛ clouer, crucifier
55,34.
(ⲱϩⲉ) ⲁϩⲉ† ⲛⲃⲟⲗ ⲁϫⲛ- se dresser contre
53,22.
ⲁϩⲉⲣⲁⲧ= se tenir devant
57,34; 66,16.
ⲱϫⲛ périr
57,23.
ⲁⲧⲱϫⲛ impérissable
49,24.27.
(ϣ) ϣ- pouvoir
57,24.
ϣⲁ- ϣⲁⲣⲟ=[1] vers, jusqu'à
52,21; 55,3; 62,33[1]; 63,3[1].10[1].16[1].25[1]; 64,16[1].25.29[1]; 67,24.
ϣⲉ m. venue
58,14.
ϣⲉ m. bois (croix)
58,25.
(ϣⲓ) ⲁⲧ† ϣⲓ ⲉⲣⲟ= incommensurable
54,22; 68,17.
ϣⲓⲃⲉ changer
56,23.
ϣⲓⲃⲉ m. changement, différence
65,23.
ⲁⲧϣⲃⲧ= inaltérable
68,18.
ϣⲃⲏⲣ m. compagnon, conjoint
62,18; 63,28; 66,23; 67,33; 70,4.
(ⲣ)ⲉ† ⲛϣⲃⲏⲣ ⲙⲛ- être le compagnon de
49,18.
ϣⲃⲏⲣ ⲛ- cf. ⲧⲱϭⲉ, ϩⲱⲃ, πνεῦμα

ⲙⲛⲧϣⲃⲏⲣ f. amitié
62,10.20; 64,34; 67,32; 68,9.
(ϣⲉⲗⲉⲉⲧ) ϫⲓ ϣⲉⲗⲉⲉⲧ m. mariage
57,14.15; 66,1.6; 67,6.
(ϣⲱⲗϩ) ⲡⲁⲣⲁ ⲡϣⲱⲗϩ m. contrefaçon
62,28.38; 63,21; 69,9.
ϣⲙⲙⲟ m. étranger
52,9.
(ϣⲟⲙⲛⲧ) ϣⲟⲙⲉⲧ f. ϣⲟⲙⲧⲉ[1] trois
57,20; 64,25[1].
ⲙⲉϩϣⲟⲙⲧ troisième
58,12.15.
ϣⲙϣⲉ m. culte
60,29.
ϣⲟⲛⲧⲉ f. buisson épineux
56,13.
ϣⲱⲡ recevoir
51,14; 60,31.
ϣⲱⲡ ⲉ- accepter
58,14.
ϣⲱⲡ ϩⲁ- placer
61,21.
ϣⲓⲡⲉ avoir honte
56,31.
ϣⲓⲡⲉ m. honte
55,22.
† ϣⲓⲡⲉ couvrir de honte
55,20; 58,8 bis.
ϣⲱⲡⲉ devenir
51,8.13; 52,4; 53,20.26; 54,5.33; 55,6.24.25.32.32 corr; 59,33; 61,35; 62,1.31.33; 63,1.8.14.20.23; 64,26; 65,24; 67,12.19.30.
ϣⲟⲟⲡ† être
51,29; 52,11.31; 54,13; 56,31; 60,8.33.35; 65,31; 66,2.13.16; 67,12.18.23; 68,12.16.33.
ϣⲱⲡⲉ ⲙⲛ- être avec
49,17.25.34.35; 52,23.28; 54,18; 59,13; 68,3.21.33.
ϣⲱⲡⲉ ⲛ- être dans, -ⲛⲁ⸗[1], appartenir à[1]
50,19[1]; 55,1; 57,10; 61,16; 62,14.
ϣⲱⲡⲉ ϣⲁ- se diriger vers
53,28.
ϣⲱⲡⲉ ϩⲛ- être dans, habiter
49,25.33.35; 50,25; 51,8.11.19.22.29.31.33; 52,11; 53,20; 54,9; 55,9; 56,26; 58,31; 59,21; 60,18; 61,24; 62,19; 64,31; 65,20; 66,10; 67,13.19.28.31.33; 68,3; 70,5.
ϣⲱⲡⲉ ϩⲓϫⲛ- être sur
64,7.
ϣⲱⲡⲉ ⲉⲃⲟⲗ ϩⲛ- venir de
50,19; 68,24.
ϣⲱⲡⲉ ⲉⲃⲟⲗ ⲛ- venir de
61,2.
cf. ⲙⲁ
ϣⲡⲏⲣⲉ f. merveille
49,29.
ϣⲏⲣⲉ m. fils
51,2; 57,7; 60,19; 63,5; 64,11.25; 65,19; 69,21; 70,10.
(ϣⲱⲣⲡ) ⲛϣⲟⲣⲡ d'abord, en premier
51,23.34.
ϫⲓⲛ ⲛϣⲟⲣⲡ depuis le commencement
70,6.
ⲣ ϣⲟⲣⲡ être le premier
50,34.
ⲣ ϣⲟⲣⲡ ⲛ- être le premier à
52,22.
ϣⲱⲥ cf. ⲥⲱϣ
(ϣⲱⲱⲧ) ϣⲱⲱⲧ ⲉⲃⲟⲗ ⲛ- détacher de
55,22.

ϣⲱⲧⲙ fermer
59,33.
ϣⲧⲟⲣⲧⲣ, ϣⲧⲣⲧⲱⲣ=[1] troubler
51,25; 54,25[1].
ϣⲧⲟⲣⲧⲣ m. trouble
52,11; 54,32.
(ϣⲟⲩⲟ) ϣⲟⲩⲉⲓⲧ† être vide, vain
51,9; 53,26.34; 54,12; 56,18; 59,27; 64,32.37; 65,30.
(ϣⲱϣ) ϩⲛ ⲟⲩϣⲱϣ de manière égale
49,20; 53,12.
(ϣⲱϥⲧ) ⲙⲛⲧϣⲁϥⲧⲉ f. erreur
63,30.
(ϣⲁϫⲉ) ϣⲁϫⲉ ⲙⲛ- invectiver
56,32.
ϣⲁϫⲉ ⲉⲧⲃⲉ- parler de
57,24.
ϣⲁϫⲉ ϩⲁ- se défendre de
57,28.
ϣⲁϫⲉ m. parole
49,17.21.24.32; 51,15; 55,29; 59,12; 61,31; 62,3.5; 66,5; 67,27; 68,2.7.19.
ⲁⲧϣⲁϫⲉ sans raison
59,36.
ⲁⲧϣⲁϫⲉ ⲙⲙⲟ= indicible
49,12; 51,16; 60,12.16; 65,32; 66,4.20.
ⲁⲧϣⲁϫⲉ ⲉⲧⲃⲉ- indicible
49,30.
ϣⲟϫⲛⲉ tenir conseil, décider
55,15; 66,1.
ϣⲟϫⲛⲉ ⲉ- décider
52,32.
ϣⲟϫⲛⲉ ⲉⲧⲃⲉ- délibérer de
59,15.
ϣⲟϫⲛⲉ m. conseil
52,13; 55,7.11.
(ϥⲓ) ϥⲓⲧ= prendre
55,5.
ϥⲧⲟⲟⲩ, ϥⲧⲟ[1] quatre
58,26; 64,26[1]
ϩⲉ f. façon, manière
ⲛⲑⲉ ⲛ- comme
59,29; 61,19.21; 68,14.
ⲛⲑⲉ comme
49,34; 50,5; 52,6; 55,14; 60,18.
ⲛⲑⲉ ⲉ- comme si
65,13.
(ⲛⲧⲉⲓϩⲉ) ⲛϯϩⲉ ainsi
54,5; 62,6; 64,30.33; 66,3; 67,31; 68,13.
(ϩⲏ) ϩⲁⲧⲉϩⲏ devant, avant
58,10; 63,32.
ϩⲁⲑⲏ devant, avant
55,23; 65,33; 69,28.
(ϩⲟ) ⲛⲁϩⲣⲛ- devant
58,1.
(ϩⲱ) ϩⲱ= - même
65,22.
ϩⲱⲃ m. chose
62,4.
ϩⲱⲃ ⲛⲓⲙ tout
54,31; 60,4; 62,11; 68,11.
ϣⲃⲏⲣ ⲛⲣⲉϥⲣϩⲱⲃ m. compagnon de travail
51,3.
(ϩⲁⲓⲃⲉⲥ) ⲣ ϩⲁⲉⲓⲃⲉ ⲉ- couvrir d'ombre
70,3.
(ϩⲱⲃⲥ) ϩⲱⲃⲉⲥ ⲉϫⲛ- couvrir
53,10.
(ϩⲕⲟ) ⲣ ϩⲏⲕⲉ être pauvre
58,22; 61,15.
(ϩⲁⲗ) ⲣ ϩⲁⲗ tromperie
64,7.

(ϩⲁⲗ) ϩⲙϩⲁⲗ m. esclave
55,26; 56,21; 63,27; 65,16.
ⲙⲛⲧϩⲙϩⲁⲗ f. esclavage
49,25; 60,27; 61,4.24; 64,4.
ⲣ ϩⲙϩⲁⲗ servir
60,2.
(ϩⲱⲙ) ϩⲱⲙ ⲉϫⲛ- piétiner
56,35.
(ϩⲟⲙⲛⲧ) ϩⲟⲙⲧ m. bronze
58,26 corr.
(ϩⲙⲟϫ) ϩⲙϫ m. vinaigre
56,7.
ϩⲛ- dans
49,32.35; 50,5.26; 51,10; 52,6; 53,32; 54,16.29; 55,11.19; 56, 10.14; 57,6.9.21.34; 58,12.16.25. 34; 59,22.27.34.35; 60,4.7.11.26; 61,25; 62,2.3.4.9.11.22 bis.23 bis; 63, 29.35; 65,10; 66,4.26.34; 67, 1.2.8.15.18.22.26.32; 68,2.8.10. 11.22.27; 69,9; 70,6.
ⲉⲃⲟⲗ ϩⲛ- hors de
50,13; 52,19.24; 54,20; 57,28. 30; 61,4; 68,31; 69,33.
ϩⲣⲁï ϩⲛ-, ⲛϩⲣⲁï ϩⲛ-[1] dans, par
49,11.12[1]; 54,11.23[1]; 55,32; 56, 23[1]; 60,4; 64,36[1]; 67,9[1].10[1]. 13[1]; 68,4[1].10[1].34[1].
ϩⲟⲉⲓⲛⲉ quelques-uns
52,14.
ϩⲁⲡ m. jugement
65,10.
ϯ ϩⲁⲡ ⲉ- juger
56,3.
(ϩⲱⲡ) ϩⲏⲡϯ être caché
57,8.
(ϩⲣⲁï) ⲥⲁ ⲛϩⲣⲉ partie supérieure
57,6.
(ϩⲣⲉ) pl. ϩⲣⲏⲩⲉ m. aliment
64,3.
(ϩⲣⲟⲕ) ϩⲛ ⲟⲩϩⲣⲟⲕ facilement
56,29.
ϩⲣⲧⲉ f. peur
53,20; 61,10.23.
ϯ ϩⲣⲧⲉ faire peur
54,26.
ϩⲁⲣⲉϩ, ⲁⲣⲉϩ[1] ⲉ- garder, surveiller
61,27.30.30[1]; 64,3.
ϩⲁⲣⲉϩ m. observance
60,28; 61,23.
ϩⲓⲥⲉ m. difficulté
58,1.
(ϩⲏⲧ) ⲁⲧϩⲏⲧ, ⲁⲑⲏⲧ[1] insensé
54,11[1]; 65,14.
ⲣ ⲁⲧϩⲏⲧ être insensé
65,15.
(ⲙⲛⲧⲁⲧϩⲏⲧ) ⲙⲛⲧⲁⲑⲏⲧ f. déraison
55,13.
cf. **ϭⲃⲃⲉ, ϭⲓⲛⲉ**
ⲡⲱϣ ⲛϩⲏⲧ hypocrisie
65,29.
ϩⲟⲧⲉ f. peur
55,26; 58,11; 60,27; 61,6; 65, 17.28.
ⲣ ϩⲟⲧⲉ ϩⲁⲑⲏ avoir peur de
56,30; 58,9.
(ϩⲱⲧⲃ) ϩⲱⲧⲃ ϩⲛ- tuer au moyen de
60,25.
ⲣⲉϥϩⲱⲧⲃ meurtrier, mort[1]
65,12; 69,11[1].
ϩⲓⲧⲛ- cf. ⲧⲱⲣⲉ
ϩⲱⲧⲡ ϩⲟⲧⲡϯ[1] réunir
58,20; 67,20.32[1].
ϩⲱⲧⲡ, ϩⲟⲧⲡϯ[1] réunir
59,10.11 corr; 61,32; 62,7.
ϩⲱⲧⲡ ⲉⲃⲟⲗ ϩⲓⲧⲛ- être uni par
67,36.

ϩωⲧⲡ m. réunion
60,16; 62,12; 66,2.22.34; 67,16; 68,32; 69,33.
ϩⲁⲑⲏ cf. ϩⲏ
(ϩⲏⲩ) ⲙⲛϩⲏⲩ être inutile
59,35.
(ϩⲓⲟⲩⲉ) ϩⲓⲟⲩⲉ ⲛⲥⲁ- frapper
56,8.
(ϩⲟⲩⲟ) ⲛϩⲟⲩⲟ plus, de plus
53,35.
ϩⲁϩ beaucoup
59,12.
(ϩⲟϫϩϫ) ϩⲟϫϩⲉϫ ϩⲛ- être enserré dans
58,23.
ϫⲉ que, parce que, de sorte que
51,14; 52,8.32; 53,10.17.25.30; 55,6.19.21.35; 61,11; 62,8.13.17; 64,18; 65,25; 68,12.23; 69,31; 70,2.
ϫⲓ, ϫⲓⲧ⸗[1] prendre
51,4[1]; 53,5; 58,21[1].
ϫⲓ ⲉⲃⲟⲗ tirer de
62,8.
cf. ⲉⲓⲛⲉ, ⲙⲕⲁϩ, ⲥⲃⲱ, ϣⲉⲗⲉⲉⲧ.
(ϫⲱ⸗) ⲉϫⲛ- sur
50,16; 56,15; 61,13; 65,21.36.
ⲉϩⲣⲁⲓ ⲉϫⲛ-
64,24.
ϩⲓϫⲛ- sur
64,8.
(ϫⲱ) ϫⲉ-, ϫⲟⲟ⸗[1] dire
50,7; 52,35; 55,29[1].
ϫⲱ ⲛ- ϫⲉ dire que
53,34; 55,4; 59,15; 64,18.
ϫⲱⲕ, ϫⲟⲕ⸗[1] ϫⲏⲕ†[2] accomplir
49,11[2]; 58,11; 59,6[2]; 62,26[2].
ϫⲱⲕ ⲉⲃⲟⲗ accomplir
52,16[2]; 57,7[1]; 62,5[2]; 66,3.6; 67,10[2].17[2].
ϫⲱⲕ ⲉⲃⲟⲗ ⲉϩⲣⲁⲓ ⲉ- accomplir
51,9.
ϩⲛ ⲟⲩϫⲱⲕ parfaitement
60,1.
ϫⲱⲕⲙ m. baptême
58,16.
ϫⲉⲕⲁⲁⲥ afin que
57,5; 65,21; 69,29.
(ϫⲓⲛ-) ϫⲓⲛ-... ϣⲁ à partir de ... jusqu'à
63,32.
cf. ϣⲱⲣⲡ
(ϫⲉⲛⲁ) ϫⲛⲉ- ⲉⲃⲟⲗ éteindre
57,2.
(ϫⲡⲟ) ϫⲡⲟ ⲛ- né de
51,28.
ϫⲣⲟ, ϫⲟⲟⲣ†[1] être fort, vaincre
60,3; 65,9[1].
ϫⲣⲟ ⲉϫⲛ- être plus fort que
62,31[1]; 63,1[1].8[1].15[1].23[1]; 64,27[1].
ϫⲱⲣϫ cf. ϭⲱⲣϭ
ϫⲟⲉⲓⲥ m. maître, seigneur
60,2; 64,21.
ⲣ ϫⲟⲉⲓⲥ ⲉ- dominer
64,30.
ϫⲓⲥⲉ, ϫⲟⲥⲉ†[1] ⲉ- être élevé sur
69,22[1].
ϫⲓⲥⲉ m. hauteur
56,14; 57,10.28; 58,15.
ϫⲓⲥⲉ ⲛϩⲏⲧ être orgueilleux
63,13; 64,35[1].
(ϫⲱϩⲙ) ϫⲁϩⲙ† être souillé
69,17.
ϫⲱϩⲙ m. souillure
53,6 corr.
ⲁⲧϫⲱϩⲙ immaculé
49,28; 50,15; 54,22; 57,21; 60,18; 66,7.25; 69,19.23.24.
(ϫⲁϫⲉ) ⲣ ϫⲁϫⲉ ⲉ- être ennemi de

62,18.
ⲙⲛⲧϫⲁϫⲉ f. inimitié
62,9; 67,35.
ϭⲉ donc
70,8.
(ϭⲃⲃⲉ) ⲣ ϭⲁⲃϩⲏⲧ faiblir
55,23.
ϭⲟⲗ m. mensonge
60,23.
ϭⲱⲗⲡ révéler
53,14.
ϭⲟⲙ, ϭⲁⲙ[1] f. pouvoir, puissance
51,28[1]; 52,16; 56,20; 58,3[1].20[1]; 66,11[1].
ⲙⲛϭⲟⲙ ne pas pouvoir
64,8.
ⲙⲙⲛϣϭⲟⲙ ne pas pouvoir
53,2.
(ϭⲓⲛⲉ) ϭⲛ- trouver
55,29; 64,9.
ϭⲓⲛⲉ ϩⲏⲧ⸗ s'accorder avec
62,16.
(ϭⲱⲛⲧ) ϭⲱⲛⲧ m. colère
60,7; 65,27.
(ϭⲱⲣϭ) ϫⲱⲣϫ, ϫⲱⲣϭ[1] préparer
66,8; 67,26[1].
ϭⲱⲣϭ m. repas
67,17.
(ϭⲱϣⲧ) ϭⲱϣⲧ⸗ ⲉⲃⲟⲗ voir
51,18.
ϭⲓϫ f. main
58,28; 65,11.

TABLE DES MATIÈRES

Avant-propos VII
Bibliographie IX
Introduction 1
  A. Présentation du traité 1
  B. Rédaction du traité 7
  C. La doctrine du traité 11
Texte et traduction 23
Commentaire 74
Index 144
  Index grec 145
  Index des noms propres 149
  Index copte 150